山東師範大學中國語言文學
山東省高水平學科・優勢特色學科建設經費資助

戰國楚簡帛韻部親疏關係研究

王兆鵬 著

中國社會科學出版社

圖書在版編目(CIP)數據

戰國楚簡帛韻部親疏關係研究 / 王兆鵬著. —北京：中國社會科學出版社，2021.8
ISBN 978-7-5203-8939-6

Ⅰ.①戰… Ⅱ.①王… Ⅲ.①竹簡文—韻母—研究—中國—戰國時代 Ⅳ.①K877.54

中國版本圖書館 CIP 數據核字(2021)第 174344 號

出 版 人	趙劍英
責任編輯	郭曉鴻
特約編輯	杜若佳
責任校對	師敏革
責任印製	戴 寬

出　版	中國社會科學出版社
社　　址	北京鼓樓西大街甲 158 號
郵　　編	100720
網　　址	http://www.csspw.cn
發 行 部	010-84083685
門 市 部	010-84029450
經　　銷	新華書店及其他書店
印　　刷	北京明恒達印務有限公司
裝　　訂	廊坊市廣陽區廣增裝訂廠
版　　次	2021 年 8 月第 1 版
印　　次	2021 年 8 月第 1 次印刷
開　　本	710×1000 1/16
印　　張	24.25
插　　頁	2
字　　數	381 千字
定　　價	138.00 元

凡購買中國社會科學出版社圖書，如有質量問題請與本社營銷中心聯繫調換
電話：010-84083683
版權所有　侵權必究

目　　録

緒論 ··· 1
　　第一節　研究緣起 ·· 1
　　第二節　楚音系古音研究 ·· 3
　　第三節　研究材料和方法 ··· 19

第一章　之、職、蒸三部通假關係研究 ·· 27
　　第一節　之部 ·· 27
　　第二節　職部 ·· 57
　　第三節　蒸部 ·· 70

第二章　幽、覺、冬三部通假關係研究 ·· 79
　　第一節　幽部 ·· 79
　　第二節　覺部 ··· 102
　　第三節　冬部 ··· 112

第三章　宵、藥兩部通假關係研究 ·· 119
　　第一節　宵部 ··· 119
　　第二節　藥部 ··· 130

第四章　侯、屋、東三部通假關係研究 …… 134
　第一節　侯部 …… 134
　第二節　屋部 …… 145
　第三節　東部 …… 152

第五章　魚、鐸、陽三部通假關係研究 …… 162
　第一節　魚部 …… 162
　第二節　鐸部 …… 187
　第三節　陽部 …… 196

第六章　支、錫、耕三部通假關係研究 …… 208
　第一節　支部 …… 208
　第二節　錫部 …… 220
　第三節　耕部 …… 229

第七章　歌、月、元三部通假關係研究 …… 241
　第一節　歌部 …… 241
　第二節　月部 …… 253
　第三節　元部 …… 281

第八章　脂、質、真三部通假關係研究 …… 302
　第一節　脂部 …… 302
　第二節　質部 …… 315
　第三節　真部 …… 320

第九章　微、物、文三部通假關係研究 ……………………330
第一節　微部 ………………………………………330
第二節　物部 ………………………………………339
第三節　文部 ………………………………………343

第十章　緝、侵兩部通假關係研究 ……………………………348
第一節　緝部 ………………………………………348
第二節　侵部 ………………………………………353

第十一章　葉、談兩部通假關係研究 …………………………358
第一節　葉部 ………………………………………358
第二節　談部 ………………………………………361

結語 ……………………………………………………………364

參考文獻 ………………………………………………………374

後記 ……………………………………………………………380

緒　　論

第一節　研究緣起

　　傳統語言學有關上古韻部的研究，基本圍繞韻部的考證及部類劃分展開。明代以前有關古音的研究，尚處於草創階段，由於缺乏科學語音時地觀念的指引，宋元兩代的學者無力解釋《詩經》音與時音不合的現象，於是便取叶韻之說做出彌縫，致使古韻研究逡巡不前。清儒從內證材料出發，在明末陳第正確時地觀念的指導下，推翻叶韻之說，使得字有定音，音有定類，促成了古音研究的質變。從陳第的導夫先路，到乾嘉學派的後出轉精，再到章黃學派的繼往開來，上古韻部的研究最終擺脫了傳統思想的束縛，走出了叶音說的迷途，在材料和方法的不斷完善中臻于鼎盛。

　　20世紀以來，西方歷史語言學傳入中國，上古韻部的研究進入了現代語言學新階段。這一時期音韻學界對音類的劃分轉向了對音值的構擬，試圖對上古音系進行更加精密的構建。瑞典漢學家高本漢最早進行上古音構擬，後有董同龢、陸志韋等學者，述作迭興。然而學界在音值構擬方面尚有分歧。究其原因，主要是對韻部間親疏關係的研究尚有爭議，致使主要元音和韻尾的內部擬測缺乏明確的參照系。只有確定韻序，古音構擬纔有可能。

◆◇◆ 戰國楚簡帛韻部親疏關係研究

　　現代學者王力早年是考古派，在《上古韻母系統研究》（1937）中首先將脂微分立，考訂古韻爲十一系二十三部，凡同系者主要元音即相同。20世紀50年代以後，王力接受審音派主張，在《漢語史稿》（1957）中，將原本歸併于陰聲韻中的六個入聲韻部，覺錫鐸屋藥職獨立出來，總結出十一類二十九部，陰入陽三聲相配的上古韻部系統。後在《楚辭韻讀》（1980）中將冬部獨立，定戰國古韻三十部。至此得出《詩經》時代古韻二十九部，戰國時代古韻三十部的結論。

　　以上學者對於上古音系的研究大多是從漢語内證材料出發，主要是先秦韻文、諧聲等材料。韻文材料數量較少，很難給各個韻部進行定位；諧聲材料則過於寬泛，不易給各個韻部劃定"勢力範圍"。與上述兩類材料相比，通假材料因爲分佈零散，在歷代古韻研究中未被學者們所重視。但是隨着20世紀出土文獻的陸續面世，利用出土文獻中的通假字研究上古音的趨勢流行開來。通假字，王力定義爲"古代漢語書面語言裏同音或音近的字的通用和假借"[①]，它們之間必然有點對點的古音關聯，不失爲重現上古音面貌極爲重要的證據。同時出土文獻相較于傳世文獻而言，未經輾轉傳抄以及層累性的增削删改，可以彌補今本的刊刻流傳之誤。此外，出土文獻具有鮮明的時地特徵，因此對於上古漢語方言音系的研究意義重大，這也是傳世文獻所不能比擬的優勢。

　　我們在《上古韻部小類次序研究——以出土古文字通假例爲依據》[②]《上古出土文獻韻部親疏關係》[③]的研究中，以出土文獻通假字爲材料作了詳細論證，對整個上古語音系統反映的韻部進行了排序，而本書則是對上古語音系統進行定時定點的考察，即戰國時期楚方言音系的韻部次序研究。

　　楚簡帛，指戰國時期楚地出土的簡牘帛書。從年代來看，符合本書所研究的戰國時期；從地域來看，楚簡帛文獻多出於楚地，契合本書所研究

---
① 王力：《古代漢語（第二册）》，中華書局2018年版，第541頁。
② 王兆鵬：《上古韻部小類次序研究——以出土古文字通假例爲依據》，《古漢語研究》2021年第1期。
③ 王兆鵬：《上古出土文獻韻部親疏關係》，中華書局2021年版。

的地域；從材料來看，本書所依據的主要是通假材料，而簡牘帛書中的古文通假是十分豐富的，錢玄認爲："……秦漢之際的帛書簡牘中的通借字，較現有的先秦古籍多出六倍以上。"[①]因此，楚簡帛是窺探上古楚地音韻特色的絕佳材料。從楚簡帛通假材料入手，對於揭示上古韻部親疏關係具有極其重要的意義。

劉信芳編著的《楚簡帛通假彙釋》一書，匯集了戰國楚簡帛文獻中的通假用例，也對研究通假字不能避免的異文、異體字、古今字、訛誤字等用字之例作了簡要解說，其所取材料來自曾侯乙簡、新蔡葛陵楚簡、信陽楚簡、楚帛書等簡帛材料，並對未有定論的讀音、字形、釋文等考證嚴密，是研究楚簡帛文獻通假字不可忽視的重要參考書。

因此，本書以劉信芳的《楚簡帛通假彙釋》爲底本，以出土文獻中的通假字爲研究材料，運用資料統計法加以歸納分析，研究上古三十韻部間的親疏關係，並據此重新探討韻部的次序。這不僅可以反映楚系方言，而且可以通過楚系方言窺探上古音系中韻部之間的親疏關係問題，以便更加深入完整地描述古音系統的歷時演變情況。其次，古音構擬建立在古韻排序廓清的基礎之上，明確古韻序排列問題，對古音構擬具有重要的研究意義。同時，文字訓詁研究與語音發展密切相關，通過探討上古韻部的親疏關係，明確古韻次序，更有利於推動文字訓詁研究的發展。

第二節 楚音系古音研究

一 楚史概說

細說楚音系，先從楚史說起。《史記·楚世家》："楚之先祖出自帝顓

[①] 錢玄：《秦漢帛書簡牘中的通借字》，《南京師大學報》（社會科學版）1980年第3期。

項高陽。高陽者，黄帝之孫，昌意之子也。高陽生稱，稱生卷章，卷章生重黎。重黎爲帝嚳高辛居火正，甚有功，能光融天下，帝嚳命曰祝融。共工氏作亂，帝嚳使重黎誅之而不盡，帝乃以庚寅日誅重黎，而以其弟吴回爲重黎後，復居火正，爲祝融。吴回生陸終。陸終生子六人……六曰季連，芈姓，楚其後也……季連生附沮，附沮生穴熊。"①現多認爲祝融爲楚之後也。《左傳·昭公十七年》："鄭，祝融之虚也。"②《國語·周語上》："昔夏之興也，融降于崇山。"③鄭，今河南新鄭。崇山，即河南嵩山。這兩處記載可以證明其早期居住於黄河中游地區。夏、商交際之處，楚人四處流亡，祝融後人季連帶領部落離開故地，轉至丹淅、荆山。《史記·楚世家》："周文王之時，季連之苗裔曰鬻熊。"④由於鬻熊才能出衆，輔佐文王，故周成王封其後熊繹爲諸侯，居丹陽，姓芈姓。下四代至熊渠開始開拓疆土，沿丹水而下至漢水流域。後不斷將周圍小國納入版圖，楚莊王時成爲勢盛一時的中原霸主。

許慎《説文解字》釋"楚"爲"叢木，一名荆也，從林疋聲"，釋"荆"爲"楚木也，從艸刑聲"。而且當時楚人的中心區域江漢流域多楚（荆）類灌木，故"楚"國由此而來。

楚族與黄帝一脈相承，屬華夏族的一支，在語言上本操華夏語。後楚族遷徙到江漢流域，與當地的語言相互滲透，從而形成了一種别具特色的楚方言。

二 楚音系綜合研究概述

楚音系的研究可以追溯到西漢揚雄的《方言》和東漢王逸的《楚辭章句》。揚雄《方言》中多半是楚語詞彙，是從楚地特有的方言詞語入手進行

---

① 司馬遷：《史記》，中華書局2014年版，第2039—2040頁。
② 左丘明：《左傳》，上海古籍出版社2015年版，第825頁。
③ 左丘明：《國語》，齊魯書社2005年版，第14頁。
④ 司馬遷：《史記》，中華書局2014年版，第2042頁。

探究。王逸出生楚地，利用自己對母語的熟悉爲《楚辭》作注，《楚辭章句》中涉及楚方言詞且標明方言區的有22條，經後代學者研究，楚方言詞語數量遠遠不止這些，這表明王逸對楚方言的解釋僅限於他當時所處時代頻繁使用的詞語，一些古語詞未作出解釋。再後來，無論是晉代郭璞的《方言注》，還是宋代洪興祖的《楚辭補注》都是補前人著作之遺。

清代是古音學研究的鼎盛時期，在《楚辭》研究方面，清人蔣驥的《楚辭說韻》、戴震的《屈原賦音義》、王念孫《毛詩群經楚辭古韻譜》等各有建樹。而江有誥的《楚辭韻讀》則是首次以韻讀形式系統展示《楚辭》用韻情況，其著作對後世影響很大，後世學者討論《楚辭》韻例時，也普遍引用或參照江氏《楚辭韻讀》的觀點與方法。

"五四"之後，進入現代古音學時期，楚音有了全面的研究體系。高本漢研讀《老子》韻文，歸納出上古楚方言冬陽通叶、之幽通叶、魚侯通叶的特點。董同龢在《與高本漢先生商榷自由押韻說兼論上古楚方音特色》一文中，在承認高本漢觀點的基礎上，又補充了真耕通押，從而歸納出上古楚方音韻部的四個特點。

喻遂生和羅江文則從兩周金文談及上古楚音，分別著有《兩周金文韻文和先秦"楚音"》（1993）和《談兩周金文合韻的性質——兼及上古"楚音"》（1999）兩篇文章。喻遂生在文中表明金文用韻印證典籍用韻的可靠性，及兩周列國金文用韻的一致性，並舉例闡述東陽、之幽、真耕、真文合韻雖在金文中使用廣泛，但要想將其確立爲楚音的特點，仍存在爭議。羅江文在文中也同樣表明，一些學者所認爲代表楚音的東陽、東冬、冬陽、真耕、真文、之幽六種合韻方式並非楚地獨有，其它地區也有出現。

楚簡帛文獻大量問世之後，楚音系的研究又增加了新的材料，開闢了新的方向。周祖謨《漢代竹書和帛書中的通假字與古音的考訂》（1984），立足於銀雀山和馬王堆漢墓中的《老子》甲本、《老子》乙本等七種代表性材料，利用傳本可對校的通假材料，在考訂韻部關係和聲調分類問題的同時，對在諧聲系統和經傳異文中已有例證的"古無輕脣""古無舌上"

"照三歸端""娘日歸泥"等觀點進行輔證。

劉寶俊《〈秦漢帛書音系〉概述》(1986),從長沙馬王堆帛書中篩選出一千三百餘對通假異文作爲研究對象,在李方桂《上古音研究》中的古音體系基礎之上,發現其聲母系統有較爲穩定的單輔音聲母(26)和較爲複雜的複輔音聲母(19);其韻部分三十部,主要有祭月合一,真文通押,脂微、質物關係疏遠等特點;其聲調平、上、去關係密切,入聲獨立性較強。

最近三十年來,新一批楚簡帛文獻的出土爲學者們開闊了新思路,李玉《秦漢簡牘帛書音韻研究》(1994),對建國以來出土的簡牘帛書通假字進行了廣泛的收集整理,對秦漢時期的聲、韻、調系統作出了比較全面和細緻的總結。在韻部方面,該書以出土簡牘帛書爲主,同時參考簡牘帛書中的韻文、現代漢語同源詞等相關資料,將秦漢時期的韻部分爲三十一部,歸納爲十二大類,並對異類韻部頻繁的通假現象進行了逐一分析和論證,深入探求了它們之間多次通假現象的音理關係或偶然因素。

趙彤《戰國楚方言音系》(2006),以出土的楚系文獻中的諧聲、假借材料及屈原、宋玉作品和《莊子》《淮南子》中的用韻,建立了戰國楚方言的聲韻調系統:依照李方桂《上古音研究》中提出的中古聲母系統構擬二十八個聲母,並驗證複輔音聲母的存在;依據王力在《同源字典》《漢語語音史》中提出的古韻系統,確立韻母系統五類三十一部;在上古"五聲説"(平聲、上聲、去聲、長入、短入)的基礎之上,認爲戰國楚方言基本同《切韻》音系一致,僅有平、上、去、入四聲。

謝榮娥《秦漢時期楚方言區文獻的語音研究》(2007),以獨特的方言區域文獻研究法,確定《淮南子》及秦漢楚方言區文人的詩文用韻。以馬王堆出土的《老子》乙本卷前古佚書中的韻語爲材料,探討其中折射出的楚方音特點:聲調有平、上、去、入四類;韻部中侯部一等字與魚部合流、東冬合韻、歌支合韻、幽宵合韻、脂微合韻皆爲楚方言特色;聲母中幫、滂、並、明母屬同一發音部位,知組與端組屬相同發音部位且知組有獨立發展的態勢,精組和莊組有合併之痕跡,見、溪、群母發音部位相同,曉、匣、影、餘、雲母發音部位相同，泥、日、娘母獨立發展趨勢明顯。

楊建忠《秦漢楚方言聲韻研究》（2011），通過整理湖南長沙馬王堆出土帛書中的借字與被借字，確定揚雄《方言》中的楚方言標音字，採用統計法，將出土文獻與傳世文獻相結合來研究秦漢時期楚方言的語音。文章認為，楚方言聲母、韻母格局與《詩經》音系的聲母、韻母格局基本相同，進而提出新的見解。在聲母方面，複聲母在秦漢時期的楚方言中已有所體現，是否送氣或許不是清濁聲母的區別標誌；韻母方面，幽部宵部接觸、冬部東部互通、[-n][-m]類關係鬆弛等是此時期楚方言的特色。

不難看出，楚簡帛是十分豐富且可靠的資料，對於其中的通假字材料的研究方興未艾，研究前景廣闊。

三　楚音系韻部研究

（一）綜合運用多種材料進行的研究

在上古楚音系韻部的研究方面，戰國時期楚方言冬部是否獨立問題一直都是研究熱點。劉寶俊《冬部歸向的時代和地域特點與上古楚方音》（1990）一文中，從楚方言語音資料入手，研究冬部是否獨立的問題，發現冬、東、陽三部各自獨立，並且陽聲互通，關係密切。李開在《孔廣森古韻冬部獨立與〈郭店楚簡〉韻例評析》（2007）一文中，對孔廣森提出的上古冬部獨立，所依據的方法及材料提出質疑，而後從《郭店楚簡》入手，運用列舉對比的方法，將冬部獨立的歷史脈絡梳理清晰，用令人信服的例證，判斷出在戰國早中期，冬部的獨立便已經完成。倪博洋在《楚辭與戰國楚方言陽聲韻韻部合韻考》（2013）一文中，從傳世文獻和出土文物入手，運用統計法，得出冬部獨立、耕真合韻、元真合韻現象是楚方言區特徵的結論。

楊建忠在《略論秦漢楚方言中歌部與支部的關係》（2007）一文中，通過梳理傳世文獻的用韻，整理馬王堆漢墓帛書通假字、《方言》標音字材料，使用統計法計算歌支的"轍離合指數"，證明了歌支讀音相近乃楚方言特色，但戰國至秦漢時期楚方言歌支仍分屬兩部。

胡傑在《先秦楚系簡帛語音研究》(2009)中，以先秦楚系簡帛中的異體字、通假字、諧聲字爲研究對象，運用系聯、比較、諧聲歸部、統計等多種方法，詳實精準地總結歸納出先秦楚系簡帛音系中韻部的分合關係，確立了楚系音系的 31 部。其中特別指出宵藥、魚鐸、祭月、屋東接觸頻繁，並從緝侵葉談四部所含字的變化中，得出入聲字在戰國時期就已走向消失的結論。其電腦輔助的方法，爲論文材料的積累打下了堅實的基礎，更方便後人研究楚語音系以及窺探上古音全貌。

劉鴻雁在《試論戰國早中期楚方言的韻部特點》(2013)一文中，以郭店楚簡爲研究對象，考察《詩經》《楚辭》以及先秦其它非楚地語料，並結合韻部的歷史演變情況，對郭店楚簡所反映的語音現象逐一分析，進一步考察了楚方言的韻部，認爲幽宵音近、之魚音近是戰國早中期楚方言的韻部特點。

（二）基於韻語材料進行的研究

喻遂生的《〈老子〉用韻研究》(1995)是續補江氏《老子韻讀》的初步嘗試。文章將《老子》與《詩經》《離騷》合韻的種類和次數作比較，指出《老子》與《楚辭》的共性並不突出，支歌合韻、東陽合韻、侯魚合韻、耕真合韻等並不是楚方言的特點，而是語音的歷史演變，這就與許多學者認爲的《老子》是荆楚方言的反映不同。文章將傳本《老子》的全部入韻字製成韻譜，並將其與其他典籍進行橫向及縱向比較，做到了採用上帝視角俯視先秦古韻面貌。作者認爲，區別先秦典籍方言特點，應該做好基礎研究，對先秦主要典籍用韻做到窮盡考察，全面對比分析。

謝榮娥《秦漢時期楚方言區文獻的語音研究》(2007)一文的韻部部分，詳細討論了部分韻部的分合關係。後來，作者從上文中分化出五篇文章，細論韻部分合：《秦漢楚方言區文獻中的脂部與微部》(2007)一文，首先論證脂微合韻帶有楚方言色彩，其次證明秦及西漢時期，脂微兩部關係密切但未合併，東漢時期，脂微兩部在楚方言區與秦晋方言區發生合併；《秦漢楚方言區文獻中的幽部與宵部》(2009)一文，不僅談及韻部關係，還涉及韻字變化，主張幽宵合韻帶有楚方言色彩，古幽部的豪、肴、蕭韻字與古宵部宵韻字相押，最終合併，這既是秦漢時期楚方言的特色，又是秦晉方言、蜀方言的共有特徵；《秦漢楚方言區文獻中的魚部與侯部》（2009）一文，得出古侯部一等字與魚部合流乃上古楚方音特色的結論；《秦漢時期楚方言區文獻中的東部與冬部》（2009）一文，發現秦漢時期，通語音系中東冬兩部界限分明，楚方言中東冬兩部關係密切，東冬合韻帶有楚方言色彩；《秦漢楚方言區文獻中的支部與歌部》（2011）一文，證明歌支合韻帶有楚方言色彩，但隨着楚方言影響力的擴大，東漢時期大量歌部支韻字併入支部，成爲一種較普遍的語音現象。

魏鴻鈞在《〈楚辭〉屈宋用韻的數理統計分析——兼論"上古楚方音"特色之可信度》（2015）一文中，以《楚辭》屈宋用韻爲研究材料，通過數理統計法指出影響楚雅言系統的，是在歷時與歷史雙重作用影響下產生的楚地變體。此外，文章對前人所歸納的楚方言特色也提出了質疑。

（三）基於通假材料進行的研究

李存智的《郭店與上博楚簡諸篇陽聲韻部通假關係研究》（2009），探討了郭店與上博楚簡諸篇陽聲韻的異部通假，並與傳世文獻的相關現象比較，借此瞭解戰國楚地陽聲韻的音讀關係。文章拋棄上古音爲單一音系的理念，對比楚簡異部通假情況與詩歌合韻情況，根據二者非一致性判斷方言現象。文章指出真耕合韻、真文合韻、東陽合韻不是楚地獨特的方音，並設想三者合韻應爲反映上古漢語韻部異讀層次的語音現象，這與董同龢、羅常培、周祖謨等人觀點相悖。

姚琳琳的《郭店楚簡〈老子〉中假借字的語音現象分析》（2006）通過對假借字聲母、韻母和聲調三方面的考察，指出了楚國語音的一些特點。在韻部方面，文章討論了學術界的幾項爭議，最後得出結論：入聲韻應獨立；江有誥"真與耕同用爲多，文與元合用爲廣，此真文之界限也"的説法與材料所體現的韻部分合現象吻合，楚國方言中真、文二部不相合，真部字分別歸入耕部、元部；楚音中脂部字分別歸入支部、微部、之部。文章意識到可以利用郭店楚簡材料觀察古代方音的特點，結論也在一定程度上反映了戰國時期楚國音的一些特點。但是受材料數量的限制，文章並無法呈現楚方音的整體面貌。

邊田鋼在《戰國、秦、西漢時期齊魯、楚方言之職蒸與魚鐸陽通轉的音系背景和語音機制》（2014）一文中，梳理齊魯、楚地和其他地區的文獻材料，得出之職蒸和魚鐸陽之間存在通轉關係的結論。邊田鋼善於將韻部親疏關係差異與地理差異聯繫起來，在他與黄笑山合作的《上古後期支、脂、之三部關係方言地理類型研究》（2018）一文中，以春秋至秦漢的傳世、出土文獻爲材料，重視地域特色，研究上古後期支、脂、之三部關係所呈現的方言地理類型差異：北方地區支脂相通，爲"北方型"，又因支脂相通的聲母條件限制，下分"秦晋型"和"齊魯型"兩個階段式亞型，後者是前者繼續發展的結果；南方地區之脂相通，爲"南方型"，無階段式亞型。另外在諸如齊魯、巴蜀的南北方言交互影響地帶，存在着支脂相通、之脂相通的南北混合型。

黄婷婷《戰國楚簡（5種）通假關係的音韻學檢視》（2018），以陳偉《楚地出土戰國簡册[十四種]》作爲基礎，並參以王輝《古文字通假字典》、白於藍《簡帛古書通假字大系》劉信芳《楚簡帛通假彙釋》，選其中的望山、九店、葛陵簡册，對其中的通假字進行考察，從音韻學的角度對通假關係判斷標準進行再審視。該論文對各聲母、各韻部之間的通假數量採用表格的形式進行展示，對比清晰，一目了然，並通過通假數量的差異來說明通假原則。略有爭議的是，聲母部分、韻部部分的小結與文章最後的結語闡述重點不一致。以韻部爲例，結語着重闡述第四章第三節孁和亥之間的通假，指出二字之間的通假反映楚方音特點。此外，第四章採用表格的形式展示各部通假數量，目的是説明通假原則，没有認識到這種數量之間的差異所體現的韻部之間的親疏關係。

與黄婷婷論文同系列的戴鴿的《郭店楚簡通假關係的音韻學檢視》（2018），對王力的通假關係判斷標準進行再審視，從音韻、文字兩個角度爲通假關係的判定提供了更加豐富、更加細化的標準。此次研究發現，發音部位不同的字存在通假現象，雖然此類現象的確應加以注意，但其數量頗少，與符合通假關係的數量相比，不足以加入通假關係判定標準。但文章厘清了通假字與異體字、古今字、繁簡字之間的模糊界限，爲通假關係判定掃除了部分障礙，這是值得稱道的地方。

可以看出，在楚音系韻部研究方面，基於通假材料進行的研究相對較少，對韻部的研究缺乏系統性，且對韻部親疏關係鮮有涉及。

四 《楚辭韻讀》研究

（一）江有誥《楚辭韻讀》及相關研究

自系統研究上古楚方言韻部起，韻腳字系聯法一直備受重視。江有誥、王力先後著有《楚辭韻讀》，影響極大。

江有誥在古韻分部和古音理論上有着重要貢獻，他在總結前人的基礎上，接受了孔廣森的學說，將古韻分爲二十一部。江氏著有《音學十書》，其中《楚辭韻讀》首次以韻讀形式系統地展示出《楚辭》的用韻情況，且能以音變理論審視《楚辭》的韻腳字，是研究上古音的重要參考。

彭静的《江有誥〈楚辭韻讀〉中的通韻、合韻、借韻現象》（2009）一文，詳細介紹了江有誥《楚辭韻讀》中的通韻、合韻、借韻現象。江有誥把異部相押的現象分爲"通韻、合韻、借韻"三種，作者認爲"最近之部爲通韻，隔一部爲合韻"。彭静在對《楚辭韻讀》進行詳細統計的基礎上，歸納出通韻例、合韻例、借韻例，將每一種現象都分類羅列，並列舉例句，後附押韻字並在括弧內注明所屬的韻部。

有關江有誥《楚辭韻讀》的文章，多爲江有誥、王力二人《楚辭韻讀》的比較研究。劉芹《兩種〈楚辭韻讀〉用韻比較研究》（2011）一文，對江有誥《楚辭韻讀》和王力《楚辭韻讀》的韻例、韻部歸部等方面進行比較，發現二人在處理韻腳字歸部、某些字是否入韻以及韻腳字是否爲異文等方面確有不同。江有誥《楚辭韻讀》區別於王力《楚辭韻讀》的主要有以下幾點：（1）

江有誥將韻部析爲二十一部；（2）江氏將入聲韻劃分到陰聲韻；（3）江有誥"古韻四聲一貫"思想指導他的分部，導致一些入韻字歸部的失誤。

　　胡萬粉的《江有誥〈楚辭韻讀〉與王力〈楚辭韻讀〉比較研究》（2012）一文，詳細介紹了江有誥、王力二人各自的《楚辭韻讀》的體例、用韻特點及古音學成就，將江有誥《楚辭韻讀》的成就歸納爲四點：（1）首次把韻譜及用韻的背景材料共同列舉，系統地展示出《楚辭》的用韻情況；（2）在《楚辭》"合韻"的處理上成就頗多，使"合韻"更具說服力；（3）能以音變理論審視《楚辭》韻腳字；（4）將古韻分爲二十一部。

（二）王力《楚辭韻讀》及相關研究

1. 學界對王力《楚辭韻讀》的研究

　　王力的《楚辭韻讀》以離騷、九歌等十篇漢前韻文爲研究對象，通過韻腳字系聯法，得楚辭韻三十部。相較於《詩經》的古韻二十九部，多出一個獨立的冬部。胡萬粉在《江有誥〈楚辭韻讀〉與王力〈楚辭韻讀〉比較研究》（2012）一文中，將王力《楚辭韻讀》的主要成就歸納爲三點：（1）脂微分立，建立了一個微部；（2）冬侵分立，採用陰入陽分立的相配形式；（3）歌與月元相配。這三點成就中，是否分出一個獨立的冬部，冬東關係緊密，抑或冬侵關係緊密，學者們眾說紛紜。湯炳正在《〈楚辭韻讀〉讀後感》（1982）一文中，通過統計《詩經》《楚辭》的押韻情況，對王力楚辭韻冬部獨立提出異議，認爲《詩經》時代冬部便已從侵部分化。二人意見齟齬，究其根本，乃是對韻例的劃分不同，從而影響了劃分韻部的標準，致使結論不同。劉芹的《兩種〈楚辭韻讀〉用韻比較研究》（2011）一文，使用統計歸納法，對江有誥、王力二人的《楚辭韻讀》用韻進行統計，發現二人在處理韻腳字歸部、某些字是否入韻以及韻腳字是否爲異文等方面確有不同。發現王力《楚辭韻讀》區別於江有誥《楚辭韻讀》的主要有以下三點：（1）在歸部方面，王力將《楚辭韻讀》韻部析爲三十部，入聲韻獨立；（2）王力歸納爲微部的字，在江氏二十一部中爲脂部；（3）個別字是否入韻有所差別。

　　面對相同的材料，各家得出的結論卻有不同。原因有二：一是各家確定韻例的標準不同；二是韻語材料有限，異部相押更少，資料的缺乏降低了結論的可靠性。隨著出土文獻的問世，可利用材料的增加，楚方言韻部的研究方法也趨向多元化。現代學者除利用韻腳字系聯法之外，也可以利用新的材料與方法進行楚韻研究。

　　2. 本書對王力《楚辭韻讀》的分析

　　王力《楚辭韻讀》分韻繼承了戴震、黃侃的格局，採用陰入陽三聲相配的形式，對具體韻部的劃分作了修正。該書一方面在多處借鑒或採納了江氏的觀點，另一方面，在韻部劃分和韻字注音標注上也多有創建，成爲近幾十年來上古楚音研究的最重要的成果：

王力《楚辭韻讀》三十韻部表

1. 之部	10. 職部	21. 蒸部
2. 幽部	11. 覺部	22. 冬部
3. 宵部	12. 藥部	
4. 侯部	13. 屋部	23. 東部
5. 魚部	14. 鐸部	24. 陽部
6. 支部	15. 錫部	25. 耕部
7. 脂部	16. 質部	26. 真部
8. 微部	17. 物部	27. 文部
9. 歌部	18. 月部	28. 元部
	19. 緝部	29. 侵部
	20. 盍部	30. 談部

　　王力截取《楚辭》中已確定的戰國楚地的篇目進行整理分析，標出韻腳字的上古音及通韻、合韻關係，根據這些標注，我們對書中的 35 次通韻、64 次合韻作了統計和梳理：

◆◇◆ 戰國楚簡帛韻部親疏關係研究

《楚辭韻讀》通韻情況統計

通韻	次數	楚辭篇名	韻字	上古韻部
魚鐸	14	離騷	序/暮	魚/鐸
			路/步	鐸/魚
			圃/暮	魚/鐸
			佇/妒	魚/鐸
			固/惡	魚/鐸
魚鐸	14	離騷	宇/惡	魚/鐸
		天問	錯/污/故	鐸/魚/魚
		九章 懷沙	故/慕	魚/鐸
		九章 懷沙	暮/故	鐸/魚
		九章 懷沙	錯/懼	鐸/魚
		九章 思美人	度/暮/故	鐸/鐸/魚
		遠遊	顧/路/漠/壑	魚/鐸/鐸/鐸
		招魂	絡/呼/居	鐸/魚/魚
		大招	假/路/慮	魚/鐸/魚
侯屋	2	離騷	屬/具	屋/侯
		天問	屬/數	屋/侯
之職	7	離騷	異/佩	職/之
		天問	佑/弒	之/職
		九章 思美人	佩/異/態/唉	之/職/之/之
		九章 惜往日	載/備/異/再/識	之/職/職/之/職
			異/喜	職/之
		卜居	意/事	職/之
		招魂	怪/備/代	之/職/之
魚陽	1	離騷	迎/故	陽/魚
幽覺	3	天問	告/救	覺/幽
		九章 惜誦	好/就	幽/覺
		九章 抽思	救/告	幽/覺

— 14 —

緒　論

續表

通韻	次數	楚辭篇名	韻字	上古韻部
脂質	2	九章 悲回風	至/比	質/脂
		九辯 六	濟/至/死	脂/質/脂
支錫	1	九章 悲回風	解/締	支/錫
宵藥	4	遠遊	耀/驚	藥/宵
			撟/樂	宵/藥
宵藥	4	九辯 六	鑿/教/樂/高	藥/宵/藥/宵
		九辯 九	約/效	藥/宵
微文	1	漁父	衣/汶	微/文

　　從上表資料可以看出：在《楚辭》的 35 次通韻中，魚鐸通韻 14 次，佔通韻總數的 40%，魚陽通韻 1 次，因此魚鐸陽的對轉關係可以確定；宵藥通韻 4 次，佔 11%，宵藥的對轉關係非常明顯；之職通韻 7 次，佔 20%，幽覺通韻 3 次，佔 9%，脂質通韻 2 次，佔 6%，侯屋通韻 2 次，佔 6%，可以看出之職、幽覺、脂質、侯屋的關係密切；支錫、微文的通韻次數只有 1 次，數量雖少，但其存在也不能忽視，我們暫時將其算作對轉關係。綜上，據王力《楚辭韻讀》的通韻情況，關係密切的韻部有：魚鐸陽、宵藥、微文、之職、脂質、幽覺、支錫、侯屋，而歌、月、元、物、蒸、真、冬、東、耕、緝、侵、盍、談等韻部與其他韻部的對轉關係尚未體現。

《楚辭韻讀》合韻情況統計

合韻	次數	楚辭篇名	韻字	上古韻部
東冬	2	離騷	庸/降	東/冬
		九辯 九	中/豐	冬/東
幽東	1	離騷	同/調	東/幽
耕真	6	離騷	名/均	耕/真
		九章 哀郢	天/名	真/耕
		遠遊	榮/人/征	耕/真/耕
		卜居	耕/名/身/生/真/人/清/楹	耕/耕/真/耕/真/真/耕/耕

戰國楚簡帛韻部親疏關係研究

續表

合韻	次數	楚辭篇名	韻字	上古韻部
耕真	6	九辯 一	清/人/新/平/生/憐/聲/鳴/征/成	耕/真/真/耕/耕/真/耕/耕/耕/耕
		九辯 八	天/名	真/耕
脂支	1	遠遊	涕/弭	脂/支
耕陽	1	招魂	瓊/光/張/璜	耕/陽/陽/陽
錫鐸	1	九章 悲回風	愁/適/跡/益/釋	錫/錫/錫/錫/鐸
質文	1	離騷	艱/替	文/質
真文	9	九歌 大司命	雲/塵	文/真
		天問	分/陳	文/真
			寅/墳	真/文
			鰥/親	文/真
		遠遊	天/聞/鄰	真/文/真
		招魂	天/人/千/侁/淵/瞑/身	真/真/真/文/真/真/真
			分/紛/陳/先	文/文/真/文
		大招	陳/存/先	真/文/文
			雲/神/存/昆	文/真/文/文
脂微	5	離騷	幃/祇	微/脂
		遠遊	妃/夷/飛/佪	微/脂/微/微
		九辯 五	歸/棲/衰/肥	微/脂/微/微
		九辯 七	哀/悲/偕	微/微/脂
			冀/欷	脂/微
文蒸	1	遠遊	門/冰	文/蒸
陽蒸	1	離騷	常/懲	陽/蒸
陽東	1	卜居	長/明/通	陽/陽/東
真元	2	九歌 湘君	淺/翩/閑	元/真/元
		九章 抽思	願/進	元/真
歌脂	1	遠遊	夷/蛇	脂/歌

緒　論

續表

合韻	次數	楚辭篇名	韻字	上古韻部
歌支	2	九歌 少司命	離/知	歌/支
		大招	佳/規/施/卑/移	支/支/歌/支/歌
魚歌	1	九辯 八	瑕/加	魚/歌
陽元	1	九章 抽思	亡/完	陽/元
魚元	1	大招	賦/亂/變/譔	魚/元/元/元
歌微	3	遠遊	妃/歌/	微/歌/
		九辯 七	毀/弛	微/歌
		九歌 東君	雷/蛇/懷/歸	微/歌/微/微
元文	7	天問	言/文	元/文
		抽思	聞/患	文/元
		九章 悲回風	還/聞	元/文
			雰/媛	文/元
		遠遊	傳/垠/然/存/先/門	元/文/元/文/文/文
		九辯 六	温/餐/垠/春	文/元/文/文
		招魂	先/還/先	文/元/文
物月	3	九章 哀郢	慨/邁	物/月
		九辯 八	帶/介/慨/邁/穢/敗/昧	月/月/物/月/月/月/物
		招魂	沫/穢	物/月
之幽	3	天問	首/在/守	幽/之/幽
		九章 惜往日	佩/好	之/幽
		遠遊	疑/浮	之/幽
職覺	2	九章 懷沙	默/鞠	職/覺
		大招	畜/囿	覺/職
東侵	2	天問	沈/封	侵/東
		九辯 九	湛/豐	侵/東
陽談	1	天問	亡/嚴	陽/談
陽真	1	九章 惜誦	明/身	陽/真

— 17 —

續表

合韻	次數	楚辭篇名	韻字	上古韻部
幽宵	1	九章 惜往日	流/昭	幽/宵
之侯	1	九章 惜往日	廚/牛/之	侯/之/之
魚宵	1	大招	昭/遽/逃/遙	宵/魚/宵/宵
冬侵	1	九辯 九	中/湛	冬/侵

《楚辭韻讀》中共合韻64次，爲了準確反映韻部之間的旁轉關係，本書以類爲單位進行合韻次數的計算。按類爲單位進行統計，就需要算出各類所包含的韻部間合韻次數之和。例如：幽類與宵類之間的合韻次數。

幽宵	幽藥	覺宵	覺藥	冬宵	冬藥	總數
1	0	0	0	0	0	1

各類韻部間合韻情況列舉如下：

之類 8	幽類	微類	侯類	魚類			
	5	1	1	1			
幽類 10	之類	侯類	宵類	談類			
	5	3	1	1			
宵類 2	幽類	魚類					
	1	1					
侯類 7	幽類	侵類	魚類	之類			
	3	2	1	1			
魚類 10	歌類	支類	侯類	脂類	之類	宵類	談類
	3	2	1	1	1	1	1
支類 11	脂類	魚類	歌類				
	7	2	2				
歌類 21	微類	脂類	魚類	支類			
	13	3	3	2			

續表

脂類 26	微類	支類	歌類	魚類				
	15	7	3	1				
微類 29	脂類	歌類	之類					
	15	13	1					
侵類 2	侯類							
	2							
談類 2	魚類	幽類						
	1	1						

如果按照合韻次數越多關係越緊密的標準來判斷，之類和幽類合韻 5 次，佔之類與其他韻部合韻總數的 63%，佔幽類與其他韻部合韻總數的 50%，之類和幽類關係密切；支類、脂類、歌類、微類之間合韻次數也明顯高於其他各類韻部，所以這四類韻部關係密切。因此，據《楚辭》合韻可以得出：之職蒸、幽覺冬兩類關係密切，支錫耕、脂質真、微物文、歌月元四類關係密切；而其他各類韻部由於合韻次數較少，無法確定其親疏關係。不可否認的是，僅靠通韻、合韻來排佈韻部次序，無法得出戰國楚音系三十韻部、陰入陽三聲相配的韻部格局。要想得出最終結論，必須尋找其他材料來證明。

第三節 研究材料和方法

一 研究材料

（一）傳統古韻研究材料的再審視

1. 先秦韻文的押韻材料

上古時期沒有音韻著作，清代古音學家對於上古韻系的構建，主要是《詩經》《楚辭》等先秦韻文中的入韻字和《說文》諧聲系統等內證材料，運用的方法主要是韻腳字系聯法和諧聲推演法。恰是得益於兩者的結合，清儒在古韻研究方面有所突破，初步奠定了上古音系的格局。古韻間的親疏關係自古也是依據先秦韻文中的合韻而定。所謂"合韻"，籠統而言就是異部互押的不規則現象。合韻頻繁，則韻部間關係緊密，排列次序相近；合韻較少，則韻部間關係疏遠，排布時孑然分立。段玉裁在《古十七部合用類分表》中言道："合韻以十七部次弟分爲六類求之，同類爲近，異類爲遠。"[①]江有誥在《古韻凡例》中同樣以合韻爲參照，以古音串聯的方式確立韻序，理論依據頗具科學性。但他將陰、入、陽三聲韻部貫穿爲簡單的線性關係，且緝部終而複始再與之部相連，則甚爲牽強附會。

雖然"合韻"歷來都被視爲韻序考訂的主要原則，但各家據此所得出的結論卻大相徑庭。究其原因，還是由於韻語材料的數量十分有限。據相關統計："《古韻標準》共收《詩經》入韻的字一千九百多個，另收先秦兩漢音之近古者若干字。"[②]若再剔除掉大量重複的入韻字，那可以利用的韻腳字數量更是屈指可數。資料一旦不足，分析時就容易走上主觀臆斷的舊途。另據周長楫統計，在《詩經韻讀》的1738個章次中，"通韻有84個章次，佔總用韻章次的5%；[③]合韻有124個章次，佔總用韻章次的7%。通韻合韻合起來不過208個章次，佔總用韻章次的12%。"[④]除此之外，《詩經》中有一部分字究竟是入韻還是非韻，有時需要依據韻部是否相近來判定；但要判定韻部是否相近，卻又要反過來考察異部互押的合韻現象，如此一來也就陷入了循環論證的怪圈之中了。所以，學界僅僅以合韻爲原則來考察韻部親疏、排定韻部次序、解釋音轉現象是遠遠不夠的，亦難免主觀臆斷之嫌。

2. 諧聲材料

通過《詩經》《楚辭》等先秦韻文考訂出來的上古韻部是較爲可信的，

---

① 段玉裁：《說文解字注》，中華書局2013年版，第840頁。
② 王力：《清代古音學》，中華書局2013年版，第42頁。
③ 原文所載的數據有誤。原文的0.5%據實改爲5%，下文中的0.7%和1.2%也依次修改爲7%和12%。王力在《詩經韻讀》中把對轉稱爲通韻，把旁轉、旁對轉、通轉稱爲合韻。
④ 周長楫：《〈詩經〉通韻合韻說疑釋》，《廈門大學學報》(哲學社會科學版) 1995年第3期。

緒　論

在此基礎上充分利用諧聲材料，不僅能够佐證《詩》韻歸部的可靠性，還能進一步擴大各部的收字範圍。相較於清代以前的古音學研究，顧炎武、江永等學者已經開始系統地採用諧聲偏旁來離析《唐韻》，開展古韻分部了。顧氏《古音表》嘗言："凡所不載者即案文字偏旁以類求之。"①其《唐韻正·上平聲卷二》五支"衰"字下即有"凡从支从氏从是从兒从此从卑从虒从爾从知从危之屬皆入此"②。隨着段玉裁"同聲必同部"理論的正式提出，上古韻部的劃分也有了更加廣泛的材料基礎。其《古十七部諧聲表》配合《詩經》押韻進行歸部，並對諧聲與《詩》韻齟齬之處辯證地以"合韻"作出彌縫，爲後世的古音學研究開闢了一條新路徑。除卻古韻分部以外，諧聲系統還可用于古韻間音轉關係的考察。清人嚴可均《説文聲類》便沿襲此徑，是書將《説文》中的諧聲字按古韻十六類進行排列，然後據諧聲偏旁"其子有往適他類者，亦有他類之子來歸本類者"的情況，補證以重文、讀若等材料，判定那些互有交涉的韻類可以通轉，繼而依據韻類間的遠近關係進行排列，合爲大類。這在本質上就是利用通轉理論來解釋例外諧聲，但卻由於"母紐"不斷衍生出分屬異部的"子紐"，最終打破了韻部界限，造成無所不能通轉。毋庸置疑，"諧聲同部説"與音轉理論的結合是古音學研究史上的重要突破，其作爲考察韻部間親疏關係的基本原則，大致上是可行的。

3. 通假材料

由於韻脚字的數量十分有限，而"一聲可諧萬字，萬字而必同部"的分韻原則卻又過於寬泛，所以有不少學者開始關注傳世文獻中零散的通假、聲訓和古音注等材料。所謂"通假"，指的就是"古代漢語書面語言裏同音或音近的字的通用和假借"（王力《古代漢語》，第 541 頁），即通假字之間必然存在古音上的理據性。清代學者戴震曾言"六經字多假借"③，可

---

① 顧炎武：《音學五書》，中華書局 1982 年版，第 546 頁。
② 顧炎武：《音學五書》，中華書局 1982 年版，第 239 頁。
③ 戴震：《戴震文集》，中華書局 1980 年版，第 153 頁。

見傳世經典中的通假字數量已然頗爲宏富。過去曾有一種認識上的誤區，即認爲清人運用通假字研究古音的歷史僅限於上古聲母，最爲典型的例子就是錢大昕《十駕齋養新錄·卷五》關於"古無輕唇音"和"古無舌上音"的論述，另有近人章炳麟《古音娘日二紐歸泥說》、曾運乾《喻母古讀考》等。但其實早在清初，顧炎武的《唐韻正》中便引用了不少通假材料以證古韻，試舉兩例：

能，奴登切。古音奴來、奴代二反。……《禮記·禮運》："聖人耐以天下爲一家。"《樂記》："人不耐無樂，樂不耐無形，形而不爲道，不耐無亂"。鄭注："耐，古書能字也。"後世變之此獨存焉。《穀梁傳·成公七年》："非人之所能也。"本亦作"耐"。

英，古音同上（音央）。……《詩·出其東門》正義引"白旆央央"作"英英"。"旂旐央央"本亦作"英"，《韓詩》"英英白雲"作"泱泱"。

段玉裁"古假借必同部說"亦言曰："假借必取諸同部，故如真文之與蒸侵，寒刪之與覃談，支佳之與之咍，斷無有彼此互相假借者。"[①]段氏在此不僅說明了構成通假字的古音條件，同時也揭示了通假字在考察古韻方面的價值所在。自清代至民國初期，學者們對於通假字的研究日漸增多，所取材料也大都源于周秦兩漢時期的傳世文獻。

"古來新學問起，大都由於新發見。有孔子壁中書出，而後有漢以來古文家之學。有趙宋古器出，而後有宋以來古器物、古文字之學。……然則中國紙上之學問賴於地下之學問者，固不自今日始矣。"（王國維《最近二三十年中中國新發見之學問》）20世紀以來，隨着出土文獻的不斷湧現，大量的甲骨文、金文、戰國楚簡、秦漢簡牘帛書等相繼問世。這些材料長埋地下，未經後人改動，保留了書寫時的原始面貌。其作用相較於他類材料亦不遑多讓，甚至猶有過之，爲古音學研究注入了新鮮血液。另據目前所知，先秦兩漢出土簡帛中的通假字是現有傳世典籍的數倍，海量的

---

① 段玉裁：《說文解字注》，中華書局2013年版，第825頁。

通假字保留着可靠的古音線索，必將使古文字研究與古音學的結合更加緊密。鑒於此，我們認爲通假材料在上古音研究方面的意義值得被重新審視，選取通假材料來厘清古韻間親疏關係問題也是非常合適的。

（二）通假字典的選擇

本書以劉信芳的《楚簡帛通假彙釋》一書爲底本進行古音研究，該書彙集楚簡帛通假字以及異文等各種用字之例，通過分析通假字關係，定其讀音，釋其含義，以達到幫助人們讀懂簡文的目的。此著作重訂釋文，對於存在爭議的地方，擇善而從，準確性有所保證，並且它包含材料廣泛，涉及十幾種楚系簡帛文獻，因此其中的通假字數量較多，爲本書的研究提供了足夠豐富的材料。

該書在編排時以朱駿聲《説文通訓定聲》古韻十八部爲序，分別是豐、升、臨、謙、頤、孚、小、需、豫、隨、解、履、泰、乾、屯、坤、鼎、壯，與王力的三十韻部相對照，大致爲東冬、蒸、侵、談、之、幽、宵、侯、魚、歌、支、脂微、月、元、文、真、耕、陽，其中入聲韻不獨立，附于在陰聲韻之下。

二 研究方法

（一）古音查檢

對著作中的通假字例證進行古音查檢，就需要逐一考察出這些通假字的中古音韻地位，以《切韻》音系進行比照，分別標出它們的聲、韻以及等呼。查檢通假字的中古音韻地位，主要依照郭錫良《漢字古音手冊》，該書的音系框架主要依據王力《漢語史稿》，即《廣韻》35 聲母，206 韻。

喉音	影	餘	曉	匣			
牙音	見	溪	群	疑			
舌音	端	透	定	泥	來		
	知	徹	澄				

續表

齒音	精	清	從	心	邪	
	莊	初	崇	山		
	章	昌	船	書	禪	日
唇音	幫	滂	並	明		

上古聲母系統採用王力《漢語史稿》六類三十二聲母的意見，即：

喉音	見	溪	群	疑		
	影				曉	匣
舌頭音	端	透	餘	定	泥	來
舌上音	章	昌	船	書	禪	日
齒頭音	精	清	從	心	邪	
正齒音	莊	初	崇	山		
唇音	幫	滂	並	明		

將各字的中古音韻地位（中古反切、中古聲母和中古韻）和根據郭錫良《漢字古音表稿》所列的上古聲韻地位（上古聲母和上古韻部），以表格的形式呈現，表格之下列古籍文獻佐證。如：

序號	通假字	反切	中古聲母	中古韻	上古聲母	上古韻部
10	戈	古禾切	見	戈（合口一等）	見	歌
	干	古寒切	見	寒（開口一等）	見	元
	戩	古寒切	見	寒（開口一等）	見	元

曾侯乙簡3："二戩、戈，屯一翼之蕾（翿）。"戈，讀爲"干"。簡文凡戈頭之戈作"果"或"菓"，可知"戈"乃盾名，不是用"戈"字本義。《方言》卷九："盾自關而東或謂之戩，或謂之干，關西謂之盾。"字通作"戩"，《説文》："戩，盾也。"

（二）統計法

傳統音韻學者在對音類進行劃分時，往往採用"印象判斷法"和"舉例證明法"，面對許多零散的材料，只能依靠自己的經驗進行判斷，偏於

緒　論　◆◇◆

主觀，缺乏一個客觀的檢驗標準。後來隨着現代音韻學思想的發展，通過統計法來研究音韻學問題的學者多了起來。統計法，主要是利用資料進行計算與分析，得出的結論往往有實際資料進行檢驗，人爲干擾因素較少，更加客觀標準。本書在對楚系簡帛中的通假字進行歸納統計時，主要運用算數統計法與概率統計法。

　　1. 分析陰聲韻與入聲韻、陰聲韻與陽聲韻、入聲韻與陽聲韻的通假數量，確立對轉關係。提取其中通假數量多的確立韻部間的對轉關係。如歌部與月部、歌部與元部、月部與元部存在明顯高於其他韻部的通假數量，所以歌月元之間存在對轉關係。

		入聲韻										
		職	覺	藥	屋	鐸	錫	月	質	物	缉	葉
陰聲韻	歌	1	5	1	4	3	5	10	5	2	1	1

		陽聲韻									
		蒸	冬	東	陽	耕	元	真	文	侵	談
陰聲韻	歌	1					13	1		1	

		陽聲韻									
		蒸	冬	東	陽	耕	元	真	文	侵	談
入聲韻	月			1	4	2	33	4	10		

　　2. 分析陰聲韻與陰聲韻、入聲韻與入聲韻、陽聲韻與陽聲韻的通假數量，把存在對轉關係的韻部歸爲一類，按類爲單位計算不同類之間的通假數量來明確旁轉關係。如脂質真三個韻部對轉關係明顯，可算作脂類；微物文三個韻部對轉關係明顯，可算作微類。脂類與微類就有脂微、脂物、脂文、質微、質物、質文、真微、真物、真文九種通假情況，脂類與微類的通假數量就是這九種通假的數量總和，具體情況可用下表表示：

— 25 —

戰國楚簡帛韻部親疏關係研究

脂微	脂物	脂文	質微	質物	質文	真微	真物	真文	合計
18	3	4	1	3	0	3	0	35	67

按照這個方法可以計算出脂類與其他韻類之間的通假數量：

脂類 225	微類	歌類	之類	支類	魚類	侯類	幽類	侵類	談類	宵類
	68	53	33	25	21	11	8	4	1	1

根據對轉關係和旁轉關係確定戰國楚簡帛韻部次序。

第一章 之、職、蒸三部通假關係研究

第一節 之部

在本書的研究範圍内，之部通假共 400 組，其中同部通假 268 組，異部通假 132 組。在異部通假中，之部與陰聲韻共通假 52 組，與入聲韻共通假 53 組，與陽聲韻共通假 27 組。

1.1 之部通假情況匯總表

通假類型			通假數量		
同部通假		之—之	268		
異部通假	陰聲韻	之—侯	12	52	132	400
		之—脂	12			
		之—幽	10			
		之—魚	7			
		之—微	6			
		之—歌	3			
		之—支	2			
	入聲韻	之—職	23	53		
		之—物	8			

续表

通假类型			通假数量		
異部通假	入聲韻	之—月	8	53	400
		之—錫	4		
		之—質	3		
		之—鐸	3		
		之—緝	2		
		之—葉	1		
		之—覺	1		
	陽聲韻	之—文	7	132	
		之—元	6		
		之—耕	5		
		之—蒸	3	27	
		之—陽	2		
		之—真	2		
		之—冬	1		
		之—東	1		

一　之部的同部通假

之部同部通假 268 組。

之㞢	止之	侍時	持時	寺迆	趾止	字㝀	芋圩	芋圩	芋芋	理李
李梓	子杍	滋兹	緇紂	孳孳	兹孳	廼乃	子㝏	孜㝏	子慈	孜孳
滋慈	學慈	兹丝	史叀	使叀	士事	祀巳	娭妃	以巳	歆歆	肧怀
噫悈	態能	以台	以怠	恰怠	始竘	貽怸	己㠯	倍負	己吴	栖杯
㠯㠯	杞芑	期忌	紀記	臣頤	禧悥	喜憙	其亓	期亓	期其	基至
畝畝	萁惡	其惡	耳餌	理里	經裹	畝晦	狸貍	期旹	在才	慈才
才材	財材	栽材	災兹	字綷	剌宰	畝晦	倷采	來剌	迷莱	莱來
萊奎	資來	迷來	資奎	畝晦	來莱	梾榩	來梾	改㘞	鄙龜

— 28 —

第一章 之、職、蒸三部通假關係研究

畮畤	邱丘	有又	宥又	友又	又煩	晦畤	頄煩	祐右	佑右	友客
疚又	盇有	佑有	鮪酭	尤訧	悔㤅	敏譬	梅某	晦母	敏每	晦畤
海畤	栂拇	踇拇	母拇	踇栂	母栂	母踇	脢拇	海洖	悳舁	敏悳
敏勔	負怀	治之	詩寺	志寺	恃寺	侍寺	蔀剖	待寺	待㞢	寺㞢
詩㞢	詩時	㞢等	寺㞢	時㞢	時㞢	侍㞢	時時	寺時	寺時	侍時
侍偫	時㞢	志恃	詩陭	詩時	等志	待時	恃時	詩埘	慈子	牸子
字子	李杍	紂茲	緇茲	憛誨	慈孳	子慈	慈惢	滋慈	挈慈	慈丝
使思	事叀	士使	使事	起巳	憛謀	巳改	改改	粔妃	熙芑	矣巳
欯矣	疑矣	欯悞	第栃	欯悞	矣悞	拟悞	疑悞	罷能	久舊	治台
怠念	治念	殆念	辭念	治怠	貽佁	辭佁	治佁	怡佁	始忌	辭怘
治怘	辭始	怠忌	枲胎	始钔	殆钔	詞钔	祠钔	辭钔	治钔	邰钔
期㠱	忌芑	杞忌	己忌	起記	跽記	基巸	頤㞢	姬㞢	侍志	詩志
鼇喜	鼇僖	矣歎	悞歎	怀悟	亓丌	其丌	期丌	欺忈	其薛	止恥
鄙郼	茲才	哉才	災才	豺弋	倍悟	茲材	災㝈	弋㝈	災材	弋栽
載哉	載蕫	喜菜	采菜	菜盍	邰㝱	鼇蕫	理蕫	鍊策	垓亥	垓亥
改亥	郵蚤	尤蚤	醢酭	尤蚘	晦每	悔晉	悔恧	謀恧	䏏恧	誨恧
丕不	不否	背怀	倍怀

二　之部的異部通假

之部異部通假 132 組。

（一）之部和其他陰聲韻通假

1.2　之部和其他陰聲韻通假數量表

	侯部	脂部	幽部	魚部	微部	歌部	支部	合計
之部	12	12	10	7	6	3	2	52

1. 之—侯

之部與侯部共通假 12 組，本書通過列舉通假字的中古以及上古音韻地位，且援引楚簡帛出土文獻來證明它們之間的通假關係。

— 29 —

◆◇◆ **戰國楚簡帛韻部親疏關係研究**

頁碼	通假字	反切	中古聲母	中古韻	上古聲母	上古韻部
064	矣	于紀切	匣	止（開口三等）	匣	之
	壴	中句切	知	遇（合口三等）	端	侯
	㥛	烏開切	影	咍（開口一等）	影	之
	歕	虛其切	曉	之（開口三等）	曉	之
	歖	許其切	曉	之（開口三等）	曉	之

郭店簡《老子》甲11："訢（慎）①冬（終）女（如）怡（始），此亡（無）敗事矣。"矣，簡丙12作"壴"。語詞矣簡文又作"㥛""歕""歖"。

頁碼	通假字	反切	中古聲母	中古韻	上古聲母	上古韻部
070	䛐	思主切	心	虞（合口三等）	心	侯
	姬	居之切	見	之（開口三等）	見	之
	戛	古黠切	見	黠（開口二等）	見	質

葛陵簡甲三266："䛐與良志㠯（以）陵尹懌之髕髀爲君貞。"包山簡224，又225："攻尹之杠（攻）勢（執）事人䛐（姬）罤（舉）、鹵（衛）桉。"郭店簡《成之聞之》38："不還大䛐（戛）。"䛐，今本《尚書·康誥》作"不率大戛"。䛐爲臣之異構，作爲姓氏，讀爲姬。

頁碼	通假字	反切	中古聲母	中古韻	上古聲母	上古韻部
072	壴	中句切	知	遇（合口三等）	端	侯
	僖	許其切	曉	之（開口三等）	曉	之
	釐	里之切	來	之（開口三等）	來	之

包山簡2："㑋龢（令）壴（僖）圖命之於王大子而㠯（以）壁（徵）㑋人。"壴，姓氏，讀爲"僖"。《通志·氏族略五》以諡爲氏："釐子氏，出楚釐子，觀起之後，羋姓。楚有大夫釐子班。"釐子即僖子，《春秋》三傳之"僖公"，《史記》《漢書》作"釐公"。

---

① 通假字、異體字、歧讀字用（）注明，下同。

第一章 之、職、蒸三部通假關係研究

頁碼	通假字	反切	中古聲母	中古韻	上古聲母	上古韻部
159	坿	符遇切	並	遇（合口三等）	並	侯
	菩	蒲口切	並	厚（開口一等）	並	之
	剖	普后切	滂	厚（開口一等）	滂	之

上博藏三《周易·豐》51："九四：豐丌（其）坿，日中見卦（斗），遇丌（其）巳（夷）宔（主），吉。"51、52："上六：豐丌（其）芇（屋），坿（菩）丌（其）豪（家）。"坿，帛本作"剖"，今本作"菩"。

頁碼	通假字	反切	中古聲母	中古韻	上古聲母	上古韻部
075	而	如之切	日	之（開口三等）	日	之
	儒	人朱切	日	虞（合口三等）	日	侯

郭店簡《成之聞之》26："聖人之告（性）與中人之告（性），丌（其）生而未又（有）非之，節（即）於而（儒）也，則猷（猶）是也。"而，讀爲"儒"。

頁碼	通假字	反切	中古聲母	中古韻	上古聲母	上古韻部
087	伓	敷悲切	滂	脂（開口三等）	滂	之
	附	符遇切	並	遇（合口三等）	並	侯

上博藏五《競建內之》3+8："不出三年，糴（狄）人之伓（附）者七百邦。"伓，讀爲"附"。《詩·小雅·常棣》"鄂不韡韡"，鄭箋："不當作柎，古聲不柎同。"

頁碼	通假字	反切	中古聲母	中古韻	上古聲母	上古韻部
113	孞	—				幽
	母	莫厚切	明	厚（開口一等）	明	之
	侮	文甫切	明	麌（合口三等）	明	侯

郭店簡《老子》丙1："丌（其）即（次）孞（侮）之。"孞，帛本甲、乙作"母"，今本作"侮"。

— 31 —

2. 之—脂

之部與脂部共通假 12 組。

頁碼	通假字	反切	中古聲母	中古韻	上古聲母	上古韻部
261	几	居履切	見	旨（開口三等）	見	脂
	仉	諸兩切	章	養（開口三等）	章	陽
	机	居履切	見	旨（開口三等）	見	脂
	㭴			——		之
	綒	九魚切	見	魚（合口三等）	見	魚
	旹	渠之切	群	之（開口三等）	群	之

包山簡 260："一俚（濺）几。"几，簡文又作"仉""机""㭴""綒""旹"。

頁碼	通假字	反切	中古聲母	中古韻	上古聲母	上古韻部
282	尔	兒氏切	日	紙（開口三等）	日	脂
	而	如之切	日	之（開口三等）	日	之
	爾	兒氏切	日	紙（開口三等）	日	脂

上博藏三《周易・頤》24："豫（舍）尔（爾）雷（靈）龜。"尔，帛本作"而"，今本作"爾"。

頁碼	通假字	反切	中古聲母	中古韻	上古聲母	上古韻部
058	寺	祥吏切	邪	志（開口三等）	邪	之
	夷	以脂切	餘	脂（開口三等）	餘	脂

郭店簡《窮達以時》6："尖（管）寺（夷）吾句（拘）繇（囚）朿（束）縛，敓（釋）杙（桎）檺（梏）而爲者（諸）矦（侯）相，堣（遇）齊逗（桓）也。"寺，讀爲"夷"。

頁碼	通假字	反切	中古聲母	中古韻	上古聲母	上古韻部
064	攺	羊己切	餘	止（開口三等）	餘	之
	貳	而至切	日	至（開口三等）	日	脂

第一章 之、職、蒸三部通假關係研究

郭店簡《緇衣》16："倀（長）民者衣備（服）不改。"改，今本作"貳"，乃異文。

頁碼	通假字	反切	中古聲母	中古韻	上古聲母	上古韻部
066	旨	詩止切	書	止（開口三等）	書	之
	娣	徒禮切	定	薺（開口四等）	定	脂
	夷	以脂切	餘	脂（開口三等）	餘	脂
	弟	徒禮切	定	薺（開口四等）	定	脂

上博藏三《周易·渙》54、55："籔（渙）丌（其）丘，非（匪）旨（夷）所思。"旨，帛本作"娣"，今本作"夷"，釋文："荀作匪弟"。

頁碼	通假字	反切	中古聲母	中古韻	上古聲母	上古韻部
072	喜	虛里切	曉	止（開口三等）	曉	之
	淒	七稽切	清	齊（開口四等）	清	脂

楚帛書乙3："天雨喜喜。"喜喜，連語，猶"淒淒"。《詩·鄭風·風雨》："風雨淒淒，雞鳴喈喈。……①既見君子，云胡不喜。""喜"與"淒"韻。《廣雅·釋訓》："湑湑、霙霙、霫霫，雨也。"皆狀雨聲為辭。

3. 之—幽

之部與幽部共通假10組。

頁碼	通假字	反切	中古聲母	中古韻	上古聲母	上古韻部
104	洓	渠尤切	群	尤（開口三等）	群	幽
	求	巨鳩切	群	尤（開口三等）	群	幽
	梂	巨鳩切	群	尤（開口三等）	群	幽
	裘	巨鳩切	群	尤（開口三等）	群	之

包山簡 167："佶瞉（列）邦軶。"175："佶瞉（列）邦迲（遠）。"邦，姓氏，同族姓氏有"求""裘""洓"。《璽彙》3688有人名"洓生異"。

---

① "……"表示所闕字數不明，下同。

頁碼	通假字	反切	中古聲母	中古韻	上古聲母	上古韻部
106	臼	其九切	群	有（開口三等）	群	幽
	舊	巨救切	群	宥（開口三等）	群	之

包山簡272："臼（舊）戠（鑽）。"包山簡277："七臼（舊）骸（勿），絉（縢）組之迂（遊）。"臼，讀爲"舊"。

頁碼	通假字	反切	中古聲母	中古韻	上古聲母	上古韻部
107	咎	其九切	群	有（開口三等）	群	幽
	丘	去鳩切	溪	尤（開口三等）	溪	之

上博藏二《子羔》12："句（后）稷（稷）之母，又（有）訇（邰）是（氏）之女也，遊於玄咎（丘）之内，冬見芙，攷而薦之，乃見人武，顑（履）㠯（以）慈（歆），禱曰：帝之武，尚叏……是句（后）稷（稷）之母也。"玄咎，或爲"玄丘"。《史記·三代世表》褚先生引《詩傳》曰："湯之先爲契，無父而生。契母與姐妹浴于玄丘水，有燕銜卵墜之，契母得，故含之，誤吞之，即生契。"傳説有不同。

頁碼	通假字	反切	中古聲母	中古韻	上古聲母	上古韻部
113	㞢	—	—	—	—	幽
	母	莫厚切	明	厚（開口一等）	明	之
	侮	文甫切	明	麌（合口三等）	明	侯

郭店簡《老焍一焍子》丙1："亓（其）即（次）㞢（侮）之。"㞢，帛本甲、乙作"母"，今本作"侮"。

頁碼	通假字	反切	中古聲母	中古韻	上古聲母	上古韻部
080	棶	洛哀切	來	咍（開口一等）	來	之
	救	居祐切	見	宥（開口三等）	見	幽

郭店簡《老子》乙13："啓亓（其）逸（兑），賽（塞）亓（其）事，冬（終）身不棶。"棶，所從聲符與"朿"同形，應是從"棘"省聲，帛本

乙作"棘"，王本作"救"。

頁碼	通假字	反切	中古聲母	中古韻	上古聲母	上古韻部
082	戏	—				之
	仇	巨鳩切	群	尤（開口三等）	群	幽
	逑	巨鳩切	群	尤（開口三等）	群	幽
	救	恥力切	徹	職（開口三等）	透	職

郭店簡《緇衣》43："君子好戏（逑）。"戏，上博藏一《緇衣》作"救"，今本作"仇"，今《詩·周南·關雎》作"逑"。

頁碼	通假字	反切	中古聲母	中古韻	上古聲母	上古韻部
106	舊	巨救切	群	宥（開口三等）	群	之
	咎	其九切	群	有（開口三等）	群	幽

上博藏六《孔子見季桓子》22："☒①迷（謎）言之，則恐舊（咎）虐（吾）子。趄（桓）子曰：雁（斯）不赴，虐（吾）子迷（謎）言之，猶忑（恐）弗智（知）。"舊，讀爲"咎"，《淮南子·氾論》"苟周於事，不必循舊"，高誘注："舊或作'咎'也。"

4. 之—魚

之部與魚部共通假 7 組。

頁碼	通假字	反切	中古聲母	中古韻	上古聲母	上古韻部
085	股	公戶切	見	姥（開口一等）	見	魚
	脢	莫杯切	明	灰（合口一等）	明	之
	拇	莫杯切	明	厚（開口一等）	明	之

上博藏三《周易·咸》27："欽（咸）其拇，亡（無）悬（悔）。"拇，帛本作"股"，今本作"脢"。

---

① 本書用"☒"表示原簡殘斷之處。

頁碼	通假字	反切	中古聲母	中古韻	上古聲母	上古韻部
190	與	余吕切	餘	語（開口三等）	餘	魚
	以	羊己切	餘	止（開口三等）	餘	之

郭店簡《緇衣》22："古（故）君不與少（小）愳（謀）大。"與，今本作"以"，乃異文。

頁碼	通假字	反切	中古聲母	中古韻	上古聲母	上古韻部
	悆	以諸切	餘	魚（開口三等）	餘	魚
191	災	祖才切	精	咍（開口一等）	精	之
	火	呼果切	曉	果（合口一等）	曉	微

上博藏三《周易‧旅》53："遽（旅）贏（瑣）贏（瑣），此丌（其）所取悆。"悆，帛本作"火"，今本作"災"。"災"乃異文。

頁碼	通假字	反切	中古聲母	中古韻	上古聲母	上古韻部
	几	居履切	見	旨（開口三等）	見	脂
	仉	諸兩切	章	養（開口三等）	章	陽
	机	居履切	見	旨（開口三等）	見	脂
261	梌		—			之
	紌	九魚切	見	魚（合口三等）	見	魚
	苷	渠之切	群	之（開口三等）	群	之

包山簡260："一㨂（凭）几。"几，簡文又作"仉""机""梌""紌""苷"。

頁碼	通假字	反切	中古聲母	中古韻	上古聲母	上古韻部
085	母	莫厚切	明	厚（開口一等）	明	之
	毋	武夫切	明	虞（合口三等）	明	魚

楚帛書甲7："母（毋）思（使）百神風雨晨（辰）褘（緯）𢿢（亂）乍（作）。"包山簡217："竆（躬）身尚母（毋）又（有）咎"。郭店簡《緇衣》22："母（毋）㠯（以）小愳（謀）敗大惰（作）。"《語叢四》

第一章 之、職、蒸三部通假關係研究

6:"母(毋)命(令)智(知)我。"母,讀爲"毋"。

5. 之—微

之部與微部共通假6組。

頁碼	通假字	反切	中古聲母	中古韻	上古聲母	上古韻部
070	紀	居里切	見	止(開口三等)	見	之
	配	滂佩切	滂	隊(合口一等)	滂	微

上博藏四《曹沫之陳》16:"繹(姻)紀(配)於大國,大國新(親)之。"紀,讀爲"配"。

頁碼	通假字	反切	中古聲母	中古韻	上古聲母	上古韻部
087	坏	胡怪切	匣	怪(合口二等)	匣	微
	倍	薄亥切	並	海(開口一等)	並	之

上博藏六《慎子曰恭儉》3:"勿㠯(以)坏(倍)身。"坏,從土,不聲,讀爲"倍"。

頁碼	通假字	反切	中古聲母	中古韻	上古聲母	上古韻部
262	幾	居依切	見	微(開口三等)	見	微
	忌	渠記切	群	志(開口三等)	群	之

上博藏四《曹沫之陳》40:"出帀(師)又(有)幾(忌)虖(乎)?" 42:"三軍出,亓(其)遅(將)遅(卑),父扗(兄)不薦(薦),繇(由)邦馭(御)之,此出帀(師)之幾(忌)。"又:"三軍戡散(?)果有幾(忌)乎?" 43:"戰又(有)幾(忌)虖(乎)?" 44:"既戰又(有)幾(忌)虖(乎)?"幾,讀爲"忌",或以爲不破讀。

頁碼	通假字	反切	中古聲母	中古韻	上古聲母	上古韻部
070	逗			—		之
	熙	許其切	曉	之(開口三等)	曉	之
	幾	居依切	見	微(開口三等)	見	微

郭店簡《緇衣》34："穆穆文王，於佁（緝）逗（熙）敬圵（止）。"逗，今本、《詩·大雅·文王》作"熙"，上博藏一《緇衣》17作"幾"。

頁碼	通假字	反切	中古聲母	中古韻	上古聲母	上古韻部
191	懇	以諸切	餘	魚（開口三等）	餘	魚
	火	呼果切	曉	果（合口一等）	曉	微
	災	祖才切	精	咍（開口一等）	精	之

上博藏三《周易·旅》53："遽（旅）贏（瑣）贏（瑣），此丌（其）所取懇。"懇，帛本作"火"，今本作"災"。"災"乃異文。

6. 之—歌

之部與歌部共通假 3 組。

頁碼	通假字	反切	中古聲母	中古韻	上古聲母	上古韻部
222	義	宜寄切	疑	寘（開口三等）	疑	歌
	逗	——				之
	熙	許其切	曉	之（開口三等）	曉	

上博藏一《緇衣》17："穆穆文王，於幾義止。""義"後脫"敬"字。郭店簡《緇衣》34作"於佁（緝）逗（熙）敬圵（止）"，今本作"於緝熙敬止"。

頁碼	通假字	反切	中古聲母	中古韻	上古聲母	上古韻部
226	宜	魚羈切	疑	支（開口三等）	疑	歌
	一	於悉切	影	質（開口三等）	影	質
	弌	於悉切	影	質（開口三等）	影	質
	罷	奴代切	泥	代（開口一等）	泥	之

望山簡一50："☐瘠，又（有）見祱（祟），宜禱☐①☐。"宜，同"一"。"宜禱"，又作"弌禱""罷禱"。

---

① "☐"表示因各種原因造成的闕文，一個"☐"對應一個字，下同。

— 38 —

7. 之—支

之部與支部共通假 2 組。

頁碼	通假字	反切	中古聲母	中古韻	上古聲母	上古韻部
270	此	雌氏切	清	紙（開口三等）	清	支
	兹	子之切	精	之（開口三等）	精	之

信陽簡 1—31："□監（鑒）於此昌（以）□。"此，典籍或作"兹"，《書·無逸》："嗣王其監於兹。"

頁碼	通假字	反切	中古聲母	中古韻	上古聲母	上古韻部
271	邺	即移切	精	支（開口三等）	精	支
	兹	子之切	精	之（開口三等）	精	之

葛陵簡甲三 8、18："大郕（城）邺（兹）郍（方）之哉（歲）。"乙一 14："句郑公奠（鄭）余毁大城邺（兹）立（方）之哉（歲），屈栾之月，癸未〔之日〕①。"乙一 32、23、1："句郑公鄭〔余毁〕大郕（城）邺（兹）立（方）之哉（歲），屈示之月，癸未之日。"邺，讀爲"兹"。兹方，《史記·楚世家》："肅王四年，蜀伐楚，取兹方，於是楚爲扞關以距之。"

（二）之部和入聲韻通假

1.3　之部和入聲韻通假數量表

	職部	物部	月部	錫部	質部	鐸部	緝部	葉部	覺部	合計
之部	23	8	8	4	3	3	2	1	1	53

1. 之—職

之部與職部共通假 23 組。

頁碼	通假字	反切	中古聲母	中古韻	上古聲母	上古韻部
061	旹	—	—	—	章	職
	戴	都代切	端	代（開口一等）	端	之

---

① 本書將擬補之字置於"〔　〕"中，下同。

上博藏六《慎子曰恭儉》5："首旹（戴）茅芙（蒲），檑（撰）筱（蓧）埶（執）櫨（鉏），送（遵）畎備（服）畮，必於☐。"旹，讀爲"戴"。《國語·齊語》："脱衣就功，首戴茅蒲，身衣襏襫，沾體塗足，暴其髮膚，盡其四支之敏，以從事于田野。"

頁碼	通假字	反切	中古聲母	中古韻	上古聲母	上古韻部
070	翼	與職切	餘	職（開口三等）	餘	職
	異	羊吏切	餘	志（開口三等）	餘	之

曾侯乙簡3："一戟，二菓，又（有）秳，一翼翿。"6："二戟，屯三菓，屯一翼之翿。二旆，屯八翼之翿。"42："二旆，二戟，二戲，屯雩翌（羽）之翿。"88："畫戲，鄭（齊）紫之綳；二戈，紫縂，屯一翼之翿。"翼，簡文又作"異"，謂所垂之旒呈羽翼狀，故以"翼"作爲"翿"的量詞。

頁碼	通假字	反切	中古聲母	中古韻	上古聲母	上古韻部
076	萮	平祕切	並	至（開口三等）	並	職
	備	平祕切	並	至（開口三等）	並	職
	璯		——			職
	佩	蒲昧切	並	隊（合口一等）	並	之

望山簡一54："遶（舉）禱太萮（佩）玉一環。"萮，簡文又作"備"、"璯"，讀爲"佩"。

頁碼	通假字	反切	中古聲母	中古韻	上古聲母	上古韻部
088	北	博墨切	幫	德（開口一等）	幫	職
	邶	蒲昧切	並	隊（合口一等）	並	之

上博藏一《詩論》26："《北（邶）白（柏）舟》悶。"北，讀爲"邶"，謂《詩》之"邶風"。

頁碼	通假字	反切	中古聲母	中古韻	上古聲母	上古韻部
088	北	博墨切	幫	德（開口一等）	幫	職
	丘	去鳩切	溪	尤（開口三等）	溪	之

第一章 之、職、蒸三部通假關係研究

上博藏三《周易·頤》24:"𩖁(拂)經于北涯(頤)。"北,帛本同,今本作"丘",乃異文。

頁碼	通假字	反切	中古聲母	中古韻	上古聲母	上古韻部
088	背	補妹切	幫	隊(合口一等)	幫	職
	𢓇	布亥切	幫	海(開口一等)	幫	之
	倍	薄亥切	並	海(開口一等)	並	之
	伓	敷悲切	滂	脂(開口三等)	滂	之

郭店簡《語叢二》11:"𢓇(倍)生於惎,静(爭)生於𢓇(倍)。"上博藏一《詩論》26:"《浴(谷)風》𢓇(背)。"𢓇,簡文多作"伓",讀爲"倍"或"背",棄也。

頁碼	通假字	反切	中古聲母	中古韻	上古聲母	上古韻部
088	㝵	多則切	端	德(開口一等)	端	職
	志	職吏切	章	志(開口三等)	章	之

上博藏二《民之父母》7:"而㝵(德)既(氣)塞於四海矣。"㝵,《禮記·孔子閒居》《孔子家語·論禮》作"志"。或謂"㝵"讀爲"德"。

頁碼	通假字	反切	中古聲母	中古韻	上古聲母	上古韻部
088	背	補妹切	幫	隊(合口一等)	幫	職
	肧	芳杯切	滂	灰(合口一等)	滂	之

葛陵簡甲三100+零135:"☐貞:既肧(背)、䐹(膺)疾,䚼(以)髀(胛)疾,䚼(以)心痒(悶)。"肧,讀爲"背",字又作"伓""𩨚"。

頁碼	通假字	反切	中古聲母	中古韻	上古聲母	上古韻部
096	或	胡國切	匣	德(合口一等)	匣	職
	有	云久切	匣	有(開口三等)	匣	之

郭店簡《太一生水》6:"是古(故)大一臧(藏)於水,行於時。迿(周)而或(有)〔始〕。"上博藏六《競公瘧》3:"身爲新(親)!或(有)

可（何）惡（愛）安（焉）。是信虖（吾）亡（無）良祝叀（史）。"或，讀爲"有"。郭店簡《老子》甲2："三言㠯（以）爲貞（史），不足或（有）命（令）之，或（有）唐（乎）豆（屬）。"或，帛書甲、乙，今本作"有"。

頁碼	通假字	反切	中古聲母	中古韻	上古聲母	上古韻部
096	惑	胡國切	匣	德（合口一等）	匣	職
	宥	于救切	匣	宥（開口三等）	匣	之

上博藏三《中弓》7："先又（有）司，譽（舉）臤（賢）才，惑（宥）𠮷（過）惥（赦）辠（罪）。"惑，讀爲"宥"。

頁碼	通假字	反切	中古聲母	中古韻	上古聲母	上古韻部
098	牧	莫六切	明	屋（開口三等）	明	職
	謀	莫浮切	明	尤（開口三等）	明	之

上博藏四《相邦之道》1："先亓（其）欲，備亓（其）弜（強），牧（謀）亓（其）劵（倦、患），青（静）㠯（以）寺（待）。"牧，讀爲"謀"。

頁碼	通假字	反切	中古聲母	中古韻	上古聲母	上古韻部
065	毴	奴代切	泥	代（開口一等）	泥	之
	翼	與職切	餘	職（開口三等）	餘	職
	翌	與職切	餘	職（開口三等）	餘	緝
	昱	余六切	餘	屋（合口三等）	餘	緝

葛陵簡甲三 22+59："毴日癸丑。"毴，典籍作"翼""翌""昱"。《尚書·武成》"越翼日癸巳"，或作"翌日"。

頁碼	通假字	反切	中古聲母	中古韻	上古聲母	上古韻部
071	志	職吏切	章	志（開口三等）	章	之
	識	賞職切	書	職（開口三等）	書	職

郭店簡《老子》甲8："長古之善爲士者，必非（微）溺（弱）玄達，深不可志（識）。"志，帛本甲、乙同，王本作"識"。"志"，從心，止

聲，大徐所補十九文之一，《說文》家或以爲"識"之古文，茲從之。楚簡目前尚未發現"識"字。

頁碼	通假字	反切	中古聲母	中古韻	上古聲母	上古韻部
080	𢑚	里之切	來	之（開口三等）	來	之
	勑	蓄力切	徹	職（開口三等）	透	職
	敕	恥力切	徹	職（開口三等）	透	職

郭店簡《尊德義》33："不𢑚（勑）則亡（無）悁（威），不忠（忠）則不信。"𢑚，讀爲"勑"，《易・噬嗑》"先王以明罰勑法"，釋文："恥力反，此俗字也，《字林》作敕。"

頁碼	通假字	反切	中古聲母	中古韻	上古聲母	上古韻部
082	戚	—				之
	仇	巨鳩切	群	尤（開口三等）	群	幽
	逑	巨鳩切	群	尤（開口三等）	群	幽
	敕	恥力切	徹	職（開口三等）	透	職

郭店簡《緇衣》43："君子好戚（逑）。"戚，上博藏一《緇衣》作"敕"，今本作"仇"，今《詩・周南・關雎》作"逑"。

頁碼	通假字	反切	中古聲母	中古韻	上古聲母	上古韻部
083	又	于救切	匣	宥（開口三等）	匣	之
	或	胡國切	匣	德（合口一等）	匣	職

上博藏三《周易・豫》15："上六：㝱（冥）余（豫），成又（有）愈（渝），亡（无）咎。"又，帛《易》作"或"，石經、今本作"有"。上博藏三《周易・隨》16："初九：官又（有）愈（渝），貞吉。出門交又（有）工（功）。"又，帛《易》作"或"，阜《易》、今本作"有"。

頁碼	通假字	反切	中古聲母	中古韻	上古聲母	上古韻部
087	吺	莫厚切	明	厚（開口一等）	明	之
	牧	莫六切	明	屋（合口三等）	明	職

◆◇◆ 戰國楚簡帛韻部親疏關係研究

上博藏二《容成氏》52："㠯（以）少（小）會者（諸）矦之帀（師）於晦（牧）之埜（野）。"晦，讀爲"牧"，晦之野，即典籍所謂"牧野"。

頁碼	通假字	反切	中古聲母	中古韻	上古聲母	上古韻部
087	背[①]	補妹切	幫	隊（合口一等）	幫	職
	怀	敷悲切	滂	脂（開口三等）	滂	之
	北	博墨切	幫	德（開口一等）	幫	職

上博藏三《周易·艮》48："艮：丌（其）怀（背），不膗（獲）丌（其）身。"怀，讀爲"背"。帛本作"北"，今本作"背"。

2. 之—物

之部與物部共通假 8 組。

頁碼	通假字	反切	中古聲母	中古韻	上古聲母	上古韻部
085	母	莫厚切	明	厚（開口一等）	明	之
	未	無沸切	明	未（合口三等）	明	物

上博藏三《周易·萃》44："气（汔）至，亦母（毋）藰（繘）萊，嬴（羸）丌（其）缾（瓶），凶。"母，讀爲"毋"。帛本、今本作"未"。

頁碼	通假字	反切	中古聲母	中古韻	上古聲母	上古韻部
063	甶	分勿切	幫	物（合口三等）	幫	物
	使	疎士切	山	止（開口三等）	山	之
	緦	息茲切	心	之（開口三等）	心	之

包山簡 128："甶（使）一戠（識）獄之宔（主）㠯（以）至（致）命。"134："甶（使）剸（傳）之。"136："甶（使）聖（聽）之。"138反："甶（使）煋之戚（仇）敘（除）於煋之所諹（證）。"211："甶（使）攻解於累（明）禮（祖）。"217："甶（使）攻解於不殆（辜）。"229："甶（使）攻敘於宮室。"231："甶（使）攻祝（說）。"238："甶（使）

[①] 背怀二字通假前文已計，此處不計入總數。

第一章 之、職、蒸三部通假關係研究

左尹蛇遝（踐）返（復）尻。由（使）攻解於戢（歲）。"

望山簡二 31："五由（緫）之細。"60："五由（緫）之純。"由，讀爲"緫"，字見《説文》，指絲織品的單位。

頁碼	通假字	反切	中古聲母	中古韻	上古聲母	上古韻部
254	㞢			——		
	未	無沸切	明	未（合口三等）	明	物
	謀	莫浮切	明	尤（開口三等）	明	之

郭店簡《語叢二》50："母（毋）遊（失）虗（吾）㞢（謀），此㞢（謀）得矣。"51："少（小）不忍，伐（敗）大㞢（謀）。"㞢，"未"之古文，見《古文四聲韻》未韻，讀爲"謀"。《論語·衛靈公》："小不忍則亂大謀。"

頁碼	通假字	反切	中古聲母	中古韻	上古聲母	上古韻部
286	弗	分勿切	幫	物（合口三等）	幫	物
	不	方久切	幫	有（開口三等）	幫	之

郭店簡《老子》甲 4："亓（其）才（在）民前也，民弗害也。天下樂進而弗詀（厭）。"弗，帛本甲、乙同，王本作"不"。

頁碼	通假字	反切	中古聲母	中古韻	上古聲母	上古韻部
084	酭	于救切	匣	宥（開口三等）	匣	之
	鬱	紆物切	影	物（合口三等）	影	物

郭店簡《窮達以時》9："初滔（沈）酭（鬱），逡（後）名易（揚）。"酭，讀爲"鬱"。

頁碼	通假字	反切	中古聲母	中古韻	上古聲母	上古韻部
085	母	莫厚切	明	厚（開口一等）	明	之
	勿	文弗切	明	物（合口三等）	明	物

上博藏三《周易·豫》14："母（毋）頞（疑）。"母，帛本、今本作"勿"。

— 45 —

頁碼	通假字	反切	中古聲母	中古韻	上古聲母	上古韻部
273	坆	莫杯切	明	灰（合口一等）	明	之
	靺	莫撥切	明	末（合口一等）	明	物

仰天湖簡9："一坆（靺）韋之緯（幃），繒（絣）縛（縫），又（有）二鋝（環），紅組之綏（縷）。"坆，讀爲"靺"。《左傳》成公十六年"有靺韋之跗注"，杜注："靺。赤色。"

3. 之—月

之部與月部共通假8組。

頁碼	通假字	反切	中古聲母	中古韻	上古聲母	上古韻部
306	瘧	—	—	—	—	月
	疥	古拜切	見	怪（開口二等）	見	月
	痎	古諧切	見	皆（開口二等）	見	之

上博藏六《景公瘧》1："齊競（景）公瘧（疥）虐（且）瘧（瘧），愈（逾）歲（歲）不已。"瘧，經典作"疥"，或以爲當作"痎"。《左傳》昭公二十年"齊侯疥遂痁"，釋文："疥，舊音戒，梁元帝音該，依字則當作痎。"《黄帝內經素問•瘧論》："夫痎瘧皆生於風。"

頁碼	通假字	反切	中古聲母	中古韻	上古聲母	上古韻部
081	敱	—	—	—	—	之
	賚	洛代切	來	代（開口一等）	來	之
	賴	落蓋切	來	泰（開口一等）	來	月
	厲	力制切	來	祭（開口三等）	來	月

包山簡28："敱尹之司敗邯召塞（夷）受昔（期），辛巳之日不遲（詳）敱尹之鄢邑公遠忻、莫嚚（敖）遠覗吕（以）廷，阩門又敗。"敱，"賚"字繁形，作爲地名讀爲"賴"，曾侯乙簡作"賚"。《左傳》昭公四年："（楚）滅賴。……遷賴於鄢。"《漢書•地理志》南陽郡"隨，故國。厲鄉，故厲國也"，師古注："厲讀曰賴。"楚懷王時，曾國已被楚滅，

— 46 —

第一章 之、職、蒸三部通假關係研究

作爲地名，曾簡之"贅"即楚簡之"散"。

頁碼	通假字	反切	中古聲母	中古韻	上古聲母	上古韻部
081	瘶	洛代切	來	代（開口一等）	來	之
	癩	落蓋切	來	泰（開口一等）	來	月

包山簡 25："癸巳之日不逞（詳）玉敏（令）虘、玉婁瘶吕（以）廷，阾門又敗。"瘶，《廣雅·釋言》："瘶，癘也。"《玉篇》："瘶，力代切，惡病也。"俗作"癩"。

頁碼	通假字	反切	中古聲母	中古韻	上古聲母	上古韻部
085	母	莫厚切	明	厚（開口一等）	明	之
	魃	蒲撥切	並	末（合口一等）	並	月

上博藏四《柬大王泊旱》11、12："此所胃（謂）之澞（旱）母，帝將（將）命之攸（修）者（諸）侯之君之不能詞（祠）者，而罰（刑）之吕（以）澞（旱）。"旱母，又稱"旱魃"。《詩·大雅·雲漢》"旱魃爲虐"，疏："魃字從鬼，連旱言之，故知旱神。《神異經》曰：南方有人，長二三尺，袒身，目在頂上，走行如風，名曰'魃'，所見之國大旱，赤地千里。一名旱母。"

4. 之—錫

之部與錫部共通假 4 組。

頁碼	通假字	反切	中古聲母	中古韻	上古聲母	上古韻部
069	辟	普擊切	滂	錫（開口四等）	滂	錫
	怡	與之切	餘	之（開口三等）	餘	之

曾侯乙簡 155："辟之駬爲右驂。"辟，字從心，從"辭"之籀文"辝"，同"怡"或"怠"。

頁碼	通假字	反切	中古聲母	中古韻	上古聲母	上古韻部
241	策	楚革切	初	麥（開口二等）	初	錫

— 47 —

續表

頁碼	通假字	反切	中古聲母	中古韻	上古聲母	上古韻部
241	簀	側革切	莊	麥（開口二等）	莊	錫
	柹	鉏里切	崇	止（開口三等）	從	之

包山簡 260：" 一凵牀，又（有）策（簀）。"策，讀爲"簀"，牀棧也。信陽簡 2—23 作"柹"。

頁碼	通假字	反切	中古聲母	中古韻	上古聲母	上古韻部
	柹①	鉏里切	崇	止（開口三等）	崇	之
282	笫	阻史切	莊	止（開口三等）	莊	之
	策	楚革切	初	麥（開口二等）	初	錫

信陽簡 2—23："一柹（笫）枳，錦純，組繢。"柹，讀爲"笫"。《方言》卷五："牀，齊魯之間謂之簀，陳楚之間或謂之笫。"包山簡 260 作"策"。

5. 之—質

之部與質部共通假 3 組。

頁碼	通假字	反切	中古聲母	中古韻	上古聲母	上古韻部
	宜	魚羈切	疑	支（開口三等）	疑	歌
226	一	於悉切	影	質（開口三等）	影	質
	弌	於悉切	影	質（開口三等）	影	質
	罷	奴代切	泥	代（開口一等）	泥	之

望山簡一 50："☐瘧，又（有）見祱（祟），宜禱☐☐。"宜，同"一"。"宜禱"，又作"弌禱""罷禱"。

頁碼	通假字	反切	中古聲母	中古韻	上古聲母	上古韻部
070	瞀	孚武切	滂	虞（合口三等）	滂	侯

---

① 柹策二字通假前文已計，此處不計入總數。

第一章 之、職、蒸三部通假關係研究

續表

頁碼	通假字	反切	中古聲母	中古韻	上古聲母	上古韻部
070	姬	居之切	見	之（開口三等）	見	之
	戛	古黠切	見	黠（開口二等）	見	質

葛陵簡甲三 266："暊與良志昌（以）陵尹憙之髊觧爲君貞。"包山簡 224，又 225："攻尹之釭（攻）埶（執）事人暊（姬）塈（舉）、壐（衛）桉。"郭店簡《成之聞之》38："不還大暊（戛）。"暊，今本《尚書·康誥》作"不率大戛"。

6. 之—鐸

之部與鐸部共通假 3 組。

頁碼	通假字	反切	中古聲母	中古韻	上古聲母	上古韻部
056	甲	古狎切	見	狎（開口二等）	見	葉
	作	則落切	精	鐸（開口一等）	精	鐸
	起	墟里切	溪	止（開口三等）	溪	之

郭店簡《老子》甲 26："九城（成）之臺（臺），甲〔於累土〕。"甲，帛本甲、乙作"作"，王本作"起"。

頁碼	通假字	反切	中古聲母	中古韻	上古聲母	上古韻部
070	臣	與之切	餘	之（開口三等）	餘	之
	頤	與之切	餘	之（開口三等）	餘	之
	亦	羊益切	餘	昔（開口三等）	餘	鐸

上博藏三《周易·頤》24："頤：貞吉。觀頤，自求口實。"又：《周易·頤》25："遺頤，吉，虎視眈眈，亓（其）猷（欲）攸攸（逐逐），亡（無）咎。"頤，《說文》以爲"臣"之篆文。作爲卦名，周家臺秦簡《歸藏》作"亦"。

7. 之—緝

之部與緝部共通假 2 組。

頁碼	通假字	反切	中古聲母	中古韻	上古聲母	上古韻部
065	霴	奴代切	泥	代（開口一等）	泥	之
	翼	與職切	餘	職（開口三等）	餘	職
	翌	與職切	餘	職（開口三等）	餘	緝
	昱	余六切	餘	屋（合口三等）	餘	緝

葛陵簡甲三 22+59："霴日癸丑。"霴，典籍作"翼""翌""昱"。《尚書·武成》"越翼日癸巳"，或作"翌日"。

8. 之—葉

之部與葉部共通假 1 組。

頁碼	通假字	反切	中古聲母	中古韻	上古聲母	上古韻部
056	甲	古狎切	見	狎（開口二等）	見	葉
	作	則落切	精	鐸（開口一等）	精	鐸
	起	墟里切	溪	止（開口三等）	溪	之

郭店簡《老子》甲 26："九城（成）之臺（臺），甲〔於累土〕。"甲，帛本甲、乙作"作"，王本作"起"。

9. 之—覺

之部與覺部共通假 1 組。

頁碼	通假字	反切	中古聲母	中古韻	上古聲母	上古韻部
129	畜	丑救切	徹	宥（開口三等）	透	覺
	菑	側持切	莊	之（開口三等）	莊	之

上博藏三《周易·無妄》20："不𤉷（耕）而穫（穫），不畜之。"今本《周易·無妄》："不耕穫，不菑畬。"帛本"菑"同。……《老子》十八章"六親不和，有孝慈"，十九章"絕仁棄義，民復孝慈"，帛本甲"孝"作"畜"，孝乃幽部字，與之部旁轉。《説文》："菑，不耕田也。"也就是"不耕而穫"，收穫後也不再耕種之田。《爾雅·釋地》："田一歲曰菑，二歲曰新田，三歲曰畬。""不菑畬"即不將生田耕種爲熟田。《説文》：

"畜，田畜也。"所謂"田畜"，亦即"力田之畜積也"（段注）。《漢書·貨殖列傳》："富人奢侈，而任氏折節爲力田畜。人爭取賤賈，任氏獨取貴善。富者數世。然任家公約，非田畜所生不衣食，公事不畢則不得飲酒食肉。"是簡本"畜"與今本"蓄"音義皆近。

（三）之部和陽聲韻通假

1.4 之部和陽聲韻通假數量表

	文部	元部	耕部	蒸部	陽部	真部	冬部	東部	合計
之部	7	6	5	3	2	2	1	1	27

1. 之—文

之部與文部共通假 7 組。

頁碼	通假字	反切	中古聲母	中古韻	上古聲母	上古韻部
052	厭	於豔切	影	豔（開口三等）	影	之
	存	徂尊切	從	魂（合口一等）	從	文

楚帛書乙 6："是月吕（以）婁（腰），厭爲之正。"又乙 8："恭民未智（知），厭吕（以）爲則。"厭，讀爲"存"，讀爲"厭"，亦通。

頁碼	通假字	反切	中古聲母	中古韻	上古聲母	上古韻部
060	等	多改切	端	海（開口一等）	端	之
	志	職吏切	章	志（開口三等）	章	之
	典	多殄切	端	銑（開口四等）	端	文

上博藏四《曹沫之陳》41："可吕（以）又（有）怠（治）邦，《周等（志）》是鳶（存）。"上博藏五《季康子問於孔子》14："虞（且）夫戲（列）含（今）之先人，毖（世）三代之逋（傳）叓（史），幾（豈）敢不吕（以）亓（其）先人之逋（傳）等（志）告。"等，讀爲"志"，《左傳》文公二年："《周志》有之。"或謂讀爲"典"，《周易·繫辭上》："而行其典禮。"釋文："典禮，京作等禮。"

— 51 —

頁碼	通假字	反切	中古聲母	中古韻	上古聲母	上古韻部
060	朱	苦悶切	溪	恩（合口一等）	溪	文
	持	直之切	澄	之（開口三等）	定	之
	困	苦悶切	溪	恩（合口一等）	溪	文

郭店簡《老子》甲 25："亓（其）安也，易朱也。"朱，與"困"之古文同形。帛本甲 55、王本作"持"，乃異文。

頁碼	通假字	反切	中古聲母	中古韻	上古聲母	上古韻部
063	㕜	疎士切	山	止（開口三等）	山	之
	文	無分切	明	文（合口三等）	明	文

郭店簡《老子》甲 2："三言己（以）爲㕜，不足或（有）命（令）之，或（有）虖（乎）豆（屬）。"㕜，帛本甲、乙，王本作"文"，乃異文。

頁碼	通假字	反切	中古聲母	中古韻	上古聲母	上古韻部
077	才	昨哉切	從	咍（開口一等）	從	之
	存	徂尊切	從	魂（合口一等）	從	文

郭店簡《語叢三》15："遊惪，嗌（益）。嵩（縱）志，嗌（益）。才（存）心，嗌（益）。"才，讀爲"存"，《孟子·盡心上》："存其心，養其性，所以事天也。"

2. 之—元

之部與元部共通假 6 組。

頁碼	通假字	反切	中古聲母	中古韻	上古聲母	上古韻部
380	㾏	止而切	章	之（開口三等）	章	之
	霝	郎丁切	來	青（開口四等）	來	耕
	零	郎丁切	來	青（開口四等）	來	耕
	命	眉病切	明	映（開口三等）	明	耕
	靈	郎丁切	來	青（開口四等）	來	耕
	練	郎甸切	來	霰（開口四等）	來	元

第一章 之、職、蒸三部通假關係研究

郭店簡《緇衣》26："《呂埜（刑）》員（云）：非甬（用）𤯔，折（制）㠯（以）埜（刑），隹（惟）乍（作）五瘧之埜（刑）曰灋。"𤯔，上博藏一《緇衣》14 作"𩂣"，日本巖崎古鈔《尚書·呂刑》作"𩃲"，今本《緇衣》引《甫刑》作"命"，《墨子·尚同》引《呂刑》作"練"，今《書·呂刑》作"靈"。

頁碼	通假字	反切	中古聲母	中古韻	上古聲母	上古韻部
347	睘	渠營切	群	清（合口三等）	群	耕
	還	戶關切	匣	删（合口二等）	匣	元
	嬛	許緣切	曉	仙（合口三等）	曉	元
	亥	胡改切	匣	海（開口一等）	匣	之

葛陵簡零 214："☐〔齊客陳異致福於〕王之歲（歲），獻馬之月，乙睘（亥）之日☐。"睘，簡文又作"還""嬛"，並讀爲"亥"。

頁碼	通假字	反切	中古聲母	中古韻	上古聲母	上古韻部
075	茸	人之切	日	之（開口三等）	日	之
	壖	而兖切	日	獮（合口三等）	日	元
	堧	而緣切	日	仙（合口三等）	日	元

葛陵簡甲三 418："☐於茸丘一𤠣，禱☐。"茸，同"壖""堧"。

頁碼	通假字	反切	中古聲母	中古韻	上古聲母	上古韻部
085	每	武罪切	明	賄（合口一等）	明	之
	緐	附袁切	並	元（合口三等）	並	元

郭店簡《語叢一》35："豊（禮）妻（齊）樂䜌（靈）則戚，樂每（繁）豊（禮）䜌（靈）則諻（賓）。"每，讀爲"緐"。

3. 之—耕

之部與耕部共通假 5 組。

頁碼	通假字	反切	中古聲母	中古韻	上古聲母	上古韻部
347	瞏	渠營切	群	清（合口三等）	群	耕
	亥	胡改切	匣	海（開口一等）	匣	之

葛陵簡零 214："☐〔齊客陳異致福於〕王之哉（歲），獻馬之月，乙瞏（亥）之日☐。"瞏，簡文又作"還""嬛"，並讀爲"亥"。

頁碼	通假字	反切	中古聲母	中古韻	上古聲母	上古韻部
380	𦄂	止而切	章	之（開口三等）	章	之
	霝	郎丁切	來	青（開口四等）	來	耕
	露	郎丁切	來	青（開口四等）	來	耕
	命	眉病切	明	映（開口三等）	明	耕
	靈	郎丁切	來	青（開口四等）	來	耕
	練	郎甸切	來	霰（開口四等）	來	元

郭店簡《緇衣》26："《呂㓝（刑）》員（云）：非甬（用）𦄂，折（制）（以）㓝（刑），隹（惟）乍（作）五瘧之㓝（刑）曰灋。"𦄂，上博藏一《緇衣》14 作"霝"，日本巖崎古鈔《尚書·呂刑》作"露"，今本《緇衣》引《甫刑》作"命"，《墨子·尚同》引《呂刑》作"練"，今《書·呂刑》作"靈"。

4. 之—蒸

之部與蒸部共通假 3 組。

頁碼	通假字	反切	中古聲母	中古韻	上古聲母	上古韻部
031	邟	胡登切	匣	登（開口一等）	匣	蒸
	期	渠之切	群	之（開口三等）	群	之

包山簡 163："邟思公之州里公廚"郭店簡《窮達以時》8："孫甹（叔）三夬（謝）邟（期）思少司馬。"邟思，讀作"期思"，簡文又作"丌思"。《左傳》文公十年記有"期思公復遂"，杜預注："復遂，楚期思邑公，今弋陽期思縣。"《漢志》汝南郡有期思縣。

頁碼	通假字	反切	中古聲母	中古韻	上古聲母	上古韻部
031	恆	胡登切	匣	登（開口一等）	匣	蒸
	期	渠之切	群	之（開口三等）	群	之

包山簡 129：「甘臣之歲（歲），左司馬迪昌（以）王命命亞思舍（賒）棻曳（廣）王之臭一青犧之齋足金六勻（鈞）。」130「亞思少司馬。」亞思，地名，字有歧讀，其一讀爲"恆思"。《風俗通》佚文："恆氏，楚大夫恆思公之後，見《世本》。"《戰國策·秦策三》"亦聞恆思有神叢與？恆思有悍少年，請與叢博，曰：吾勝叢，叢籍我神三日；不勝叢。叢困我。乃左手爲叢投，右手自爲投，勝叢，叢籍其神"，補注云："尚左，尊神也。"楚人尚左，則此"恆思"確爲楚地名。其二讀爲"期思"。是同一地名而有二讀。

頁碼	通假字	反切	中古聲母	中古韻	上古聲母	上古韻部
	不	分物切	幫	物（合口三等）	幫	之
087	佣	—	—	—	—	東
	朋	步崩切	並	登（開口一等）	並	蒸

上博藏三《周易·蹇》35："九五：大訐（蹇）不樷（來）。"不，帛本作"佣"，今本作"朋"，三字異文，確切義待考。

5. 之—陽

之部與陽部共通假 2 組。

頁碼	通假字	反切	中古聲母	中古韻	上古聲母	上古韻部
	几	居履切	見	旨（開口三等）	見	脂
	仉	諸兩切	章	養（開口三等）	章	陽
261	机	居履切	見	旨（開口三等）	見	脂
	柏	—	—	—	—	之
	纸	九魚切	見	魚（合口三等）	見	魚
	旮	渠之切	群	之（開口三等）	群	之

6. 之—真

之部與真部共通假 2 組。

頁碼	通假字	反切	中古聲母	中古韻	上古聲母	上古韻部
064	苠	植鄰切	禪	真（開口三等）	禪	真
	攺	羊己切	餘	止（開口三等）	餘	之
	改	植鄰切	禪	真（開口三等）	禪	真

上博藏三《亙先》10："擧（擧）天下之名，虛誣（數），翌曰（以）不可改（改）也。"改，讀爲"改"。

7. 之—冬

之部與冬部共通假 1 組。

頁碼	通假字	反切	中古聲母	中古韻	上古聲母	上古韻部
369	㚲	奴亥切	泥	海（開口一等）	泥	之
	娀	息弓切	心	東（合口三等）	心	冬

上博藏二《子羔》10："离（契）之母，又（有）㚲（娀）是（氏）之女。"㚲，音"仍"，讀爲"娀"，《史記·殷本紀》："殷契，母曰簡狄，有娀氏之女。"

8. 之—東

之部與東部共通假 1 組。

頁碼	通假字	反切	中古聲母	中古韻	上古聲母	上古韻部
087	不	分物切	幫	物（合口三等）	幫	之
	侗	——	——	——	——	東
	朋	步崩切	並	登（開口一等）	並	蒸

上博藏三《周易·蹇》35："九五：大訏（蹇）不棣（來）。"不，帛本作"侗"，今本作"朋"，三字異文，確切義待考。

第二節 職部

在本書的研究範圍內，職部通假共 128 組，其中同部通假 63 組，異部通假 65 組。在異部通假中，職部與陰聲韻共通假 37 組，與入聲韻共通假 19 組，與陽聲韻共通假 9 組。

1.5 職部通假情況匯總表

通假類型			通假數量			
同部通假		職—職	63			
異部通假	陰聲韻	職—之	23	37	65	128
		職—幽	6			
		職—脂	6			
		職—魚	1			
		職—歌	1			
	入聲韻	職—質	9	19		
		職—月	4			
		職—緝	4			
		職—覺	1			
		職—鐸	1			
	陽聲韻	職—陽	2	9		
		職—文	2			
		職—東	1			
		職—元	1			
		職—真	1			
		職—蒸	1			
		職—侵	1			

一 職部的同部通假

職部同部通假 63 組。

識戠　戠職　服葡　服箙　敕勑　得䙷　德䙷　弋杙　默墨　嘿墨　匿䁈
嘿默　墨纆　檣嗇　塞寒　側昃　稷禝　德意　惑或　鄎國　服反　啬置
熾戠　特戠　特犆　戠犧　直䙷　植㯜　勒革　極亟　懸匿　飾匿　式弋
忒弋　飾鈘　飾織　惻寒　惻塞　賊惻　則惻　側惻　惻萴　意直　德直
直植　犆意　植意　棘杒　域或　國或　域國　偪福　冀翼　備服　異翼
葡備　弋代　式弑　貣貸　食飤　植值　福富　犕服

二 職部的異部通假

職部異部通假 64 組。

（一）職部和陰聲韻通假

1.6 職部和陰聲韻通假數量表

	之部	幽部	脂部	魚部	歌部	合計
職部	23	6	6	1	1	37

1. 職—之

職部與之部共通假 23 組，已在第一章第一節"之—職"中列舉。

2. 職—幽

職部與幽部共通假 6 組。

頁碼	通假字	反切	中古聲母	中古韻	上古聲母	上古韻部
082	戜		—			之
	仇	巨鳩切	群	尤（開口三等）	群	幽
	逑	巨鳩切	群	尤（開口三等）	群	幽
	救	恥力切	徹	職（開口三等）	透	職

店簡《緇衣》43："君子好戜（逑）。"戜，上博藏一《緇衣》作"救"，今本作"仇"，今《詩·周南·關雎》作"逑"。

第一章 之、職、蒸三部通假關係研究

頁碼	通假字	反切	中古聲母	中古韻	上古聲母	上古韻部
117	孚	芳無切	滂	虞（合口三等）	滂	幽
	愎	符逼切	並	職（開口三等）	並	職

上博藏三《中弓》20："含（今）之君子，孚低（過）戏（攻）所（析），戁（難）吕（以）內（納）柬（諫）。"孚，或以爲讀爲"愎"。

頁碼	通假字	反切	中古聲母	中古韻	上古聲母	上古韻部
117	孚	芳無切	滂	虞（合口三等）	滂	幽
	伏	房六切	並	屋（合口三等）	並	職

郭店簡《緇衣》2："悡（儀）型（型）文王，萬邦乍（作）孚。"孚，今本《禮記·緇衣》同，上博藏一《緇衣》1作"伏"。

頁碼	通假字	反切	中古聲母	中古韻	上古聲母	上古韻部
	雹	蒲角切	並	覺（開口二等）	並	覺
119	包	布交切	幫	肴（開口二等）	幫	幽
	伏	房六切	並	屋（合口三等）	並	職

楚帛書甲1："曰故又（？有）熊（熊）雹（雹）虘（戲），出自亱（顓）霝（頊）。"雹，同"雹"。雹虘，《易·繫辭》作"包犧"，《大招》作"伏戲"。

頁碼	通假字	反切	中古聲母	中古韻	上古聲母	上古韻部
	晢	——			章	職
060	執	之入切	章	緝（開口三等）	章	緝
	囚	似由切	邪	尤（開口三等）	邪	幽

上博藏五《鬼神之明》："此吕（以）桀折於鬲山，而受（紂）晢於只（岐）杜（社），身不殁（沒）爲天下芙（笑）。"上博藏六《申公臣靈王》4："哉（敢）於朸（棘）述，緐（陳）公子皇晢（執？）皇子，王子回（圍）效（奪）之，繎（陳）公爭之。"晢，疑讀爲"執"，從晢之楷讀爲"置"，上古音在職部章紐，"執"在緝部章紐，《劉向·九歎·離世》"執組者不

— 59 —

能制兮",注:"執組,猶織組也。"是"執"與職部字相通之證。《説文》:"執,捕辠人也。"《左傳》襄公二十六年:"穿封戌囚皇頡。公子圍與之争之。"《吕氏春秋·慎行》"使執連尹",注:"囚也。"眥、囚意近異文。

3. 職—脂

職部與脂部共通假 6 組。

頁碼	通假字	反切	中古聲母	中古韻	上古聲母	上古韻部
093	眔	常利切	禪	至(開口三等)	禪	脂
	稷	子力切	精	職(開口三等)	精	職

上博藏五《姑成家父》2:"狱(幸)則晋邦之社眔(稷)可得而事也。"眔,字形存疑,簡文用如"稷"。

頁碼	通假字	反切	中古聲母	中古韻	上古聲母	上古韻部
270	迡	奴計切	泥	霽(開口四等)	泥	脂
	慝	他德切	透	德(開口一等)	透	職

郭店簡《尊德義》17:"因㔻(恆)則古(固),敳(察)迡則亡(無)避(僻),不黨則亡(無)悁(怨)。"迡,讀爲慝,《周禮·夏官·環人》:"環人掌致師,察君慝。"

頁碼	通假字	反切	中古聲母	中古韻	上古聲母	上古韻部
278	欧	於計切	影	霽(開口四等)	影	脂
	殹	於計切	影	霽(開口四等)	影	脂
	抑	於力切	影	職(開口三等)	影	職

包山簡 105:"左司馬欧(殹)。"116:"鄝莫囂卲(昭)甝、左司馬欧(殹)爲鄝賁(貨)鄴異之金七益。"欧,同"殹",簡文用作人名。上博藏二《子羔》9:"厽(三)王者之乍(作)也,虘(皆)人子也。而丌(其)父戔(賤)而不足爯(偁、稱)也與(歟)? 欧(殹、抑)亦城(成)

— 60 —

第一章 之、職、蒸三部通假關係研究

天子也與（歟）？"歐，同"殹"，讀爲"抑"。

頁碼	通假字	反切	中古聲母	中古韻	上古聲母	上古韻部
090	弋	與職切	餘	職（開口三等）	餘	職
	紽	羊益切	餘	昔（開口三等）	餘	鐸
	貳	而至切	日	至（開口三等）	日	脂

郭店簡《緇衣》3："則民青（情）不紽（忒）。"上博藏一《緇衣》2："則民情不弋（忒）。"紽、弋，今本作"貳"。

頁碼	通假字	反切	中古聲母	中古韻	上古聲母	上古韻部
279	視	承矢切	禪	旨（開口三等）	禪	脂
	置	陟吏切	知	志（開口三等）	端	職

上博藏二《容成氏》44："視（置）盂炱（炭）亓（其）下，加纓木亓（其）上，思（使）民道（蹈）之。"視，讀爲"實"或"置"，設也。

4. 職—魚

職部與魚部共通假 1 組。

頁碼	通假字	反切	中古聲母	中古韻	上古聲母	上古韻部
179	尃	芳無切	滂	虞（合口三等）	滂	魚
	富	方副切	幫	宥（開口三等）	幫	職

上博藏六《孔子見季桓子》3："上不皋（親？）息（仁）而椉（附）尃（富）。"尃，凡國棟、何有祖疑讀作"富"。參《左傳》成公九年："親富不親仁。"

5. 職—歌

職部與歌部共通假 1 組

頁碼	通假字	反切	中古聲母	中古韻	上古聲母	上古韻部
095	勒	盧則切	來	德（開口一等）	來	職
	釛	博拔切	幫	點（合口二等）	幫	質
	勒	力質切	來	質（開口三等）	來	質

— 61 —

續表

頁碼	通假字	反切	中古聲母	中古韻	上古聲母	上古韻部
095	鞢	古牙切	見	麻（開口二等）	見	歌

曾侯乙簡 44："兩馬之䋜，紫勒，屯戟冕（蒙）翠（羽）。"66、80："兩馬之革䋜，黄金之勒。"勒，簡文又作"鈫""勓""鞢"。

（二）職部和其他入聲韻通假

1.7 職部和其他入聲韻通假數量表

	質部	月部	緝部	覺部	鐸部	合計
職部	9	4	3	1	1	18

1. 職—質

職部與質部共通假 9 組。

頁碼	通假字	反切	中古聲母	中古韻	上古聲母	上古韻部
289	弋	於悉切	影	質（開口三等）	影	質
	釴	與職切	餘	職（開口三等）	餘	職

信陽簡 2—10、15："一青屎（琪）□之珤（璧），至（徑）四䢼（寸）笱（閒）䢼（寸），專（博）一䢼（寸）少䢼（寸），厚釴䢼（寸）。"釴，同"弋"。

頁碼	通假字	反切	中古聲母	中古韻	上古聲母	上古韻部
090	杙	與職切	餘	職（開口三等）	餘	職
	桎	之日切	章	質（開口三等）	章	質

郭店簡《窮達以時》6："尖（管）寺（夷）吾呴（拘）繇（囚）㭒（束）縛，戮（釋）杙（桎）櫨（梏）而爲者（諸）矦（侯）相，堣（遇）齊逗（桓）也。"杙櫨，上博藏二《容成氏》44 作"桎晕"。

頁碼	通假字	反切	中古聲母	中古韻	上古聲母	上古韻部
090	釴	與職切	餘	職（開口三等）	餘	職
	一	於悉切	影	質（開口三等）	影	質

第一章 之、職、蒸三部通假關係研究 ◆◇◆

信陽簡 2—10、15："一青屛（琪）□之琕（璧），至（徑）四弎（寸）筍（笥）弎（寸），專（博）一弎（寸）少弎（寸），厚釱弎（寸）。"釱，同"弌""一"。

頁碼	通假字	反切	中古聲母	中古韻	上古聲母	上古韻部
092	息	相即切	心	職（開口三等）	心	職
	疾	秦悉切	從	質（開口三等）	從	質

上博藏五《鮑叔牙與隰朋之諫》5："公沽（胡）弗諱（察）人之生（性）晶（三），飤（食）、色、息。"息，亦作"疾"。郭店簡《語叢一》110："飤（食）与（與）頿（色）与（與）疾"。《禮記·禮運》："飲食男女，人之大欲存焉。死亡貧苦，人之大惡存焉。"馬王堆漢墓帛書《天下至道談》40—41："人產（生）而所不學者二：一曰息，二曰食。"息、疾異文，解釋取向不同。

頁碼	通假字	反切	中古聲母	中古韻	上古聲母	上古韻部
095	勒	盧則切	來	德（開口一等）	來	職
	釛	博拔切	幫	黠（合口二等）	幫	質
	靮	力質切	來	質（開口三等）	來	質
	靬	古牙切	見	麻（開口二等）	見	歌

曾侯乙簡 44："兩馬之轡，紫勒，屯戠霝（蒙）翠（羽）。"66、80："兩馬之革轡，黃金之勒。"勒，簡文又作"釛""靮""靬"。

頁碼	通假字	反切	中古聲母	中古韻	上古聲母	上古韻部
097	駇	雨逼切	匣	職（合口三等）	匣	職
	騽	餘律切	餘	術（合口三等）	餘	質

曾侯乙簡 165："頔舌（牙）坪之駇爲左驂，晋湯（陽）駁爲左騝（服），贅尹之駇爲右騝（服），鄭駇爲右驂。"178："貤公之駇爲右騝（服）。"182："貤公之駇爲左騝（服）。"駇，疑讀爲"騽"。

戰國楚簡帛韻部親疏關係研究

頁碼	通假字	反切	中古聲母	中古韻	上古聲母	上古韻部
287	空	蘇則切	心	德（開口一等）	心	職
	穴	胡決切	匣	屑（合口四等）	匣	質

葛陵簡甲三 35：" ☐〔老〕童、祝豊（融）、空熊芳屯一☐。"葛陵簡甲三 83："☐〔祝〕融、空〔熊〕、卲（昭）王、獻〔惠王〕☐。"乙一 22："又（有）敓（祟）見於司命、老𡥈、祝豊（融）、空酓（熊）。"乙一 24："〔老童〕、祝豊（融）、空酓（熊）各一䍧。"560+522+554："☐〔祝〕豊（融）、空熊、卲（昭）〔王〕☐。"空，同"穴"。穴熊、楚先祖。《史記·楚世家》："季連生附沮，附沮生穴熊。其後中微，或在中國，或在蠻夷，弗能紀其世。"上博藏三《周易·小過》56："取皮（彼）才（在）空。"空，帛本、今本作"穴"。

頁碼	通假字	反切	中古聲母	中古韻	上古聲母	上古韻部
287	空	蘇則切	心	德（開口一等）	心	職
	騥	食聿切	船	術（合口三等）	船	質

郭店簡《窮達以時》10："驥（驥）駒張山，騏（騏）空（騥）於召來，非亡體（體）壯也。"空，讀爲"騥"，猶《水經注》"沈水"又謂"濡水"。

2. 職—月

職部與月部共通假 4 組。

頁碼	通假字	反切	中古聲母	中古韻	上古聲母	上古韻部
308	繲	七曷切	清	曷（開口一等）	清	月
	代	徒耐切	定	代（開口一等）	定	職

上博藏三《彭祖》8："三命四膿（攘），氏（是）胃（謂）𢆶（絕）繲（代）。"繲，讀爲"代"。

第一章　之、職、蒸三部通假關係研究

頁碼	通假字	反切	中古聲母	中古韻	上古聲母	上古韻部
315	柭	博蓋切	幫	泰（開口一等）	幫	月
	匐	房六切	並	屋（合口三等）	並	職

上博藏二《容成氏》3："凡民俾柭（匐）者，孝（教）而㥋（誨）之，歈（飲）而飤（食）之，思（使）返（役）百官而月青（請）之。"俾柭，連語，讀爲"匍匐"。《詩・邶風・穀風》"凡民有喪，匍匐救之。"鄭玄箋："匍匐言盡力也。"

頁碼	通假字	反切	中古聲母	中古韻	上古聲母	上古韻部
093	㫃	阻力切	莊	職（開口三等）	莊	職
	折	旨熱切	章	薛（開口三等）	章	月

包山簡266："木器：一桯梱，一㫃梱，一糌梱，一剢（宰）梱。"㫃梱，讀爲"折俎"。《國語・周語中》："體解節折，而共飲食之，於是乎有折俎加豆。"《儀禮・特性饋食禮》"薦脯醢，設折俎"，疏："凡節解牲體皆曰折，升於俎，故名折俎。"

頁碼	通假字	反切	中古聲母	中古韻	上古聲母	上古韻部
313	朒	乘力切	船	職（開口三等）	船	職
	膬	於屬切	影	祭（開口三等）	影	月

曾侯乙簡1："䚹（豻）朒（膬）之甾（箙）。"16："三䚹（豻）朒（膬）之甾（箙），屯鰲（絕）聶（攝）。"39："三䚹（豻）朒（膬）之甾（箙），屯一鼦（貍）毳之聶（攝）。"朒，讀爲"膬"。《玉篇》："膬，臆也。"䚹膬是指豻胸部的皮。

3. 職—緝

職部與緝部共通假3組。

頁碼	通假字	反切	中古聲母	中古韻	上古聲母	上古韻部
042	十	是執切	禪	緝（開口三等）	禪	緝
	直	除力切	澄	職（開口三等）	定	職

— 65 —

郭店簡《性自命出》38："不㠯（過）十㪔（舉），丌（其）心必才（在）安（焉）。"十，上博藏一《性情論》32作"直"。

頁碼	通假字	反切	中古聲母	中古韻	上古聲母	上古韻部
060	旹		—		章	職
	執	之入切	章	緝（開口三等）	章	緝
	囚	似由切	邪	尤（開口三等）	邪	幽

上博藏五《鬼神之明》："此㠯（以）桀折於鬲山，而受（紂）旹於只（岐）社（社），身不戻（没）爲天下芙（笑）。"上博藏六《申公臣靈王》4："敔（敵）於朸（棘）述，緟（陳）公子皇旹（執？）皇子，王子回（圍）敓（奪）之，緟（陳）公爭之。"旹，疑讀爲"執"，從旹之楷讀爲"置"，上古音在職部章紐，"執"在緝部章紐，《劉向·九歎·離世》"執組者不能制兮"，注："執組，猶織組也。"是"執"與職部字相通之證。《説文》："執，捕辠人也。"《左傳》襄公二十六年："穿封戌囚皇頡。公子圍與之爭之。"《吕氏春秋·慎行》"使執連尹"，注："囚也。"旹、囚意近異文。

頁碼	通假字	反切	中古聲母	中古韻	上古聲母	上古韻部
065	𦕑	奴代切	泥	代（開口一等）	泥	之
	翼	與職切	餘	職（開口三等）	餘	職
	翌	與職切	餘	職（開口三等）	餘	緝
	昱	余六切	餘	屋（合口三等）	餘	緝

葛陵簡甲三22+59："𦕑日癸丑。"𦕑，典籍作"翼""翌""昱"。《尚書·武成》"越翼日癸巳"，或作"翌日"。

4. 職—覺

職部與覺部共通假1組。

頁碼	通假字	反切	中古聲母	中古韻	上古聲母	上古韻部
119	雹	蒲角切	並	覺（開口二等）	並	覺
	包	布交切	幫	肴（開口二等）	幫	幽

第一章 之、職、蒸三部通假關係研究

續表

頁碼	通假字	反切	中古聲母	中古韻	上古聲母	上古韻部
119	伏	房六切	並	屋（合口三等）	並	職

楚帛書甲1："曰故又（？有）贏（熊）雷（雹）虘（戲），出自崈（顓）耑（頊）。"雷，同"雹"。雷虘，《易·繫辭》作"包犧"，《大招》作"伏戲"。

5. 職—鐸

職部與鐸部共通假1組。

頁碼	通假字	反切	中古聲母	中古韻	上古聲母	上古韻部
090	弋	與職切	餘	職（開口三等）	餘	職
	絉	羊益切	餘	昔（開口三等）	餘	鐸
	貳	而至切	日	至（開口三等）	日	脂

郭店簡《緇衣》3："則民青（情）不絉（忒）。"上博藏一《緇衣》2："則民情不弋（忒）。"絉、弋，今本作"貳"。

（三）職部和陽聲韻通假

1.8 職部和陽聲韻通假數量表

	陽部	文部	東部	元部	真部	蒸部	侵部	合計
職部	2	2	1	1	1	1	1	9

1. 職—陽

職部與陽部共通假2組。

頁碼	通假字	反切	中古聲母	中古韻	上古聲母	上古韻部
096	國	古或切	見	德（合口一等）	見	職
	或	胡國切	匣	德（合口一等）	匣	職
	方	府良切	幫	陽（合口三等）	幫	陽

上博藏一《緇衣》7："㠯或（國）川（順）之。"或，讀爲"國"。今本、今《詩·大雅·抑》作"國"。郭店簡《緇衣》12作"方"，乃異文。

— 67 —

2. 職—文

職部與文部共通假2組。

頁碼	通假字	反切	中古聲母	中古韻	上古聲母	上古韻部
361	屯	陟綸切	知	諄（合口三等）	端	文
	刌	——				文
	試	式吏切	書	志（開口三等）	書	職

郭店簡《緇衣》1："則民䁁（臧）𠬪（服）而坙（刑）不屯。"屯，上博藏一《緇衣》1作"刌"。今本作"試"，乃異文。

3. 職—東

職部與東部共通假1組。

頁碼	通假字	反切	中古聲母	中古韻	上古聲母	上古韻部
018	邦	博江切	幫	江（開口二等）	幫	東
	國	古或切	見	德（合口一等）	見	職

郭店簡《老子》甲29："㠯（以）正之邦。"邦，帛本甲同，帛本乙、王本作"國"。郭店簡《緇衣》2："萬邦乍（作）孚。"邦，《詩·大雅·文王》同，今本《緇衣》作"國"。郭店簡《五行》29："又（有）惪（德）則邦家뾋（與）。"邦，帛書《五行》200作"國"。上博藏一《詩論》3："邦風，亓（其）內勿（物）也專（溥），觀人谷（俗）安（焉），大會（斂）材安（焉）。"邦，今《詩》作"國"。上博藏三《周易·師》8："启邦丞（承）豪（家），小人勿用。"邦，帛本、今本作"國"。漢儒避漢高祖劉邦諱改邦爲"國"。

4. 職—元

職部與元部共通假1組。

頁碼	通假字	反切	中古聲母	中古韻	上古聲母	上古韻部
328	备	平祕切	並	至（開口三等）	並	職
	原	愚袁切	疑	元（合口三等）	疑	元

— 68 —

上博藏三《周易·比》9："备（邍）箈（筮），元㝬（永）貞吉，亡（無）咎。"备，帛本、今本作"原"。《説文》："邍，高平之野也。"經傳多作"原"。

5. 職—真

職部與真部共通假 1 組。

頁碼	通假字	反切	中古聲母	中古韻	上古聲母	上古韻部
060	朱	苦悶切	溪	慁（合口一等）	溪	真
	揰	常職切	禪	職（開口三等）	禪	職

郭店簡《老子》甲 37："朱而浧（盈）之，不不若已。"朱，帛本甲、乙作"揰"，王本作"持"，乃異文。

6. 職—蒸

職部與蒸部共通假 1 組。

頁碼	通假字	反切	中古聲母	中古韻	上古聲母	上古韻部
030	亙	胡登市	匣	登（開口一等）	匣	蒸
	極	渠力切	群	職（開口三等）	群	職

郭店簡《老子》甲 24："至虚，亙（恆）也。"亙，帛本甲、乙，王本作"極"。《老子》乙 2："莫智（知）亓（其）亙（恆）。"亙，王本作"極"。亙之讀"極"乃歧讀。

7. 職—侵

職部與侵部共通假 1 組。

頁碼	通假字	反切	中古聲母	中古韻	上古聲母	上古韻部
036	音	於金切	影	侵（開口三等）	影	侵
	意	於記切	影	志（開口三等）	影	職

郭店簡《老子》甲 16："音聖（聲）之相和也。"音，帛本乙、王本同，帛本甲 96 作"意"。

第三節　蒸部

在本書的研究範圍內，蒸部通假共 134 組，其中同部通假 104 組，異部通假 30 組。在異部通假中，蒸部與陰聲韻共通假 5 組，與入聲韻共通假 3 組，與陽聲韻共通假 22 組。

1.9　蒸部通假情況匯總表

通假類型			通假數量		
同部通假		蒸—蒸	104		
異部通假	陰聲韻	蒸—之	3	5	30	134
		蒸—歌	1		
		蒸—微	1		
	入聲韻	蒸—職	1	3	
		蒸—鐸	1		
		蒸—物	1		
	陽聲韻	蒸—耕	8	22	
		蒸—侵	6		
		蒸—東	3		
		蒸—文	2		
		蒸—元	2		
		蒸—陽	1		

一　蒸部的同部通假

蒸部同部通假 104 組。

承丞　承柔　乘兖　乘簞　稱禹　偁禹　增繒　蓇蘛　䋺綳　繃綳　膺雁

第一章 之、職、蒸三部通假關係研究

鄩脁	仍迈	膔孕	蠅孕	乘繩	蠅膔	拯撜	扮撜	扮拯	恆亙	恆亙
應雁	迸荏	升陞	阩陞	迸陞	阩迸	訐譽	懲兢	菱陵	陵陵	陵菱
宏厷	弓拡	肱弓	軓弦	弓筊	朋塱	堋塱	凭倗	朋堋	鄩脁	鄩鄩
朋迊	凭偋	堋偋	蒸丞	勝兗	勝韋	兗韋	恆緪	縢膡	徵堂	騰騽
繩孕	乘孕	膔繩	蠅繩	膔乘	蠅乘	繩興	登升	登迸	荏登	撜敉
拯敉	扮敉	緪阩	懲阩	朋備	朋霸	登陞	拯陞	拯登	徵陞	徵迸
徵訐	證訐	登訐	登徵	證譽	徵冨	鄧登	肱厷	肱宏	蒸登	烝燮
蠲盨	弓弦	崩堋	雄肱	宏忱	肱拡	筊弦	軓筊	軓筊	繃絸	絸絸
朋偋	崩塱	偋塱	倗塱	繃塱

二 蒸部的異部通假

蒸部異部通假 30 組。

（一）蒸部和陰聲韻通假

1.10 蒸部與陰聲韻通假數量表

	之部	歌部	微部	合計
蒸部	3	1	1	5

1. 蒸—之

蒸部與之部共通假 3 組，已在第一章第一節"之—蒸"通假部分列舉。

2. 蒸—歌

蒸部與歌部共通假 1 組。

頁碼	通假字	反切	中古聲母	中古韻	上古聲母	上古韻部
227	蠃	落戈切	來	戈（合口一等）	來	歌
	熊	羽弓切	匣	東（合口三等）	匣	蒸

葛陵簡甲三 35："□〔老〕童、祝螎（融）、穴蠃（熊）芳屯一□。"
零 560、522、554："□〔祝〕螎（融）、穴蠃（熊）卲（昭）王□。"楚帛書甲 1："曰故又（？有）蠃（熊）霝（靈）虙（戲），出自尚（顓）霝（頊）。"

— 71 —

嬴，讀爲"熊"。按嬴之讀"熊"應屬歧讀，説詳另文。

3. 蒸—微

蒸部與微部共通假 1 組。

頁碼	通假字	反切	中古聲母	中古韻	上古聲母	上古韻部
274	遺	以追切	餘	脂（合口三等）	餘	微
	興	虛陵切	曉	蒸（開口三等）	曉	蒸

上博藏五《季庚子問於孔子》9："丘昏（聞）之牀（臧）曼（文）中（仲）又（有）言曰：君子𢜶（強）則遺。"𢜶（強）則遺，上博藏二《從政》甲 8 作"獄則興"，乃異文。

（二）蒸部和入聲韻通假

1.11　蒸部和入聲韻通假數量表

	職部	鐸部	物部	合計
蒸部	1	1	1	3

1. 蒸—職

蒸部與職部共通假 1 組，已在第一章第二節"職—蒸"列舉。

2. 蒸—鐸

蒸部與鐸部共通假 1 組。

頁碼	通假字	反切	中古聲母	中古韻	上古聲母	上古韻部
186	寞	慕各切	明	鐸（開口一等）	明	鐸
	矒	謨中切	明	東（合口三等）	明	蒸

郭店簡《唐虞之道》9："古者吴（虞）㙯（舜）管（篤）事宆（瞽）寞（矒）。"寞，讀爲"矒"。矒，目不明也，《廣雅·釋詁》："矒，盲也。"

3. 蒸—物

蒸部與物部共通假 1 組。

頁碼	通假字	反切	中古聲母	中古韻	上古聲母	上古韻部
313	弼	房密切	並	質（開口三等）	並	物
	馮	扶冰切	並	蒸（開口三等）	並	蒸

《楚帛書》甲1："夢夢墨墨，亡章弼弼。"弼弼，連語，猶馮馮。《淮南子·天文》"天地未形，馮馮翼翼"，高誘注："馮翼，無形之貌。"

（三）蒸部和其他陽聲韻通假

1.12 蒸部和其他陽聲韻通假數量表

	耕部	侵部	東部	文部	元部	陽部	合計
蒸部	8	6	3	2	2	1	22

1. 蒸—耕

蒸部與耕部共通假 8 組。

頁碼	通假字	反切	中古聲母	中古韻	上古聲母	上古韻部
024	鄭	直正切	澄	清（開口三等）	定	耕
	滕	徒登切	定	登（開口一等）	定	蒸

包山簡 100："鄭敔之秈邑人走仿登城訟走仿邸繡。"130："㠯思少司馬鄭（滕）夢（勝）。"鄭，姓氏，讀爲"滕"。162："鄭（滕）少司馬鼙（龔）栖（柳）。"鄭，地名，讀爲"滕"，《春秋》隱公七年"滕侯卒"，杜預注："滕國在沛國公丘縣東南。"《漢志》沛郡："公丘，侯國，故滕國。"

頁碼	通假字	反切	中古聲母	中古韻	上古聲母	上古韻部
394	政	之盛切	章	勁（開口三等）	章	耕
	征	諸盈切	章	清（開口三等）	章	耕
	徵	陟陵切	知	蒸（開口三等）	端	蒸

包山簡81："周賜訟郊（鄢）之兵麇（甲）埶（執）事人宫司馬競（景）丁，呂（以）示（其）政（徵）示（其）田。"又140："小人各政（徵）

於小人之地。"政，讀爲"征"或"徵"，徵税。

頁碼	通假字	反切	中古聲母	中古韻	上古聲母	上古韻部
395	鄳	莫經切	明	青（開口四等）	明	耕
	冥	莫經切	明	青（開口四等）	明	耕
	黽	彌兗切	明	獮（開口三等）	明	元
	鄳	武庚切	明	庚（開口二等）	明	蒸

曾侯乙簡65："黃豻（豻）馭邾（鄳）君之一䡓（乘）肇（畋）車。"包山簡143："鄧或礄（磝）敔邾（鄳）君之臞邑人黃欽。"鄳，地名，字又作"冥""鄳"。《左傳》定公四年，左司馬戌曰："我悉方城外以毀其舟，還塞大隧、直轅、冥阨。"《史記·春申君列傳》"秦踰黽隘之塞而攻楚"，正義："黽隘之塞在申州。"《漢書·地理志》江夏郡有"鄳縣"，其地在今河南羅山縣西，新蔡西南。

頁碼	通假字	反切	中古聲母	中古韻	上古聲母	上古韻部
399	城	是征切	禪	清（開口三等）	禪	耕
	成	是征切	禪	清（開口三等）	禪	耕
	層	昨棱切	從	登（開口一等）	從	蒸

郭店簡《老子》甲26："九城（成）之臺（臺）。"城，帛本甲、乙作"成"，王本作"層"。

頁碼	通假字	反切	中古聲母	中古韻	上古聲母	上古韻部
025	䌛	處陵切	昌	蒸（開口三等）	昌	蒸
	綎	他丁切	透	青（開口四等）	透	耕

曾侯乙簡4："䩨毯，豻（豻）尾之䌛"又："囩（圓）軒，紡幒（表），紫裏，䩨（貂）䌛。"8："囩（圓）軒，紡幒（表），紫裏，貂定之䌛。"10："膍（茜）毯（窣），䩨（貂）䡮之䌛。"28："緜（窣），鼁（絶）䌛。"30："䩨（貂）毯（窣），豻（豻）䌛。"78："緜毯（窣），朧（虎）䡮之紫䌛。"䌛，包山簡作"綎"。

第一章 之、職、蒸三部通假關係研究

2. 蒸—侵

蒸部與侵部共通假6組。

頁碼	通假字	反切	中古聲母	中古韻	上古聲母	上古韻部
023	朕	直稔切	澄	侵（開口三等）	定	侵
	騰	徒登切	定	登（開口一等）	定	蒸

楚帛書甲3："乃上下朕（騰）𨒌（轉）。"朕𨒌，讀爲"騰傳"。

頁碼	通假字	反切	中古聲母	中古韻	上古聲母	上古韻部
035	貢	乃禁切	泥	沁（開口三等）	泥	侵
	凭	扶冰切	並	蒸（開口三等）	並	蒸

上博藏六《慎子曰恭儉》3："勿㠯（以）坏（倍）身，中尻（處）而不皮（頗），貢（凭）悳（德）㠯（以）𢚩（竢）。"貢，讀爲"凭"。

頁碼	通假字	反切	中古聲母	中古韻	上古聲母	上古韻部
038	酓	於琰切	影	琰（開口三等）	影	侵
	熊	羽弓切	匣	東（合口三等）	匣	蒸

包山簡85："酓（熊）相䲨。"酓相，復姓，讀爲"熊相"，《左傳》宣公十二年有"熊相宜僚"，昭公二十五年有"熊相禖"。葛陵簡120、121："☐先老僮（童）、祝〔融〕、嬶（鬻）酓（熊）各一牂☐。"包山簡217："䢃（舉）禱楚先老僮、祝䡴（融）、嬶（鬻）酓（熊）各一牂。"237："䢃（舉）禱楚先老僮、祝䡴（融）、嬶（鬻）酓（熊）各兩䍧（羖）。"嬶酓，經史作"鬻熊"。葛陵簡乙一22："又（有）欯（祟）見於司命、老（童）、祝䡴（融）、（穴）酓（熊）。"24："……䡴（融）、空（穴）酓（熊）、敔（就）各一痒（牂）。零254、162："☐〔祝〕䡴（融）、穴酓（熊）、敔（就）禱北☐"。空酓，經史作"穴熊"。包山簡179："酓鹿貆。"181："坪夜君之州加公酓鹿貆。"190："酓鹿貆。"酓鹿，復姓，或作"熊率"，《左傳》桓公六年有"熊率且比"，"熊鹿氏"由楚先王"熊麗"而得氏。

頁碼	通假字	反切	中古聲母	中古韻	上古聲母	上古韻部
023	勝	識蒸切	書	蒸（開口三等）	書	蒸
	朕	直稔切	澄	寑（開口三等）	定	侵

郭店簡《老子》乙15："桒（躁）勥（勝）蒼（滄），青（静）勥（勝）然（熱）。"勥，帛本甲、王本作"勝"，乙作"朕"。

頁碼	通假字	反切	中古聲母	中古韻	上古聲母	上古韻部
031	亙	胡登切	匣	登（開口一等）	匣	蒸
	恆	胡登切	匣	登（開口一等）	匣	蒸
	禁	居蔭切	見	沁（開口三等）	見	侵

郭店簡《緇衣》32："君子道人吕（以）言，而亙（恆）吕（以）行。"亙，上從古文恆，讀爲"恆"。今本作"而禁人以行"，鄭玄注："禁，猶謹也。"

3. 蒸—東

蒸部與東部共通假3組。

頁碼	通假字	反切	中古聲母	中古韻	上古聲母	上古韻部
023	夯	呼講切	曉	講（開口二等）	曉	東
	勝	識蒸切	書	蒸（開口三等）	書	蒸

郭店簡《尊德儀》36："殺不足吕（以）夯（勝）民。"夯，"勥"之省形，同"勝"。

頁碼	通假字	反切	中古聲母	中古韻	上古聲母	上古韻部
087	不	分物切	幫	物（合口三等）	幫	之
	佣		——			東
	朋	步崩切	並	登（開口一等）	並	蒸

上博藏三《周易·蹇》35："九五：大訐（蹇）不椟（來）。"不，帛本作"佣"，今本作"朋"，三字異文，確切義待考。

第一章 之、職、蒸三部通假關係研究

頁碼	通假字	反切	中古聲母	中古韻	上古聲母	上古韻部
023	送	蘇弄切	心	合（開口一等）	心	東
	塍	食陵切	船	蒸（開口三等）	船	蒸

上博藏六《慎子曰恭儉》5："首眥（戴）茅芙（蒲），楷（撰）筳（蓧）埶（執）橭（鉏），送（遵）畎備（服）畮，必於▢。"送，陳偉讀爲"塍"。沈培讀爲"遵"，循也。參《晏子春秋·內篇諫上》景公遊公阜一日有三過言晏子諫第十八："君將戴笠衣褐，執銚耨以蹲行畎畝之中。"

4. 蒸—文

蒸部與文部共通假2組。

頁碼	通假字	反切	中古聲母	中古韻	上古聲母	上古韻部
355	枌	符分切	並	文（合口三等）	並	文
	乘	神陵切	船	蒸（開口三等）	船	蒸
	乘	實證切	船	證（開口三等）	船	蒸

包山竹牘1："䑠（舒）寅受一枌（乘）正車。"牘1反："一枌（乘）車之上。"枌，讀爲"乘"，字又作"乘"，包山簡271："一乘（乘）正車。"

5. 蒸—元

蒸部與元部共通假2組。

頁碼	通假字	反切	中古聲母	中古韻	上古聲母	上古韻部
342	佚	以證切	餘	證（開口三等）	餘	蒸
	倦	渠卷切	群	線（合口三等）	群	元

上博藏二《從政》甲12："章高唱（敦）行不佚（倦）。"上博藏六《孔子見季桓子》20："女（若）夫視人不殹（厭），䎽（問）豊（禮）不佚（倦），則▢。"佚，同"倦"。

頁碼	通假字	反切	中古聲母	中古韻	上古聲母	上古韻部
395	鄍	莫經切	明	青（開口四等）	明	耕
	冥	莫經切	明	青（開口四等）	明	耕
	黽	彌兗切	明	獮（開口三等）	明	元
	鄳	武庚切	明	庚（開口二等）	明	蒸

曾侯乙簡 65："黃鼾（豻）馭䣄（鄍）君之一韖（乘）聱（畋）車。"包山簡 143："鄾䥨礵（磩）敔䣄（鄍）君之䏁邑人黃欽。"鄍，地名，字又作"冥""鄳"。《左傳》定公四年，左司馬戌曰："我悉方城外以毀其舟，還塞大隧、直轘、冥阨。"《史記·春申君列傳》"秦踰黽隘之塞而攻楚"，正義："黽隘之塞在申州。"《漢書·地理志》江夏郡有"鄳縣"，其地在今河南羅山縣西，新蔡西南。

6. 蒸—陽

蒸部與陽部共通假 1 組。

頁碼	通假字	反切	中古聲母	中古韻	上古聲母	上古韻部
029	夢	莫鳳切	明	東（合口三等）	明	蒸
	芒	莫郎切	明	唐（開口一等）	明	陽

楚帛書甲 1："夢夢墨墨，亡章弼弼。"上博藏三《亙先》2："虛靜（静）爲一，若淑（寂）淑（寂）夢夢。"夢夢，連語，猶"芒芒"。《爾雅·釋訓》"夢夢訰訰"，郝懿行疏："音轉字變，又作'芒芒'。"《文選·歎逝賦》"何視天之芒芒"，李善注："芒芒，猶夢夢也。"夢、芒雙聲。

第二章 幽、覺、冬三部通假關係研究

第一節 幽部

在本書的研究範圍內，幽部通假共 326 組，其中同部通假 204 組，異部通假 122 組。在異部通假中，幽部與陰聲韻共通假 43 組，與入聲韻共通假 65 組，與陽聲韻共通假 14 組。

2.1 幽部通假情況匯總表

通假類型			通假數量		
同部通假		幽—幽	204		
異部通假	陰聲韻	幽—宵	18	43	122
		幽—之	10		
		幽—魚	9		
		幽—侯	4		
		幽—歌	2			326
	入聲韻	幽—覺	29	65	
		幽—物	11		
		幽—月	9		
		幽—職	6		

續表

通假類型			通假數量		
幽—職	入聲韻	幽—質	4	65	122	326
		幽—藥	2			
		幽—屋	2			
		幽—緝	1			
		幽—葉	1			
	陽聲韻	幽—文	8	14		
		幽—東	3			
		幽—元	3			

一　幽部的同部通假

幽部同部通假 204 組。

幼幽	幽學	幼學	悠攸	修脩	蓚莜	甹由	由冑	冑軸	軸辜
牢留	留畱	駠騮	增輻	甌簋	攸卣	猶猷	悠猷	由猷	猷由
戎求	諫救	絿梂	求逑	求邦	逑邦	求忥	顙頓	緧鞧	仇頡
軌甌	杌甌	杌軌	簋軌	簋杌	綉秀	鞘緧	麀臼	笞咎	笞瘖
酚醻	綏受	授受	彫鴟	尋羃	獸守	玟丣	好丣	好玟	鈕丑
游遊	斿遊	遊迁	廖翏	聊翏	廖翏	牡戊	緧緧	鞣柔	坴缶
砣坴	逑仇	爪瑶	寶坴	寶珋	琢寶	保寶	保珋	胞包	庖枹
嚘憂	脜頯	擾頯	導道	蹈道	道術	守遷	秋萩	抱抙	寶保
葆保	寶珋	賓珋	保賓	寶賓	早蚤	陶匋	陶裪	茅芧	巧丂
巧攷	皓晧	造散	鋯晧	脩攸	修攸	條攸	滺攸	翛攸	滺悠
翛條	悠條	舀慆	舀陶	中草	莜莜	蓚莜	由曹	簋輻	甌輻
甌增	酒西	救求	鼙椒	救我	救抹	諫抹	樛梂	絿救	니收
皋咎	抱伏	咎鳩	旒紃	旒習	究敉	甌鉛	軌鉛	杌鉛	簋鉛
牖秀	陶秀	繇秀	繇陶	秀咎	陶咎	曆咎	擣檮	仇雠	舟郎
彫周	綢彫	裯綢	簡簜	紂鞣	緧紂	覺臭	嗅臭	瘳翏	柔矛

— 80 —

第二章　幽、覺、冬三部通假關係研究

桴橐　包橐　庖橐　胞橐　桴枹　紂繡　枹包　庖包　胞枹　胞庖　搗疛
擾蚤　羞脜　繆繅　紬繅　繆紬　陶慆　抱保　袍褒　匏寇　匏寇　匏匏
蚤草　早草　老孝　巧考　考攷　凹晧　錯凹　遭敄　葷柔　籓繇　咎繇
囚繇　曹敄　由繇　鼬繇　由遴

二　幽部的異部通假

幽部異部通假 122 組。

（一）幽部和其他陰聲韻通假

2.2　幽部和其他陰聲韻通假數量表

	宵部	之部	魚部	侯部	歌部	合計
幽部	18	10	9	3	2	43

1. 幽—宵

幽部與宵部共通假 18 組。

頁碼	通假字	反切	中古聲母	中古韻	上古聲母	上古韻部
104	臼	巨鳩切	群	尤（開口三等）	群	幽
	邵	寔照切	禪	笑（開口三等）	禪	宵
	咎	其九切	群	有（開口三等）	群	幽
	皋	古勞切	見	豪（開口一等）	見	幽

上博藏二《容成氏》34："見臼（皋）咎（陶）之臤（賢）也，而欲呂（以）爲遂（後），臼（皋）秀（陶）乃五壤（讓）呂（以）天下之臤（賢）者。"臼，郭店簡《窮達以時》3 作"邵"，《容成氏》29 作"咎"，讀爲"皋"。

頁碼	通假字	反切	中古聲母	中古韻	上古聲母	上古韻部
121	昊	胡老切	匣	晧（開口一等）	匣	宵
	晧	胡老切	匣	晧（開口一等）	匣	幽
	顥	胡老切	匣	晧（開口一等）	匣	宵
	皓	胡老切	匣	晧（開口一等）	匣	幽

— 81 —

信陽簡 1—23："昊昊杲（冥）杲（冥）又（有）胐（月）日。"昊昊，猶晧旰、顥顥、皓皓。《爾雅·釋天》"夏爲昊天"，郭注："言氣晧旰。"《釋名·釋天》："其氣布散顥顥也。"《詩·唐風·揚之水》："白石皓皓。"《史記·河渠書》："皓皓旰旰。"

頁碼	通假字	反切	中古聲母	中古韻	上古聲母	上古韻部
102	駵	力求切	來	尤（開口三等）	來	幽
	裹	奴鳥切	泥	篠（開口四等）	泥	宵

曾侯乙簡 144："駵騚爲左驂。"騚，疑讀爲"裹"，駵騚連語。《爾雅·釋畜》："玄駒，裹驂"，注："玄駒，小馬，別名裹驂耳。或曰：此即騕裹，古之良馬名。"《玉篇》："裹，騕裹。"駵同"騕"，《玉篇》又云："騕，騕裹，良馬。"駵字上古音在幽部來紐，裹在宵部泥紐，音近可通。

頁碼	通假字	反切	中古聲母	中古韻	上古聲母	上古韻部
103	猶	以周切	餘	尤（開口二等）	餘	幽
	猷	以周切	餘	尤（開口三等）	餘	幽
	搖	餘昭切	餘	宵（開口三等）	餘	宵

郭店簡《性自命出》34："嗇（奮）異（斯）羕（詠），羕（詠）異（斯）猷（搖），猷（搖）異（斯）辻（舞），辻（舞），憙（喜）之終也。"猷，亦作"猶"，《禮記·檀弓》"咏斯猶，猶斯舞"，鄭注："猶，當爲搖，聲之誤也，搖謂身動搖也，秦人猶、搖聲相近。"

頁碼	通假字	反切	中古聲母	中古韻	上古聲母	上古韻部
119	卯	莫飽切	明	巧（開口二等）	明	幽
	嫖	甫遙切	幫	宵（開口三等）	幫	宵

郭店簡《語叢一》3："天生鮫（本），人生卯（嫖）。"49："凡勿（物），又（有）盇（本）又（有）卯（嫖），又（有）終又（有）紿（始）。"《語叢二》20："智生於眚（性），卯（嫖）生於智。"21、22："敓（說）生

於卯（犥），丣（好）生於敚（说），從生於丣（好）。"《語叢三》32："□戈（治）者卯（犥）。"45："卯（犥）則雖（難）範（犯）也。"卯，讀爲"犥"，《説文》："犥，犥識也。"經史或用"標""表"，《國語·魯語》"署，位之表也"，注："表，識也。"《後漢書·皇甫嵩傳》："著黃巾爲標幟。"事物的本根爲天生，而事務的標識則屬人爲。

頁碼	通假字	反切	中古聲母	中古韻	上古聲母	上古韻部
119	卯	莫飽切	明	巧（開口二等）	明	幽
	犥	甫遙切	幫	宵（開口三等）	幫	宵

郭店簡《語叢一》49："凡勿（物），又（有）蠢（本）又（有）卯（犥），又（有）終又（有）絀（始）。"李天虹讀卯爲"犥"，訓爲"末"。《管子·霸言》"大本爲小標"，爲本、標對稱之例。

頁碼	通假字	反切	中古聲母	中古韻	上古聲母	上古韻部
122	槷	五到切	疑	号（開口一等）	疑	幽
	傲	五到切	疑	号（開口一等）	疑	宵

上博藏五《三德》11："毋槷（傲）貧，毋芙（笑）型（刑）。"槷，讀爲"傲"。

頁碼	通假字	反切	中古聲母	中古韻	上古聲母	上古韻部
125	柔	耳由切	日	尤（開口三等）	日	幽
	瑶	餘昭切	餘	宵（開口三等）	餘	宵

上博藏二《容成氏》38："弌（飾）爲柔（瑶）塰（臺）。"柔，讀爲"瑶"。《竹書紀年》："飾瑶臺。"

頁碼	通假字	反切	中古聲母	中古韻	上古聲母	上古韻部
126	繇	餘昭切	餘	宵（開口三等）	餘	宵
	由	以周切	餘	尤（開口三等）	餘	幽
	遙	餘昭切	餘	宵（開口三等）	餘	宵

郭店簡《語叢一》19—21："人之道也，或繇（由）中出，或繇（由）外入。繇（由）中出者，息（仁）、忠、信。"《尊德義》30："或繇（由）忠（中）出。"《語叢二》44："名，婁（數）也。繇（由）囂（纍）鯀（本）生。"53—54："又（有）行而不繇（由），又（有）繇（由）而不行。"《語叢三》43："或繇（由）亓（其）可。"

頁碼	通假字	反切	中古聲母	中古韻	上古聲母	上古韻部
144	釣	多嘯切	端	嘯（開口四等）	端	藥
	瑤	側絞切	莊	巧（開口二等）	莊	幽
	爪	側絞切	莊	巧（開口二等）	莊	幽
	轑	盧晧切	來	晧（開口一等）	來	宵

望山簡二 12："一紫䇓（蓋），儲膚之裹，肎（絹）緅之純，白金之䢼（䢼）釣（瑤）。"仰天湖簡 4："□□金之釣，緩（纓）組之繐（筐）。"天星觀簡遣策："赤金之釣。"釣，讀爲"瑤"或"爪"，《文選·東京賦》："羽蓋葳蕤，䢼瑤曲莖。"薛綜注："蔡邕《獨斷》曰：'凡乘輿車，皆羽蓋，金華爪。'爪與瑤同。"《説文》："瑤，車蓋玉瑤。"車蓋之"爪"，《釋名·釋車》稱爲"轑"。

2. 幽—之

幽部與之部共通假 10 組，已在第一章第一節"之—幽"中列舉。

3. 幽—魚

幽部與魚部共通假 9 組。

頁碼	通假字	反切	中古聲母	中古韻	上古聲母	上古韻部
119	芙	防無切	並	虞（合口三等）	並	魚
	鞄	薄交切	並	肴（開口二等）	並	幽

包山簡 111："正昜莫囂達、正昜陶公吳。"陶，簡文又作"芙"，參簡 119"郘昜司馬達，芙公駒（騎）"，"陶"之原簡字形與金文"鞄"聲符近。"陶公"，職官名，能否讀爲"鞄公"，疑未能定。

第二章 幽、覺、冬三部通假關係研究

頁碼	通假字	反切	中古聲母	中古韻	上古聲母	上古韻部
179	尃	芳無切	滂	虞（合口三等）	滂	魚
	桴	縛謀切	並	尤（開口三等）	並	幽

上博藏二《容成氏》21、22："裚（製）表敳（鼙）尃（桴），毚（禹）乃聿（建）鼓於廷，昌（以）爲民之又（有）詀（訟）告者鼓焉。"尃，讀爲"桴"。《左傳》成公二年："右援桴而鼓。"

頁碼	通假字	反切	中古聲母	中古韻	上古聲母	上古韻部
104	皋	古勞切	見	豪（開口一等）	見	幽
	咅	巨鳩切	群	尤（開口三等）	群	幽
	姑	古胡切	見	模（開口一等）	見	魚

包山簡 38："弝咅君之司敗臧（臧）牁受甘（期），癸巳之日不遲（詳）弝咅君之司馬駕與弝咅君之人南輇、登敢昌（以）廷，阩門又敗。"60："弝咅君之司敗臧（臧）牁受甘（期），十月辛未之日不遲（詳）弝咅君之司馬周駕昌（以）廷，阩門又敗。"弝咅，地名，讀爲"橐皋"。《漢書·地理志》九江郡"橐皋"，師古注引孟康曰："音柘姑。"其地即今安徽巢湖市西北四十餘里之"柘皋"。

頁碼	通假字	反切	中古聲母	中古韻	上古聲母	上古韻部
114	惥	於求切	影	尤（開口三等）	影	幽
	炦	烏代切	影	代（開口一等）	影	物
	嗄	於求切	影	尤（開口三等）	影	幽
	嗄	所嫁切	山	禡（開口二等）	山	魚

郭店簡《老子》甲 34："冬（終）日虖（號）而不惥（嗄），和之至也。"惥，讀爲"嗄"。帛本甲作"炦"，乙作"嗄"，王本作"嗄"。

頁碼	通假字	反切	中古聲母	中古韻	上古聲母	上古韻部
117	孚	芳無切	滂	虞（合口三等）	滂	幽
	旉	芳無切	滂	虞（合口三等）	滂	魚

續表

頁碼	通假字	反切	中古聲母	中古韻	上古聲母	上古韻部
117	復	房六切	並	屋（合口三等）	並	覺

上博藏三《周易·需》2："㪻，又（有）孚。"孚，今本同，釋文音"敷"，又作"尃"，帛本作"復"。

頁碼	通假字	反切	中古聲母	中古韻	上古聲母	上古韻部
117	浮	縛謀切	並	尤（開口三等）	並	幽
	賦	方遇切	幫	遇（合口三等）	幫	魚

上博藏五《鮑叔牙與隰朋之諫》3："乃命有嗣（司）箸（書）㠯（藉）浮（賦）。"浮，讀爲"賦"。從"孚"之字多讀與從"甫"之字通，《論語·弓冶長》"可使治其賦也"，釋文引魯論作"傅"。

頁碼	通假字	反切	中古聲母	中古韻	上古聲母	上古韻部
172	淲	皮彪切	並	幽（開口三等）	並	幽
	滸	呼古切	曉	姥（合口一等）	曉	魚

上博藏四《昭王毀室》1："昭王爲室於死（伊）泥（滙）之淲（滸）。"淲，讀爲"滸"。

4. 幽—侯

幽部與侯部共通假4組。

頁碼	通假字	反切	中古聲母	中古韻	上古聲母	上古韻部
149	謱	落侯切	來	侯（開口一等）	來	侯
	嫂	蘇老切	心	晧（開口一等）	心	幽

上博藏五《三德》10："毋焚（煩）姑謱（嫂），毋恥父兇（兄）。"謱，讀爲"嫂"。

頁碼	通假字	反切	中古聲母	中古韻	上古聲母	上古韻部
105	綉	他候切	透	候（開口一等）	透	侯
	秀	息救切	心	宥（開口三等）	心	幽

包山簡 263："一寑（寢）笞結（席），二俾笞（席），一人坐笞（席），二芺（莞）（席），皆又（有）秀（綉）。"秀，簡文又作"綉"。

頁碼	通假字	反切	中古聲母	中古韻	上古聲母	上古韻部
112	茅	莫交切	明	肴（開口二等）	明	幽
	務	亡遇切	明	遇（合口三等）	明	侯

上博藏六《用曰》16："茅（務）之台（以）元色，朿（簡）亓（其）又（有）亙（恆）井（形）。"茅，讀爲"務"。

頁碼	通假字	反切	中古聲母	中古韻	上古聲母	上古韻部
113	炎		—			幽
	母	莫厚切	明	厚（開口一等）	明	之
	侮	文甫切	明	虞（合口三等）	明	侯

郭店簡《老子》丙1："亓（其）即（次）炎（侮）之。"炎，帛本甲、乙作"母"，今本作"侮"。

5. 幽—歌

幽部與歌部共通假2組。

頁碼	通假字	反切	中古聲母	中古韻	上古聲母	上古韻部
111	瘥	昨何切	從	歌（開口一等）	從	歌
	瘳	丑鳩切	徹	尤（開口三等）	透	幽

葛陵簡甲三22："速瘥（瘳）速瘥（瘥）。"184："曰（以）亓（其）不良恚（解）瘥（瘳）之古（故），尚毋又（有）祟。"零189："囗思（使）坪（平）夜君城（成）窞（遞）瘥（瘳）速瘥（瘥）囗。"零300："囗城（成）窞（遞）瘥（瘳）速瘥（瘥）囗。"瘥，簡文又作"罜"，讀爲"瘳"。

頁碼	通假字	反切	中古聲母	中古韻	上古聲母	上古韻部
227	禾	戶戈切	匣	戈（合口一等）	匣	歌
	秀	息救切	心	宥（開口三等）	心	幽

九店簡 56—36："是胃（謂）禾日，秱（利）曰（以）大祭之日。"

— 87 —

禾，睡虎地秦簡《日書》742、920 作"秀"。

（二）幽部和入聲韻通假

2.3　幽部和入聲韻通假數量表

	覺部	物部	月部	職部	質部	藥部	屋部	緝部	葉部	合計
幽部	29	11	9	6	4	2	2	1	1	65

1. 幽—覺

幽部與覺部共通假 29 組。

頁碼	通假字	反切	中古聲母	中古韻	上古聲母	上古韻部
100	攸	以周切	餘	尤（開口三等）	餘	幽
	逐	直六切	澄	屋（合口三等）	定	覺
	笛	徒歷切	定	錫（開口四等）	定	覺
	悠	以周切	餘	尤（開口三等）	餘	幽
	滺	以周切	餘	尤（開口三等）	餘	幽

上博藏三《周易·頤》25："虎視䀛䀛，丌（其）猷攸攸。"攸攸，帛本作"笛笛"，阜本作"遂遂"，今本作"逐逐"，釋文引《子夏傳》作"攸攸"，荀爽作"悠悠"，《漢書·敘傳》"其欲滺滺"，顏注："滺滺，欲利之貌。"阜本"遂遂"應作"逐逐"，漢隸"遂""逐"時有混用。

頁碼	通假字	反切	中古聲母	中古韻	上古聲母	上古韻部
101	迪	徒歷切	定	錫（開口四等）	定	覺
	胄	直祐切	澄	宥（開口三等）	定	幽
	由	以周切	餘	尤（開口三等）	餘	幽

郭店簡《緇衣》19："我既見，我弗迪（由）聖。"迪，上博藏一《緇衣》11 作"胄"，今本作"由"。郭店簡《緇衣》29："《吕型（刑）》員（云）：翻（播）㓝（刑）之迪。"迪，今本同，上博藏一《緇衣》15 作"由"。

第二章 幽、覺、冬三部通假關係研究

頁碼	通假字	反切	中古聲母	中古韻	上古聲母	上古韻部
103	茜	所六切	山	屋（合口三等）	山	覺
	酉	與久切	餘	有（開口三等）	餘	幽

包山簡221："己茜（酉）之日。"茜，讀爲"酉"。

頁碼	通假字	反切	中古聲母	中古韻	上古聲母	上古韻部
103	茜	所六切	山	屋（合口三等）	山	覺
	雕	都聊切	端	蕭（開口四等）	端	幽

包山簡255："茜菰之蘆（萑）一砠（缶）。"茜菰，讀爲"雕苽"，字或作"彫胡"。《廣雅·釋草》："菰，蔣也，其米謂之彫胡。"《藝文類聚》卷二十四引宋玉《諷賦》："爲臣炊彫胡之飯，烹露葵之羹。"《大招》"五穀六仞，設菰粱只"，王逸章句："菰粱，蔣實，謂雕葫也。……菰粱之飯，芬香且柔滑也。"司馬相如《子虛賦》頌揚楚國物産："其埤濕則生藏莨兼葭，東薔雕胡，蓮藕觚盧。"

頁碼	通假字	反切	中古聲母	中古韻	上古聲母	上古韻部
105	繡	息救切	心	宥（開口三等）	心	覺
	綉	他候切	透	候（開口一等）	透	侯
	秀	息救切	心	宥（開口三等）	心	幽

包山簡254："二牲白之膚（觳），皆敵（雕）；二索（素）王綪（錦）之綉；二翆（羽）。"262："一瓠（狐）青之表，紫裏，繡純，綪（錦）純，索（素）綪（錦）綉。"仰天湖簡8："一𠂤（折）柜，玉頁（首）。一棥（分）柜，又（有）綪（錦）綉。元（其）焚（分）柜句。"綉，簡文又作"秀"。《墨子·辭過》："暴奪民衣食之財，以爲錦繡文采靡曼之衣。"綪綉同"錦繡"。

頁碼	通假字	反切	中古聲母	中古韻	上古聲母	上古韻部
119	雹	蒲角切	並	覺（開口二等）	並	覺
	包	布交切	幫	肴（開口二等）	幫	幽

— 89 —

續表

頁碼	通假字	反切	中古聲母	中古韻	上古聲母	上古韻部
119	伏	房六切	並	屋（合口三等）	並	職

楚帛書甲 1："曰故又（？有）羸（熊）雹（雹）虘（戲），出自耑（顓）霝（項）。"雹，同"雹"。雹虘，《易·繫辭》作"包犧"，《大招》作"伏戲"。

頁碼	通假字	反切	中古聲母	中古韻	上古聲母	上古韻部
122	佶	枯沃切	溪	沃（開口一等）	溪	覺
	造	七到切	清	号（開口一等）	清	幽

包山簡 16："新佶（造）让尹丹。"45："五帀（師）佶（造）腰司敗周國受昔（期）。"99："邶昜之佶（造）筭（券）筭（券）公遮。"149："佶（造）楮一邑。"169："佶（造）斫猷妾之人登鮴。"187："佶（造）斫貈臣。"189："佶（造）厧登翟（輕）。"91："佶（造）叡大（列）六敓（令）周霞之人周雁。"170："大佶（造）叡黃盍。"180："中佶（造）叡少童羅角。"186："佶（造）叡（列）叭韃。"佶，讀爲"造"。

頁碼	通假字	反切	中古聲母	中古韻	上古聲母	上古韻部
129	楑	房六切	並	屋（合口三等）	並	覺
	缶	方久切	幫	有（開口三等）	幫	幽

包山竹牘 1："一綢（彫）楑（缶）。"楑，讀爲"缶"。綢楑，簡 270 作"敝（彫）缶"，出土實物爲扁形木鼓。

頁碼	通假字	反切	中古聲母	中古韻	上古聲母	上古韻部
130	繆	—				覺
	穆	莫六切	明	屋（合口三等）	明	覺
	繆	靡幼切	明	幼（開口三等）	明	幽
	漻	落蕭切	來	蕭（開口四等）	來	幽
	寥	落蕭切	來	蕭（開口四等）	來	幽

第二章　幽、覺、冬三部通假關係研究

郭店簡《老子》甲21："又（有）䙡（狀）蟲（混）成，先天埅（地）生，敓繆（穆），蜀（獨）立而不亥（改）。"敓繆，《文子·精誠》作"悦穆"，《淮南子·泰族》作"訟繆"。"訟"乃"説"字之誤。帛本甲作"繡呵繆呵"，乙作"蕭呵漻呵"，王本作"寂兮寥兮"，乃異文。

頁碼	通假字	反切	中古聲母	中古韻	上古聲母	上古韻部
266	季	居悸切	見	至（合口三等）	見	質
	畜	丑救切	徹	宥（開口三等）	透	覺
	孝	呼教切	曉	效（開口二等）	曉	幽

郭店簡《老子》甲1："民复（復）季子。"季子，帛本甲作"畜兹"，乙作"孝兹"，王本作"孝慈"。乃異文。

頁碼	通假字	反切	中古聲母	中古韻	上古聲母	上古韻部
100	條	徒聊切	定	蕭（開口四等）	定	幽
	軸	直六切	澄	屋（合口三等）	定	覺

信陽簡2—18："樂人之器：一槃（將）坐（座）耑（棧）鐘，少（小）大十又三，柢條郯（漆）寽（畫），金玥（珥）。"條，讀爲"軸"，"軸"之本義謂車軸，引申爲凡機樞之稱。《説文》："輖，輈車前橫木也。"《廣雅·釋器》："輖謂之軸。"《方言》卷九同。是橫木爲"軸"也。"柢條"是指編鐘架的橫樑。

頁碼	通假字	反切	中古聲母	中古韻	上古聲母	上古韻部
101	由	以周切	餘	尤（開口三等）	餘	幽
	逐	直六切	澄	屋（合口三等）	定	覺
	遂	徐醉切	邪	至（合口三等）	邪	物

上博藏三《周易·大畜》22："九晶（三）：良馬由（逐），利堇（艱）貞。"《周易·暌》32："初九：惡（悔）芒（亡），芒（喪）馬勿由（逐），自逯（復）。"由，讀爲"逐"。帛本作"遂"，今本作"逐"，漢隸遂、逐有混用之例，應依今本作"逐"。

頁碼	通假字	反切	中古聲母	中古韻	上古聲母	上古韻部
101	郵	以周切	餘	尤（開口三等）	餘	幽
	淯	余六切	餘	合（開口三等）	餘	覺

包山簡 181："郵易人李賜。"郵易，讀爲"淯陽"。《漢志》南陽郡有"育陽縣"，淯陽故城在今河南南陽縣南英莊鄉淯河沿岸。

頁碼	通假字	反切	中古聲母	中古韻	上古聲母	上古韻部
111	鄝	盧鳥切	來	篠（開口四等）	來	幽
	蓼	盧鳥切	來	篠（開口四等）	來	幽
	廖	力救切	來	宥（開口三等）	來	覺

包山簡 29："鄝莫囂（敖）之人周壬受甘（期）。"105："鄝莫囂（敖）疌、左司馬殹、安陵莫囂（敖）戀獻（狷）爲鄝賁（貸）郕異之黃金七益㠯（以）翟（糴）種。"153："〔晉（筮）蔽〕之田，南與郑君疆，東與陵君疆，北與鄝易疆，西與鄱君疆。"鄝，地名，讀爲"蓼"。《左傳》文公五年"楚子燮滅蓼"，釋文："字或作鄝。"杜預注："蓼，國，今安豐蓼縣。"鄝易，位于漢代六安國蓼縣，在今河南固始縣境内。包山簡 21："司豊（禮）司敗鄝輶受甘（期）。"鄝，姓氏，讀爲"廖"。

頁碼	通假字	反切	中古聲母	中古韻	上古聲母	上古韻部
117	孚	芳無切	滂	虞（合口三等）	滂	幽
	敷	芳無切	滂	虞（合口三等）	滂	魚
	復	房六切	並	屋（合口三等）	並	覺

上博藏三《周易·需》2："爭，又（有）孚。"孚，今本同，釋文音"敷"，又作"敷"，帛本作"復"。

頁碼	通假字	反切	中古聲母	中古韻	上古聲母	上古韻部
124	戚	倉歷切	清	錫（開口四等）	清	覺
	造	七到切	清	号（開口一等）	清	幽

第二章 幽、覺、冬三部通假關係研究

續表

頁碼	通假字	反切	中古聲母	中古韻	上古聲母	上古韻部
124	告	古到切	見	号（開口一等）	見	覺

郭店簡《尊德義》7："戚（造）父之馭（御）馬也，馬之道也。"戚父，典籍作"造父"，郭店簡《窮達以時》11作"告〔父〕"。

2. 幽—物

幽部與物部共通假 11 組。

頁碼	通假字	反切	中古聲母	中古韻	上古聲母	上古韻部
115	頛	郎外切	來	泰（合口一等）	來	物
	糗	去久切	溪	有（開口三等）	溪	幽

望山簡一 145："□粩（餳）頛（糗）□。"頛，讀爲"糗"。

頁碼	通假字	反切	中古聲母	中古韻	上古聲母	上古韻部
114	惪	於求切	影	尤（開口三等）	影	幽
	炇	烏代切	影	代（開口一等）	影	物
	嚘	於求切	影	尤（開口三等）	影	幽
	嗄	所嫁切	山	禡（開口二等）	山	魚

郭店簡《老子》甲 34："冬（終）日唬（號）而不惪（嚘），和之至也。"惪，讀爲"嚘"。帛本甲作"炇"，乙作"嚘"，王本作"嗄"。

頁碼	通假字	反切	中古聲母	中古韻	上古聲母	上古韻部
283	緆	九勿切	見	物（合口三等）	見	物
	繍	息有切	心	有（開口三等）	心	幽
	鞦	七由切	清	尤（開口三等）	清	幽
	紂	除柳切	澄	有（開口三等）	定	幽
	緅	雌由切	清	尤（開口三等）	清	幽

包山簡 268："虝（豹）緆（繍）；緦（繩）縷，紛勈。"緆，讀爲"緅"，《淮南子·原道》"怳兮忽兮，用不屈兮"，高誘注："屈讀秋。"

"緧"，車紂也，又稱爲"緒"，字或作"鞧"。《方言》卷九："車紂，自關而東，周洛韓鄭汝潁而東謂之緧，或謂之曲綯，或謂之曲綸，自關而西謂之紂。"《說文》："紂，馬緧也。"又："緧，馬紂也。"《釋名·釋車》："鞧，遒也，在後遒迫使不得卻縮也。"

頁碼	通假字	反切	中古聲母	中古韻	上古聲母	上古韻部
284	伏	許尤切	曉	尤（開口三等）	曉	幽
	述	食聿切	船	術（合口三等）	船	物
	抱	薄浩切	並	晧（開口一等）	並	幽

郭店簡《老子》乙15："善建者不杲（拔），善伏（述）者不兌（説）。"伏，讀爲"述"。帛本甲、乙殘，王本作"抱"，乃異文。

頁碼	通假字	反切	中古聲母	中古韻	上古聲母	上古韻部
101	由	以周切	餘	尤（開口三等）	餘	幽
	逐	直六切	澄	屋（合口三等）	定	覺
	遂	徐醉切	邪	至（合口三等）	邪	物

上博藏三《周易·大畜》22："九晶（三）：良馬由（逐），利堇（艱）貞。"《周易·睽》32："初九：忢（悔）芒（亡），芒（喪）馬勿由（逐），自返（復）。"由，讀爲"逐"。帛本作"遂"，今本作"逐"，漢隸遂、逐有混用之例，應依今本作"逐"。

頁碼	通假字	反切	中古聲母	中古韻	上古聲母	上古韻部
115	道	徒晧切	定	晧（開口一等）	定	幽
	頹	徒谷切	定	屋（合口一等）	定	屋
	遂	徐醉切	邪	至（合口三等）	邪	物

郭店簡《緇衣》12："子曰：噩（禹）立三年，百眚（姓）目（以）悬（仁）道。"道，上博藏一《緇衣》7作"頹"，今本作"遂"。

3. 幽—月

幽部與月部共通假9組。

第二章　幽、覺、冬三部通假關係研究

頁碼	通假字	反切	中古聲母	中古韻	上古聲母	上古韻部
297	敓	徒活切	定	末（合口一等）	定	月
	悦	弋雪切	餘	薛（合口三等）	餘	月
	説	弋雪切	餘	薛（合口三等）	餘	月
	繡	息救切	心	宥（開口三等）	心	幽
	蕭	蘇彫切	心	蕭（開口四等）	心	幽

郭店簡《老子》甲21："又（有）䩱（狀）蟲（混）成，先天墬（地）生，敓（悦）纑（穆），蜀（獨）立而不亥（該）。"敓纑，《文子·精誠》作"悦穆"，《淮南子·泰族》作"訟繆"。"訟"乃"説"字之誤。帛本甲作"繡呵繆呵"，乙作"蕭呵漻呵"，王本作"寂兮寥兮"，乃異文。

頁碼	通假字	反切	中古聲母	中古韻	上古聲母	上古韻部
104	朻	居虬切	見	幽（開口三等）	見	幽
	楚		—			月
	渫	私列切	心	薛（開口三等）	心	月
	泄	私列切	心	薛（開口三等）	心	月

上博藏三《周易·井》45："九晶（三）：㷼（井）朻不飤（食）。"朻，帛本作"楚"，今本作"渫"，《史記·屈原列傳》引作"泄"。朻、渫異文。

4. 幽—職

幽部與職部共通假6組，已在第一章第二節"職—幽"中列舉。

5. 幽—質

幽部與質部共通假4組。

頁碼	通假字	反切	中古聲母	中古韻	上古聲母	上古韻部
114	頁	胡結切	匣	屑（開口四等）	匣	質
	首	書九切	書	有（開口三等）	書	幽

仰天湖簡8："一笎（折）柜，玉頁（首）。一樅（分）柜，又（有）紷（錦）绣。亓（其）棼（分）柜句。"頁，讀爲"首"。

◆◇◆ 戰國楚簡帛韻部親疏關係研究

頁碼	通假字	反切	中古聲母	中古韻	上古聲母	上古韻部
266	季	居悸切	見	至（合口三等）	見	質
	畜	丑救切	徹	宥（開口三等）	透	覺
	孝	呼教切	曉	效（開口二等）	曉	幽

郭店簡《老子》甲1："民复（復）季子。"季子，帛本甲作"畜茲"，乙作"孝茲"，王本作"孝慈"。乃異文。

頁碼	通假字	反切	中古聲母	中古韻	上古聲母	上古韻部
106	采	徐醉切	邪	至（合口三等）	邪	質
	由	以周切	餘	尤（開口三等）	餘	幽

郭店簡《唐虞之道》8："六帝興於古，廛采（由）此也。"《忠信之道》6："古（故）行而鯖（爭）兌（奪）民，君子弗采（由）也。"上博藏二《子羔》8："采（由）者（諸）甽（畎）畮（畝）之中。"采，睡虎地秦簡《日書》942日值名"采"，甲篇755、孔家坡漢簡《日書》25作"秀"。《説文》以"采"爲正篆，以"穗"爲"采"之俗字。段注已指出：采與秀古互訓，如"黍秀"即"黍采"。李家浩云："'采'在古代還有'秀'音，《説文》説'褎（袖）'從'采'聲就是很好的證明。"簡文采又音秀，故得讀爲"由"。

頁碼	通假字	反切	中古聲母	中古韻	上古聲母	上古韻部
106	采	徐醉切	邪	至（合口三等）	邪	質
	陶	徒刀切	定	豪（開口一等）	定	幽

郭店簡《唐虞之道》："咎（皋）采（陶）内用五型（刑），出弋（式）兵革。"采，讀爲"陶"。

6. 幽—藥

幽部和藥部共通假2組。

頁碼	通假字	反切	中古聲母	中古韻	上古聲母	上古韻部
144	釣	多嘯切	端	嘯（開口四等）	端	藥

續表

頁碼	通假字	反切	中古聲母	中古韻	上古聲母	上古韻部
144	瑵	側絞切	莊	巧（開口二等）	莊	幽
	爪	側絞切	莊	巧（開口二等）	莊	幽
	轑	盧晧切	來	晧（開口一等）	來	宵

望山簡二12："一紫箸（蓋），緒膚之裏，肎（絹）緅之純，白金之肥（芘）釣（瑵）。"仰天湖簡4："☒☐金之釣，綏（纓）組之緁（筐）。"天星觀簡遣策："赤金之釣。"釣，讀爲"瑵"或"爪"，《文選·東京賦》："羽蓋葳蕤，芘瑵曲莖。"薛綜注："蔡邕《獨斷》曰：'凡乘輿車，皆羽蓋，金華爪。'爪與瑵同。"《説文》："瑵，車蓋玉瑵。"車蓋之"爪"，《釋名·釋車》稱爲"轑"。

7. 幽—屋

幽部與屋部共通假2組。

頁碼	通假字	反切	中古聲母	中古韻	上古聲母	上古韻部
103	猷	以周切	餘	尤（開口三等）	餘	幽
	容	餘封切	餘	鍾（開口三等）	餘	東
	欲	余蜀切	餘	燭（合口三等）	餘	屋

上博藏三《周易·頤》25："虎視靁靁，丌（其）猷攸攸。"猷，帛本作"容"，今本作"欲"。

頁碼	通假字	反切	中古聲母	中古韻	上古聲母	上古韻部
115	道	徒晧切	定	晧（開口一等）	定	幽
	頢	徒谷切	定	屋（合口一等）	定	屋
	遂	徐醉切	邪	至（合口三等）	邪	物

郭店簡《緇衣》12："子曰：叀（禹）立三年，百眚（姓）㠯（以）息（仁）道。"道，上博藏一《緇衣》7作"頢"，今本作"遂"。

8. 幽—緝

幽部與緝部共通假 1 組。

頁碼	通假字	反切	中古聲母	中古韻	上古聲母	上古韻部
060	咠	—			章	職
	執	之入切	章	緝（開口三等）	章	緝
	囚	似由切	邪	尤（開口三等）	邪	幽

上博藏五《鬼神之明》："此呂（以）桀折於鬲山，而受（紂）咠於只（岐）袿（社），身不殁（没）爲天下芺（笑）。"上博藏六《申公臣靈王》4："哉（敢）於朸（棘）述，細（陳）公子皇咠（執？）皇子，王子回（圍）攼（奪）之，繼（陳）公爭之。"咠，疑讀爲"執"，從咠之楫讀爲"置"，上古音在職部章紐，"執"在緝部章紐，《劉向·九歎·離世》"執組者不能制兮"，注："執組，猶織組也。"是"執"與職部字相通之證。《説文》："執，捕辠人也。"《左傳》襄公二十六年："穿封戌囚皇頡。公子圍與之爭。"《呂氏春秋·慎行》"使執連尹"，注："囚也。"

9. 幽—葉

幽部與葉部共通假 1 組。

頁碼	通假字	反切	中古聲母	中古韻	上古聲母	上古韻部
113	缶	方久切	幫	有（開口三等）	幫	幽
	瓨	下江切	匣	江（開口二等）	匣	東
	鼞	託盍切	透	盍（開口一等）	透	葉

包山簡 270："一敐（彤）柂（缶），一鋁（鐃）。"柂，簡文又作"畬"，同"缶"，出土實物爲漆木鼓，外形如缶。《詩·陳風·宛丘》："坎其擊鼓，……坎其擊缶。"《史記·藺相如傳》："秦王不懌，爲一擊瓨。"缶、瓨均謂缶形之鼓。《説文》鼓部有"鼞"字，"從鼓，缶聲"，段玉裁以爲"鼞"字之譌，今藉楚簡，知古代固有稱扁形鼓爲"缶"者，則《説文》不誤。

第二章　幽、覺、冬三部通假關係研究

（三）幽部和陽聲韻通假

2.4　幽部和陽聲韻通假數量表

	文部	東部	元部	合計
幽部	8	3	3	14

1. 幽—文

幽部與文部共通假 8 組。

頁碼	通假字	反切	中古聲母	中古韻	上古聲母	上古韻部
103	猷	以周切	餘	尤（開口三等）	餘	幽
	允	余準切	餘	準（合口三等）	餘	文
	由	以周切	餘	尤（開口三等）	餘	幽
	猶	以周切	餘	尤（開口三等）	餘	幽

上博藏三《周易·豫》14："九四：猷（猶）余（豫），大又（有）得。"猷，帛本作允、今本作由，皆讀爲"猶"。

頁碼	通假字	反切	中古聲母	中古韻	上古聲母	上古韻部
363	寸	倉困切	清	慁（合口一等）	清	文
	守	書九切	書	有（開口三等）	書	幽

郭店簡《成之聞之》3："敬斳（慎）吕（以）寸（守）之。"寸，簡文用作"守"。

頁碼	通假字	反切	中古聲母	中古韻	上古聲母	上古韻部
115	懮	於求切	影	尤（開口三等）	影	幽
	塤	況袁切	曉	元（合口三等）	曉	文
	隕	于敏切	匣	準（合口三等）	匣	文

上博藏三《周易·姤》41："九五：吕（以）芑（杞）橐（包）苽（瓜），欽（含）章，又（有）懮（隕）自天。"懮，帛本作"塤"，今本作"隕"，乃異文。

— 99 —

頁碼	通假字	反切	中古聲母	中古韻	上古聲母	上古韻部
364	輶	土刀切	透	豪（開口一等）	透	幽
	紃	詳遵切	邪	諄（合口三等）	邪	文
	軓	丑倫切	徹	諄（合口三等）	透	文
	篆	持兗切	澄	獮（合口三等）	定	元

曾侯乙簡 3："韇輶，䊶紳貽，貾（豺）首之雺，貾（豺）䩦，削顯（顆）、軑。"10："斂衡氐（軛），韇輶，靴（紃）顯（顆）軑。"15："韇輶，顯（顆）軑貽，紫黃紡之纓，䊶紳，貾（貊）首之雺（蒙），錄貽，皷（鞍）、轡，貽。"17："韇輶，顯（顆）軑貽，紫黃紡之纓，䊶紳，脪（虎）首之雺（蒙），皷轡，錄貽。"輶，簡文又作"紃"，讀爲"軓"，經傳亦作"篆"。《說文》："軓，車約也，從車凡聲。《周禮》曰：孤乘夏軓。"《周禮·春官·巾車》"服車五乘，孤乘夏篆"，篆，故書作"緣"，鄭眾注："夏，赤也……夏篆，轂有約也。"鄭玄注："夏篆，五彩畫轂約也。"《詩·小雅·采芑》"約軝錯衡"，毛傳："軝，長轂之軝也，朱而約之。"疏："《輪人》云：'容轂必直，陳篆必正。'注云：'容者，治轂爲之形容也。篆轂，約也。'蓋以皮纏之，而上加以朱漆也。"

2. 幽—東

幽部與東部共通假 3 組。

頁碼	通假字	反切	中古聲母	中古韻	上古聲母	上古韻部
103	猷	以周切	餘	尤（開口三等）	餘	幽
	容	餘封切	餘	鍾（開口三等）	餘	東
	欲	余蜀切	餘	燭（合口三等）	餘	屋

上博藏三《周易·頤》25："虎視䚇䚇，丌（其）猷攸攸。"猷，帛本作"容"，今本作"欲"。

頁碼	通假字	反切	中古聲母	中古韻	上古聲母	上古韻部
113	缶	方久切	幫	有（開口三等）	幫	幽

續表

頁碼	通假字	反切	中古聲母	中古韻	上古聲母	上古韻部
113	瓨	下江切	匣	江（開口二等）	匣	東
	鞳	託盍切	透	盍（開口一等）	透	葉

包山簡 270："一歐（彫）柾（缶），一鈗（鐃）。"柾，簡文又作"舍"，同"缶"，出土實物爲漆木鼓，外形如缶。《詩·陳風·宛丘》："坎其擊鼓，……坎其擊缶。"《史記·藺相如傳》："秦王不懌，爲一擊瓨。"缶、瓨均謂缶形之鼓。《說文》鼓部有"鞳"字，"從鼓，缶聲"，段玉裁以爲"鼞"字之譌，今藉楚簡，知古代固有稱扁形鼓爲"缶"者，則《說文》不誤。

頁碼	通假字	反切	中古聲母	中古韻	上古聲母	上古韻部
120	瞀	莫報切	明	号（開口一等）	明	幽
	矇	莫紅切	明	東（合口一等）	明	東

上博藏二《容成氏》2："於是虖（乎）唫（喑）聾執燭，瞀（瞽）戍（瞽）鼓瑟，歪（跛）𡉚（躃）獸（守）門。"瞀戍，讀爲"瞽瞽"，盲人。

3. 幽—元

幽部與元部共通假 3 組。

頁碼	通假字	反切	中古聲母	中古韻	上古聲母	上古韻部
116	戰	之膳切	章	線（開口三等）	章	元
	獸	舒救切	書	宥（開口三等）	書	幽

葛陵簡甲三 296："☐莫囂（敖）易爲晋币（師）戰於長☐。"戰，同"獸"，讀爲"守"。

頁碼	通假字	反切	中古聲母	中古韻	上古聲母	上古韻部
364	韜	土刀切	透	豪（開口一等）	透	幽
	紃	詳遵切	邪	諄（合口三等）	邪	文
	軐	丑倫切	徹	諄（合口三等）	透	文
	篆	持兖切	澄	獼（合口三等）	定	元

曾侯乙簡 3："韃韇，䠒紳貼，䟓（豻）首之翏，䟓（豻）韃，削顥（韇）、靰。"10："斂衡厄（軛），韃韇，靯（緅）顥（韇）靰。"15："韃韇，顥（韇）靰貼，紫黃紡之纓，䠒紳，䚿（貉）首之翏（蒙），錄貼，鞁（鞍）、䜌、貼。"17："韃韇，顥（韇）靰貼，紫黃紡之纓，䠒紳，腪（虎）首之翏（蒙），鞁䜌，錄貼。"韇，簡文又作"紃"，讀爲"軱"，經傳亦作"篆"。《說文》："軱，車約也，從車川聲。《周禮》曰：孤乘夏軱。"《周禮·春官·巾車》"服車五乘，孤乘夏篆"，篆，故書作"緣"，鄭眾注："夏，赤也……夏篆，轂有約也。"鄭玄注："夏篆，五彩畫轂約也。"《詩·小雅·采芑》"約軝錯衡"，毛傳："軝，長轂之軝也，朱而約之。"疏："《輪人》云：'容轂必直，陳篆必正。'注云：'容者，治轂爲之形容也。篆轂，約也。'蓋以皮纒之，而上加以朱漆也。"

頁碼	通假字	反切	中古聲母	中古韻	上古聲母	上古韻部
351	幺幺	於求切	影	尤（開口三等）	影	幽
	欒	落官切	來	桓（合口一等）	來	元

包山簡 67："夐月辛未之日不䞈幺幺虞䢜（歸）亓（其）田以至命" 幺幺，姓氏，疑讀爲"欒"。

第二節　覺部

在本書的研究範圍內，覺部通假共 105 組，其中同部通假有 44 組，異部通假有 61 組。在異部通假中，覺部與陰聲韻共通假 50 組，與入聲韻共通假 7 組，與陽聲韻共通假 4 組。

2.5 覺部通假情況匯總表

通假類型		通假數量		
同部通假		覺—覺	44	
異部通假	陰聲韻	覺—幽	29	50
^	^	覺—宵	10	^
^	^	覺—歌	5	^
^	^	覺—魚	4	^
^	^	覺—之	1	^
^	^	覺—侯	1	^
^	入聲韻	覺—物	3	7
^	^	覺—屋	1	^
^	^	覺—職	1	^
^	^	覺—月	1	^
^	^	覺—質	1	^
^	陽聲韻	覺—東	2	4
^	^	覺—陽	2	^

總計：61；105

一　覺部的同部通假

覺部同部通假 44 組。

戮勠　謦𡘋　牿鞫　儆戚　慽感　戚感　戚慽　寂宗　宿夙　肅宿　篤竺
牿告　篤竺　督篤　竺篤　督篤　復复　六馱　翏蓼　陸坴　鞠告　郜告
蓼戮　謦偫　陸陸　陸陸　陸坴　陸坴　陸陸　毒蓄　竹篤　熟篤　孰篤
築篤　輹复　告戚　郜告　竹竺　孰竺　築竺　毒畜　蓄畜　淑叔　俈告

二　覺部的異部通假

覺部異部通假 61 組。

— 103 —

（一）覺部與陰聲韻通假

2.6　覺部和陰聲韻通假數量表

	幽部	宵部	歌部	魚部	之部	侯部	合計
覺部	29	10	5	4	1	1	50

1. 覺—幽

覺部與幽部共通假 29 組，已在第二章第一節"幽—覺"中列舉。

2. 覺—宵

覺部與宵部共通假 10 組。

頁碼	通假字	反切	中古聲母	中古韻	上古聲母	上古韻部
132	教	古孝切	見	效（開口二等）	見	宵
	學	胡覺切	匣	覺（開口二等）	匣	覺

郭店簡《語叢三》12："與（與）不好教（學）者遊，員（損）。"教，讀爲"學"。

頁碼	通假字	反切	中古聲母	中古韻	上古聲母	上古韻部
132	斅	古孝切	見	效（開口二等）	見	宵
	學	胡覺切	匣	覺（開口二等）	匣	覺

上博藏六《天子建州》12："所不斅（學）於帀（師）者三：弜（強）行、忠（中）罟（敏）、信言，此所不斅（學）於帀（師）也。"斅，讀爲"學"，郭店簡《老子》甲12："斅（教）不斅（教），返（復）眾之所炊（過）。"斅，帛本甲、乙，王本作"學"。

頁碼	通假字	反切	中古聲母	中古韻	上古聲母	上古韻部
133	堯	五聊切	疑	蕭（開口四等）	疑	宵
	先	力竹切	來	屋（合口三等）	來	覺
	堯	五聊切	疑	蕭（開口四等）	疑	宵

上博藏二《子羔》6："堯（堯）之得坴（舜）也，坴（舜）之悳（德）

第二章 幽、覺、冬三部通假關係研究

則城（誠）善☐。"2："伊叏（堯）之悳（德）則甚昷（明）罌（歟）？"郭店簡《六德》7："唯（雖）叏（堯）求之弗得也。"叏，"堯"之古文。簡文又作"兂"。

頁碼	通假字	反切	中古聲母	中古韻	上古聲母	上古韻部
140	弔	多嘯切	端	嘯（開口四等）	端	宵
	疋	多嘯切	端	嘯（開口四等）	端	宵
	淑	殊六切	禪	屋（合口三等）	禪	覺

上博藏六《用曰》16："流吝（文）惠武，舊（恭）弔（淑）㠯（以）成。"弔，讀爲"淑"。20："又（有）但（潭）之深，而又（有）弔（淑）之泙（淺）。"《説文》："淑，清湛也。"

頁碼	通假字	反切	中古聲母	中古韻	上古聲母	上古韻部
140	弔	多嘯切	端	嘯（開口四等）	端	宵
	淑	殊六切	禪	屋（合口三等）	禪	覺
	宴	多嘯切	端	嘯（開口四等）	端	宵

郭店簡《緇衣》4："弔（淑）人君子。"32："弔（淑）訢（慎）尔㠯（止）。"39："弔（淑）人君子。"弔，同"俶"，今本作"淑"，簡文又作"宴"。

頁碼	通假字	反切	中古聲母	中古韻	上古聲母	上古韻部
140	宴	多嘯切	端	嘯（開口四等）	端	宵
	叔	式竹切	書	屋（合口三等）	書	覺

郭店簡《窮達以時》8："孫弔（叔）三弞（謝）邘（期）思少司馬。"孫弔，謂"孫叔敖"。上博藏五《競建内之》1："級（隰）俚（朋）㢣與鞄（鮑）弔（叔）㠯（牙）從。"9："㕝（隰）俚（朋）㢣與鞄（鮑）弔（叔）㠯（牙）皆拜。"鞄弔㠯，人名，春秋時齊國大夫，經史作"鮑叔牙"。

— 105 —

頁碼	通假字	反切	中古聲母	中古韻	上古聲母	上古韻部
122	俈	枯沃切	溪	沃（開口一等）	溪	覺
	召	直照切	澄	笑（開口三等）	定	宵

包山簡 165："俈陵君之人登定。"俈陵，地名，讀爲"召陵"。《春秋》僖公四年"楚屈完來盟于師，盟于召陵"，杜預注："召陵，穎川召陵縣也。"

3. 覺—歌

覺部與歌部共通假 5 組。

頁碼	通假字	反切	中古聲母	中古韻	上古聲母	上古韻部
129	輖	丑救切	徹	宥（開口三等）	透	覺
	坐	徂臥切	從	過（合口一等）	從	歌
	銼	昨禾切	從	戈（合口一等）	從	歌
	挫	則臥切	精	過（合口一等）	精	歌

郭店簡《老子》甲27："輖（挫）丌（其）𨧀，解丌（其）紛。"輖，帛書《老子》甲作"坐"，乙作"銼"，王弼本作"挫"。

頁碼	通假字	反切	中古聲母	中古韻	上古聲母	上古韻部
111	翏	力救切	來	宥（開口三等）	來	覺
	瘥	昨何切	從	歌（開口一等）	從	歌
	廖	力救切	來	宥（開口三等）	來	覺

包山簡 169："武陵畋（列）尹之人翏足。"193："易翟人翏孯（賢）。"翏，姓氏，讀爲"廖"。簡文又作"瘥"、"𤻲"。

4. 覺—魚

覺部與魚部共通假 4 組。

頁碼	通假字	反切	中古聲母	中古韻	上古聲母	上古韻部
120	叧	古瓦切	見	馬（合口二等）	見	魚

第二章　幽、覺、冬三部通假關係研究

續表

頁碼	通假字	反切	中古聲母	中古韻	上古聲母	上古韻部
120	冒	莫報切	明	號（開口一等）	明	覺
	雺	呼骨切	曉	沒（合口一等）	曉	物
	蒙	莫紅切	明	東（合口一等）	明	東

曾侯乙簡4："宫廄敓（令）剢所馭犛䡇：腏輪，畫赿（轅），另（冒）鐕（轄）。10："另（冒）鐕（轄）。"另，從曰，摹本從刀而向上穿出，而圖版的筆劃似乎並未穿透。該字看來與從"免"之字没有關係，而無論是從"曰"聲還是從"刀"聲，都有可能讀爲"冒"。曾侯乙簡稱車書爲"雺（蒙）"，冒轄，車書上的銷釘。或者句讀爲"冒、轄"，指車書及車轄。

頁碼	通假字	反切	中古聲母	中古韻	上古聲母	上古韻部
175	膚	甫無切	幫	虞（合口三等）	幫	魚
	蕪	武夫切	明	虞（合口三等）	明	魚
	芒	莫郎切	明	唐（開口一等）	明	陽
	萺	冬毒切	端	沃（合口一等）	端	覺

包山簡261："一縞衣，紵膚之純，樊（緐）城（成）之純。"紵膚，又作"紻蕪""紻芒""鹽萺"，包山簡263："……裏，紻蕪之純，一秦縞之紻（帛）裏，王紟（錦）之純。"信陽簡2—23："屯紻芒之純。"包山簡267："一䡅（乘）軒：絑（青）綃（絹）之（綎）；鹽萺之純；鹽萺之棶綃（絹）；鹽萺之綏（鞍）。"

頁碼	通假字	反切	中古聲母	中古韻	上古聲母	上古韻部
117	孚	芳無切	滂	虞（合口三等）	滂	幽
	旉	芳無切	滂	虞（合口三等）	滂	魚
	復	房六切	並	屋（合口三等）	並	覺

上博藏三《周易·需》2："𫐄，又（有）孚。"孚，今本同，釋文音"敷"，又作"旉"，帛本作"復"。

— 107 —

5. 覺—之

覺部與之部共通假 1 組，已在第一章第一節 "之—覺" 中列舉。

6. 覺—侯

覺部與侯部共通假 1 組。

頁碼	通假字	反切	中古聲母	中古韻	上古聲母	上古韻部
105	繡	息救切	心	宥（開口三等）	心	覺
	綉	他候切	透	候（開口一等）	透	侯
	秀	息救切	心	宥（開口三等）	心	幽

包山簡 254："二牆白之膚（縠），皆敚（雕）；二索（素）王緟（錦）之綉；二翆（羽）。" 262："一瓞（狐）青之表，紫裏，繡純，緟（錦）純，索（素）緟（錦）綉。" 仰天湖簡 8："一𠂇（折）柜，玉頁（首）。一桃（分）柜，又（有）緟（錦）綉。亓（其）焚（分）柜句。" 綉，簡文又作 "秀"。《墨子·辭過》："暴奪民衣食之財，以爲錦繡文采靡曼之衣。" 緟綉同 "錦繡"。

（二）覺部和其他入聲韻通假

2.7 覺部和其他入聲韻通假數量表

	物部	屋部	職部	月部	質部	合計
覺部	3	1	1	1	1	7

1. 覺—物

覺部與物部共通假 3 組。

頁碼	通假字	反切	中古聲母	中古韻	上古聲母	上古韻部
283	紬	竹律切	知	術（合口三等）	端	物
	縮	所六切	山	屋（合口三等）	山	覺

楚帛書乙 1："月則經（盈）紬（縮）。" 又："經（盈）紬（縮）遊（失）□，卉木亡（無）尚（常）。" 紬，讀爲 "縮"。今山東方言中縮字讀出音。

第二章　幽、覺、冬三部通假關係研究

頁碼	通假字	反切	中古聲母	中古韻	上古聲母	上古韻部
101	由	以周切	餘	尤（開口三等）	餘	幽
	逐	直六切	澄	屋（合口三等）	定	覺
	遂	徐醉切	邪	至（合口三等）	邪	物

上博藏三《周易·大畜》22："九晶（三）：良馬由（逐），利堇（艱）貞。"《周易·睽》32："初九：悬（悔）芒（亡），芒（喪）馬勿由（逐），自遝（復）。"由，讀爲"逐"。帛本作"遂"，今本作"逐"，漢隸遂、逐有混用之例，應依今本作"逐"。

頁碼	通假字	反切	中古聲母	中古韻	上古聲母	上古韻部
120	夃	古瓦切	見	馬（合口二等）	見	魚
	冒	莫報切	明	號（開口一等）	明	覺
	雺	呼骨切	曉	沒（合口一等）	曉	物
	蒙	莫紅切	明	東（合口一等）	明	東

曾侯乙簡4："宮廄尹（令）犁所駅輂軞：腠輪，畫赺（轅），夃（冒）鐗（轄）。"10："夃（冒）鐗（轄）。"夃，從冂，摹本從刀而向上穿出，而圖版的筆劃似乎並未穿透。該字看來與從"免"之字沒有關係，而無論是從"冂"聲還是從"刀"聲，都有可能讀爲"冒"。曾侯乙簡稱車軎爲"雺（蒙）"，冒轄，車軎上的銷釘。或者句讀爲"冒、轄"，指車軎及車轄。

2. 覺—屋

覺部與屋部共通假1組。

頁碼	通假字	反切	中古聲母	中古韻	上古聲母	上古韻部
161	鹿	盧谷切	來	屋（合口一等）	來	屋
	戮	力竹切	來	屋（合口三等）	來	覺

上博藏二41："於是虐（乎）天下之兵大记（起），於是虐（乎）羿（亡）宗鹿（戮）族戔（殘）羣安（焉）備（服）。"鹿，讀爲"戮"。

3. 覺—職

覺部與職部共通假 1 組，已在第一章第二節"職—覺"中列舉。

4. 覺—月

覺部與月部共通假 1 組。

頁碼	通假字	反切	中古聲母	中古韻	上古聲母	上古韻部
004	迖	他計切	透	齊（開口四等）	透	月
	逐	直六切	澄	屋（合口三等）	定	覺

上博藏五《競建內之》10："洵（驅）迖（逐）畋獵，亡（無）羿（期）旡（度）。"迖，學者多據文義讀爲"逐"。

5. 覺—質

覺部與質部共通假 1 組。

頁碼	通假字	反切	中古聲母	中古韻	上古聲母	上古韻部
266	季	居悸切	見	至（合口三等）	見	質
	畜	丑救切	徹	宥（開口三等）	透	覺
	孝	呼教切	曉	效（開口二等）	曉	幽

郭店簡《老子》甲 1："民復（復）季子。"季子，帛本甲作"畜茲"，乙作"孝茲"，王本作"孝慈"。乃異文。

（三）覺部和陽聲韻通假

2.8 覺部和陽聲韻通假數量表

	東部	陽部	合計
覺部	2	2	4

1. 覺—東

覺部和東部共通假 2 組。

— 110 —

第二章　幽、覺、冬三部通假關係研究

頁碼	通假字	反切	中古聲母	中古韻	上古聲母	上古韻部
019	冢	莫紅切	明	東（合口一等）	明	東
	冒	莫報切	明	号（開口一等）	明	覺

望山簡二 13："彤尖（幡），黃末，翠（翠）胸（句），悲（翡）羸，冢毛之首。"冢，包山簡 269 作"冒"，包山竹牘 1 作"緣"，冢、冒義同，謂注旄於干首。

頁碼	通假字	反切	中古聲母	中古韻	上古聲母	上古韻部
120	叧	古瓦切	見	馬（合口二等）	見	魚
	冒	莫報切	明	號（開口一等）	明	覺
	雺	呼骨切	曉	沒（合口一等）	曉	物
	蒙	莫紅切	明	東（合口一等）	明	東

曾侯乙簡 4："宮厩敝（令）尹所馭犖輂：臘輪，畫迟（轅），叧（冒）鑣（轄）。10："叧（冒）鑣（轄）。"叧，從曰，摹本從刀而向上穿出，而圖版的筆劃似乎並未穿透。該字看來與從"免"之字沒有關係，而無論是從"曰"聲還是從"刀"聲，都有可能讀爲"冒"。曾侯乙簡稱車書爲"雺（蒙）"，冒轄，車書上的銷釘。或者句讀爲"冒、轄"，指車書及車轄。

2. 覺—陽

覺部和陽部共通假 2 組。

頁碼	通假字	反切	中古聲母	中古韻	上古聲母	上古韻部
175	膚	甫無切	幫	虞（合口三等）	幫	魚
	蕪	武夫切	明	虞（合口三等）	明	魚
	芒	莫郎切	明	唐（開口一等）	明	陽
	蔦	冬毒切	端	沃（合口一等）	端	覺

包山簡 261："一縞衣，鍺膚之純，樊（纝）城（成）之純。"鍺膚，又作"結蕪""結芒""鹽蔦"，包山簡 263："……裹，結蕪之純，一秦

— 111 —

縞之紿（帛）裏，王綊（錦）之純。"信陽簡2—23："屯結芒之純。"包山簡267："一篝（乘）軒：絓（青）絹（絹）之（綎）；鹽萬之純；鹽萬之棘絹（絹）；鹽萬之綏（鞍）。"

頁碼	通假字	反切	中古聲母	中古韻	上古聲母	上古韻部
133	尣	力竹切	來	屋（合口三等）	來	覺
	堯	五聊切	疑	蕭（開口四等）	疑	宵
	相	息亮切	心	漾（開口三等）	心	陽

楚帛書乙9："四辰尣（堯）羊。"尣羊，猶"相羊"，連語也。《離騷》"聊逍遙以相羊"，洪興祖補注："相羊，猶徘徊也。"

第三節　冬部

在本書的研究範圍內，冬部通假共52組，其中同部通假23組，異部通假29組。在異部通假中，冬部與陰聲韻共通假5組，與入聲韻共通假0組，與陽聲韻共通假24組。

2.9　冬部通假情況匯總表

通假類型			通假數量		
同部通假		冬—冬	23		
異部通假	陰聲韻	冬—侯	2	5	52
		冬—魚	2		
		冬—之	1		
	陽聲韻	冬—東	10	29	
		冬—文	5	24	
		冬—真	3		
		冬—耕	2		

— 112 —

續表

通假類型			通假數量		
異部通假	陽聲韻	冬—侵	2		
		冬—談	1	24	29	52
		冬—元	1			

一　冬部的同部通假

冬部同部通假 23 組。

中忠　各冬　懺忡　躳躬　躬躳　農襛　降絳　豐鄷　豐豐　農戎
娀戎　沖中　仲中　冬中　終中　終冬　終各　中各　宋宗　忡忩　懺忩
終忩

二　冬部的異部通假

冬部異部通假 29 組。

（一）冬部和陰聲韻通假

2.10　冬部和陰聲韻通假數量表

	侯部	魚部	之部	合計
冬部	2	2	1	5

1. 冬—侯

冬部與侯部共通假 2 組。

頁碼	通假字	反切	中古聲母	中古韻	上古聲母	上古韻部
156	逾	羊朱切	餘	虞（合口三等）	餘	侯
	俞	羊朱切	餘	虞（合口三等）	餘	侯
	降	古巷切	見	絳（開口二等）	見	冬

郭店簡《老子》甲 19："天陞（地）相會也，曰（以）逾甘雺（露）。"逾，帛本甲、乙作"俞"，讀爲"逾"，下也。王本作"降"，乃異文。

2. 冬—魚

冬部與魚部共通假 2 組。

頁碼	通假字	反切	中古聲母	中古韻	上古聲母	上古韻部
008	中	陟弓切	知	東（合口三等）	端	冬
	沖	直弓切	澄	東（合口三等）	定	冬
	盅	公戶切	見	姥（合口一等）	見	魚

郭店簡《老子》乙14："大涅（盈）若中（盅）。"中，王本作"沖"，帛本甲作"盅"。盅，器虛也。

3. 冬—之

冬部與之部共通假1組，在第一章第一節"之—冬"中列舉。

（二）冬部和其他陽聲韻通假

2.11 冬部和其他陽聲韻通假數量表

	東部	文部	真部	耕部	侵部	談部	元部	合計
冬部	10	5	3	2	2	1	1	24

1. 冬—東

冬部與東部共通假10組。

頁碼	通假字	反切	中古聲母	中古韻	上古聲母	上古韻部
006	襡	昌容切	昌	鍾（合口三等）	昌	東
	彤	徒冬切	定	冬（合口一等）	定	冬
	幝	尺容切	昌	鍾（合口三等）	昌	東

曾侯乙簡25："哀裹所駁（馭）左襡轊（旆）。"39："柘四駁（馭）右襡展（殿）。"133："黃柫馭右襡轊（旆）。"襡，簡文又作"彤"，疑讀爲"幝"，《說文》："幝，陷陳車也。"

頁碼	通假字	反切	中古聲母	中古韻	上古聲母	上古韻部
010	衝	尺容切	昌	鍾（合口三等）	昌	東
	忩	徒冬切	定	冬（合口一等）	定	冬
	仲	敕中切	徹	東（合口三等）	透	冬
	懺	敕中切	徹	東（合口三等）	透	冬

第二章　幽、覺、冬三部通假關係研究

郭店簡《五行》12："不悥（仁）不聖，未見君子，惥（憂）心不能怣（忡）怣（忡）；既見君子，心不能墬（降）。"怣怣，連語，讀爲"忡忡"，帛書《五行》作"忡忡"。《詩·召南·草蟲》"未見君子，憂心忡忡"，鄭箋："在塗而憂，憂不當君子，無以寧父母，故心衝衝然。"此用聲訓釋"忡忡"。"忡忡"又作"懺懺"，《九歌·東皇太一》："思夫君兮太息，極勞心兮懺懺。"

頁碼	通假字	反切	中古聲母	中古韻	上古聲母	上古韻部
012	公	古紅切	見	東（合口一等）	見	東
	終	職戎切	章	東（合口三等）	章	冬

上博藏五《鬼神之明》3："遱（榮）孞（夷）公者，天下之酄（亂）人也，長年而叟（没）。"榮夷公，見《國語·周語》《史記·周本紀》。《墨子·所染》《吕氏春秋·當染》作"榮夷終"。

頁碼	通假字	反切	中古聲母	中古韻	上古聲母	上古韻部
010	冬	都宗切	端	冬（合口一等）	端	冬
	鍾	職容切	章	鍾（合口三等）	章	東

包山簡67："郯郵大宮（邑）屈旀、大佢尹頴（夏）句浩受昔（期）。"186："郯郵人靶（範）固。"郯郵，地名，待考。楚有地名"鍾吾"（《左傳》昭公二十七年），未知即此"郯郵"否。

頁碼	通假字	反切	中古聲母	中古韻	上古聲母	上古韻部
019	嵩	息弓切	心	東（合口三等）	心	冬
	崇	鋤弓切	崇	東（合口三等）	崇	冬
	縱	子用切	精	用（合口三等）	精	東

郭店簡《語叢三》15："遊悥，嗌（益）。嵩（縱）志，嗌（益）。才（存）心，嗌（益）。"嵩，同"崇"，"崇"之或字，讀爲"縱"。《淮南子·原道》："縱志舒節以馳大區。"

— 115 —

頁碼	通假字	反切	中古聲母	中古韻	上古聲母	上古韻部
053	贛	古送切	見	送（開口一等）	見	冬
	貢	古送切	見	送（開口一等）	見	東

葛陵簡甲一 24："☐〔樂〕之，百之，贛（貢）。舉（舉）禱於子西君戠牛，樂☐。"包山簡 244："贛之衣裳各三稱（稱）。"贛，祭名，讀爲"貢"。《荀子·正論》："日祭月祀時享（歲）貢。"上博藏三《魯邦大旱》3："出遇子贛。"又："子贛曰。"上博藏五《君子爲禮》11："子羽罰（問）於子贛（貢）曰。"《禮記·樂記》："子贛見師乙而問焉。"子贛，經史多作"子貢"。

2. 冬—文

冬部與文部共通假 5 組。

頁碼	通假字	反切	中古聲母	中古韻	上古聲母	上古韻部
357	身	余準切	餘	準（合口三等）	餘	文
	尹	余準切	餘	準（合口三等）	餘	文
	躬	居戎切	見	東（合口三等）	見	冬

郭店簡《緇衣》5："《尹（伊）誥（誥）》員（云）：隹（惟）尹（伊）身（尹）及湯，咸又（有）一悳（德）。"尹身（尹），上博藏一《緇衣》3 同，讀爲"伊尹"，今本作"伊躬"。"躬"有可能是"身"字之訛。

頁碼	通假字	反切	中古聲母	中古韻	上古聲母	上古韻部
010	蟲	直弓切	澄	東（合口三等）	定	冬
	蜫	古渾切	見	魂（合口一等）	見	文
	昆	古渾切	見	魂（合口一等）	見	文
	混	胡本切	匣	混（合口一等）	匣	文

郭店簡《老子》甲 21："又（有）牆（狀）蟲（混）成。"蟲，帛本甲、乙作"昆"，王本作"混"。"蟲"之讀"混"，屬於歧讀。或解爲"蜫"之繁形，讀爲"昆"或"混"。

— 116 —

3. 冬—真

冬部與真部共通假 3 組。

頁碼	通假字	反切	中古聲母	中古韻	上古聲母	上古韻部
013	躬	居戎切	見	東（合口三等）	見	冬
	窮			——		冬
	身	失人切	書	真（開口三等）	書	真

上博藏三《周易·艮》49："六四：艮丌（其）躬。六五：艮丌（其）頯（輔）。"躬，歧讀爲"身"。帛本作"窮"，今本作"身"。

頁碼	通假字	反切	中古聲母	中古韻	上古聲母	上古韻部
378	躬	居戎切	見	東（合口三等）	見	冬
	身	失人切	書	真（開口三等）	書	真

上博藏一《緇衣》19："〔其〕集大命于氐（是）身。"身，郭店簡《緇衣》37 同，今本作"躬"，乃異文。

4. 冬—耕

冬部與耕部共通假 2 組。

頁碼	通假字	反切	中古聲母	中古韻	上古聲母	上古韻部
008	中	陟弓切	知	東（合口三等）	端	冬
	情	疾盈切	從	清（開口三等）	從	耕
	静	疾郢切	從	静（開口三等）	從	耕

郭店簡《老子》甲 24："獸（守）中，篤（篤）也。"中，帛本甲作"情"，帛本乙、王本作"静"，乃異文。

5. 冬—侵

冬部與侵部共通假 2 組。

頁碼	通假字	反切	中古聲母	中古韻	上古聲母	上古韻部
036	今	居吟切	見	侵（開口三等）	見	侵
	躬	居戎切	見	東（合口三等）	見	冬

上博藏三《周易·蹇》35："六二：王臣訐訐（蹇蹇），非今之古（故）。"今，石經、今本作"躬"。

頁碼	通假字	反切	中古聲母	中古韻	上古聲母	上古韻部
013	宋	蘇統切	心	宋（合口一等）	心	冬
	南	那含切	泥	覃（開口一等）	泥	侵

郭店簡《緇衣》45："宋人又（有）言曰。"宋，上博藏一《緇衣》23同，今本作"南"，乃異文。

6. 冬—談

冬部與談部共通假1組。

頁碼	通假字	反切	中古聲母	中古韻	上古聲母	上古韻部
053	贛	古送切	見	送（開口一等）	見	冬
	坎	苦感切	溪	感（開口一等）	溪	談
	侃	空旱切	溪	旱（開口一等）	溪	元

上博藏六《用曰》17："曼曼柬柬，亓（其）頌（容）之怍。贛（坎）贛（坎）嚪（嚴）嚪（嚴），亓（其）自視之泊。"贛贛，猶"坎坎"、"侃侃"。20："又（有）贛（坎）贛（坎）之裕（谷），又（有）縸縸之□。"贛贛，猶"坎坎"。

7. 冬—元

冬部與元部共通假1組。

頁碼	通假字	反切	中古聲母	中古韻	上古聲母	上古韻部
053	贛	古送切	見	送（開口一等）	見	冬
	坎	苦感切	溪	感（開口一等）	溪	談
	侃	空旱切	溪	旱（開口一等）	溪	元

上博藏六《用曰》17："曼曼柬柬，亓（其）頌（容）之怍。贛（坎）贛（坎）嚪（嚴）嚪（嚴），亓（其）自視之泊。"贛贛，猶"坎坎"、"侃侃"。20："又（有）贛（坎）贛（坎）之裕（谷），又（有）縸縸之□。"贛贛，猶"坎坎"。

第三章 宵、藥兩部通假關係研究

第一節 宵部

在本書的研究範圍內，宵部通假共 203 組，其中同部通假 129 組，異部通假有 74 組。在異部通假中，宵部與陰聲韻共通假 25 組，與入聲韻共通假 44 組，與陽聲韻共通假 5 組。

3.1 宵部通假情況匯總表

通假類型			通假數量		
同部通假		宵—宵	129		
異部通假	陰聲韻	宵—幽	18	25	74
		宵—魚	3		
		宵—歌	2		203
		宵—侯	1		
		宵—脂	1		
	入聲韻	宵—藥	25	44	
		宵—覺	10		
		宵—月	7		
		宵—緝	1		

續表

通假類型			通假數量			
異部通假	入聲韻	宵—鐸	1	44	74	203
	陽聲韻	宵—耕	3	5		
		宵—陽	2			

一 宵部的同部通假

宵部同部通假 129 組。

効教　顥昊　教孝　校孝　繞遶　謠誂　袄宎　夭宎　妖夭　妖袄　校絞
夭袄　突迗　驍駅　囂嚻　櫂囂　枵囂　櫂嚻　焦燋　笑芙　橋轎　僑鐈
妙眇　絞郊　絞交　曒交　曒絞　交恔　交玟　勞裱　巢櫢　噪枭　謜枭
肖枭　躁趮　謜噪　肖勒　藻繰　表麃　敉毛　笔毛　旄毛　旄敉　笔敉
罞眊　靴韜　氈毛　旄耗　桃逃　旄罞　覒毤　苗毤　苗覒　韶卲　鄡貂
縞高　郊高　喬高　郊萵　縞纛　驕喬　驕喬　矯喬　驕驫　兆兆　兆兆
盜逃　廟苗　毇韜　眘教　眘效　要謠　儌孝　眘孝　謀要　標要　鑣麃
敖囂　敖鄡　敖嚻　熬燎　磝磝　劾交　骹交　珓骹　交洨　絞洨　曒洨
珓絞　絞狡　枭巢　趫枭　躁枭　勒枭　燥澡　鄥鄥　懆懆　藻藻　巢菓
鞘鞘　小少　兆麃　兆表　鑣枆　鑣氈　召卲　昭卲　卲惄　召惄　召詔
盜覒　高蒿　茭蒿　蒿鄡　獟縞　獟纛　珧逃　姚誂　橋喬　鎬喬　鐈喬
鎬褊　矯僑　桃兆　胇兆　胇桃　兆逃　佻逃　毇靴

二 宵部的異部通假

宵部異部通假 74 組。

（一）宵部和其他陰聲韻通假

3.2 宵部和其他陰聲韻通假數量表

	幽部	魚部	歌部	侯部	脂部	合計
宵部	18	3	2	1	1	25

第三章　宵、藥兩部通假關係研究

1. 宵—幽

宵部與幽部共通假 18 組，已在第二章第一節"幽—宵"中列舉。

2. 宵—魚

宵部與魚部共通假 3 組。

頁碼	通假字	反切	中古聲母	中古韻	上古聲母	上古韻部
173	虖	荒烏切	曉	模（合口一等）	曉	魚
	號	胡到切	匣	号（開口一等）	匣	宵

上博藏四《曹沫之陳》50："既戡（戰）返（復）豫，虖（號）命（令）於軍中。"虖，讀爲"號"。

頁碼	通假字	反切	中古聲母	中古韻	上古聲母	上古韻部
134	嚻	五刀切	曉	宵（開口三等）	曉	宵
	虛	去魚切	溪	魚（開口三等）	溪	魚

上博藏五《三德》16："攷（夺）民昔（時）㠯（以）水事，是胃（謂）洲（籓），甕（喪）忩（以）係（繼）樂，四方來嚻。"嚻，《吕氏春秋·上德》作"虛"。

頁碼	通假字	反切	中古聲母	中古韻	上古聲母	上古韻部
178	絞	古巧切	見	巧（開口二等）	見	宵
	黼	方矩切	幫	麌（合口三等）	幫	魚

上博藏五《鮑叔牙與隰朋之諫》7："有辒（司）祭備（服）毋絞（黼）。"絞讀爲"黼"。

3. 宵—歌

宵部與歌部共通假 2 組。

頁碼	通假字	反切	中古聲母	中古韻	上古聲母	上古韻部
137	鈔	楚交切	初	肴（開口二等）	初	宵
	沙	所加切	山	麻（開口二等）	山	歌
	紗	所加切	山	麻（開口二等）	山	歌

信陽簡 2—08："一鈔（紗）筶，羍（駢）綿之純。"包山簡 263："一金（錦）鈔（紗）；一痞（寢）筶（席），二俾筶（席）。"鈔，讀爲"沙"。《周禮·天官·内司服》"素沙"，鄭玄注："沙者，今之白縛也，六服皆袍制，以白縛爲裹，使之張顯。今世有沙縠者，名出於此。"沙或從糸作紗，《漢書·江充傳》"充衣紗縠襌衣"，師古注："紗縠，紡絲而織之也，輕者爲紗，縐者爲縠。"楚人用"沙"，或以之覆席，此即信陽簡"鈔席"之名；或以之懸壁作裝飾，《招魂》"紅壁沙版"，《大招》"沙堂秀只"是也。

4. 宵—侯

宵部與侯部共通假 1 組。

頁碼	通假字	反切	中古聲母	中古韻	上古聲母	上古韻部
136	枭	蘇到切	心	号（開口一等）	心	宵
	樸	山芻切	山	虞（合口三等）	山	侯

信陽簡 2—27："二居（倨）枭（樸）。"望山簡二 45："一房机（几），二居（倨）枭（樸），一有（盇）。"枭，讀爲"樸"，《儀禮·有司徹》"二手執桃匕方，以挹湆注於疏匕"，鄭玄注："此二匕者，皆有淺斗，狀如飯樸。"

5. 宵—脂

宵部與脂部共通假 1 組。

頁碼	通假字	反切	中古聲母	中古韻	上古聲母	上古韻部
265	妻	七稽切	清	齊（開口四等）	清	脂
	小	私兆切	心	小（開口三等）	心	宵

郭店簡《老子》甲 18："道亙（恆）亡（無）名，僕（樸）唯妻，天陛（地）弗敢臣。"妻，帛本乙、王本作"小"，乃異文。

第三章　宵、藥兩部通假關係研究

（二）宵部和入聲韻通假

3.3　宵部和入聲韻通假數量表

	藥部	覺部	月部	緝部	鐸部	合計
宵部	25	10	7	1	1	44

1. 宵—藥

宵部與藥部共通假 25 組。

頁碼	通假字	反切	中古聲母	中古韻	上古聲母	上古韻部
101	貌	莫教切	明	效（開口二等）	明	藥
	宙	眉召切	明	笑（開口三等）	明	宵

郭店簡《性自命出》63："行谷（欲）悳（惪）而必至，宙（貌）谷（欲）壯（莊）而毋果（拔），谷（欲）柔齊而泊，熹（喜）谷（欲）智而亡末。"宙，讀爲"貌"。

頁碼	通假字	反切	中古聲母	中古韻	上古聲母	上古韻部
139	襮	博沃切	幫	沃（開口一等）	幫	藥
	表	陂矯切	幫	小（開口三等）	幫	宵

上博藏三《彭祖》2："天埅（地）與人，若經與緯，若襮（表）與裏。"襮，原簡字形從糸襮聲，讀爲"表"，《吕氏春秋·忠廉》"臣请爲襮"，《新序·義勇》"襮"作"表"。

頁碼	通假字	反切	中古聲母	中古韻	上古聲母	上古韻部
140	悡	敕宵切	徹	宵（開口三等）	透	宵
	悡	—	—	—	—	宵
	帛	—	—	—	—	藥
	淖	奴教切	泥	效（開口二等）	泥	藥
	卓	竹角切	知	覺（開口二等）	端	藥
	卲	寔照切	禪	笑（開口三等）	禪	宵
	召	直照切	澄	笑（開口三等）	定	宵

— 123 —

包山簡226："大司馬悼（淖）齲（滑）迻（將）楚邦之帀（師）徒目（以）栽（救）郙之哉（歲）。"類似句例又見228、230、232、234、236、239、242、245、247。249："大司馬悍（卓）愲（滑）。"悍，讀爲"淖"，簡文又作"愍""郬"，典籍或作"卲""召""卓""淖"。《戰國策·楚策一》："且王嘗用滑於越而納句章。"又〈楚策四〉："齊明説卓滑以伐秦。"又〈趙策三〉："楚魏憎之，令淖滑、惠施之趙，請伐齊而存燕。"《韓非子·内儲説下六微》："干象曰：前時王使卲滑之越，五年而能亡越。"《史記·甘茂列傳》："王前嘗用召滑於越，而内行章義之難，越國亂，故楚南塞厲門而郡江東。"

頁碼	通假字	反切	中古聲母	中古韻	上古聲母	上古韻部
141	迶	都歷切	端	錫（開口四等）	端	藥
	刁	都聊切	端	蕭（開口四等）	端	宵

上博藏五《競建内之》10："或（又）目（以）豎（豎）迶（刁）舁（與）弍（易）酉（牙）爲相。"上博藏五《鮑叔牙與隰朋之諫》5："豎（豎）迶（刁）伋（匹）夫。"豎迶，人名，經史作"豎刁"，春秋時齊國人。

頁碼	通假字	反切	中古聲母	中古韻	上古聲母	上古韻部
141	矱	胡沃切	匣	沃（合口一等）	匣	藥
	矯	居夭切	見	小（開口三等）	見	宵

上博藏五《姑成家父》8："公愳（懼），乃命長魚矱（矯）▢。"9："長魚矱（矯）典（？）自公所敏（拘）人於百（白）鎁（狄）。"9："姑（苦）成豢（家）父専（捕）長魚矱（矯）。"10："弜（強）門大夫衕（率）目（以）睪（釋）長魚矱（矯）。"長魚矱，人名，《左傳》作"長魚矯"。

頁碼	通假字	反切	中古聲母	中古韻	上古聲母	上古韻部
144	趵	多嘯切	端	嘯（開口四等）	端	藥
	詔	之少切	章	笑（開口三等）	章	宵

第三章　宵、藥兩部通假關係研究

上博藏四《昭王毁室》2："尔必迲（止）少（小）人，少（小）人酒（將）訋寇（寇）。"又《昭王與龏之脾》7："君王至於定（正）冬，而被（披）裯衣，王訋而弁（舍）之祇裸（袍），龏（龔）之脾被之，亓（其）裧（襟）見。"訋，讀爲"詔"。

頁碼	通假字	反切	中古聲母	中古韻	上古聲母	上古韻部
144	訋	多嘯切	端	嘯（開口四等）	端	藥
	瑤	側絞切	莊	巧（開口二等）	莊	幽
	爪	側絞切	莊	巧（開口二等）	莊	幽
	轑	盧晧切	來	晧（開口一等）	來	宵

望山簡二 12："一紫箬（蓋），儲膚之裏，肙（絹）緅之純，白金之钯（葩）釣（瑤）。"仰天湖簡 4："☐☐金之釣，緌（緌）組之綟（筐）。"天星觀簡遣策："赤金之釣。"釣，讀爲"瑤"或"爪"，《文選・東京賦》："羽蓋葳蕤，葩瑤曲莖。"薛綜注："蔡邕《獨斷》曰：'凡乘輿車，皆羽蓋，金華爪。'爪與瑤同。"《說文》："瑤，車蓋玉瑤。"車蓋之"爪"，《釋名・釋車》稱爲"轑"。

頁碼	通假字	反切	中古聲母	中古韻	上古聲母	上古韻部
136	小	私兆切	心	小（開口三等）	心	宵
	削	息約切	心	藥（開口三等）	心	藥
	雀	即略切	精	藥（開口三等）	精	藥

天星觀簡遣策："二緄綏，小韋。"又："☐之綏，小韋。"又："小韋之昆綏。"小，曾侯乙簡作"削"，並讀爲"雀"，謂雀色。

頁碼	通假字	反切	中古聲母	中古韻	上古聲母	上古韻部
137	鈔	楚交切	初	肴（開口二等）	初	宵
	削	息約切	心	藥（開口三等）	心	藥

郭店簡《語叢四》22—23："君又（有）惎（謀）臣，則壤陞（地）不鈔（削）。"鈔，讀爲削。

頁碼	通假字	反切	中古聲母	中古韻	上古聲母	上古韻部
140	恕	敕宵切	徹	宵（開口三等）	透	宵
	悼	徒到切	定	号（開口一等）	定	藥

望山簡一1："軋（範）脿（獲）志㠯（以）愴豙（家）爲恕（悼）固貞。"3："☐㠯（以）少（小）筲（籌）爲恕（悼）固貞。"9："登道㠯（以）少（小）敞（籌）爲恕（悼）固貞。"10："丁巳之日，爲恕（悼）固遌（舉）禱柬大王、聖☐。"13、14、15、17、19、20、21、29、36："爲恕（悼）固貞。"88："聖（聲）王、恕（悼）既賽禱。"109："聖（聲）逗王、恕（悼）王各備（佩）玉一環。"110："聖（聲）王、恕（悼）王、東邸公各戠（特）牛。"111："聖王、恕（悼）王既☐。"恕，讀爲"悼"，恕王，《史記·楚世家》作"悼王"。

頁碼	通假字	反切	中古聲母	中古韻	上古聲母	上古韻部
211	白	傍陌切	並	陌（開口二等）	並	鐸
	酉	—	—	—	—	宵
	駁	北角切	幫	覺（開口二等）	幫	藥

葛陵簡甲三233："鄴（葉）少（小）司馬堕（陳）膴（無）𢓜㠯（以）白䨲（靈）爲君平夜君貞。"乙三20："☐白䨲爲坪〔夜君貞〕☐。"零370："☐白䨲。"白，葛陵簡甲三157："彭定㠯（以）酉（駁）䨲☐。"酉從"白"作，則"白䨲"有可能讀爲"駁靈"，讀如本音亦通。

頁碼	通假字	反切	中古聲母	中古韻	上古聲母	上古韻部
143	躁	則到切	精	晧（開口一等）	精	宵
	趠	敕角切	透	覺（開口二等）	透	藥
	喿	蘇到切	心	号（開口一等）	心	宵

上博藏一《性情論》35："凡甬（用）心之趠（躁）者，思爲甚。"趠，郭店簡《性自命出》42作"喿"（躁）。

第三章　宵、藥兩部通假關係研究

2. 宵—覺

宵部和覺部共通假 10 組，已在第二章第二節"覺—宵"中列舉。

3. 宵—月

宵部和月部共通假 7 組。

頁碼	通假字	反切	中古聲母	中古韻	上古聲母	上古韻部
138	厲	力制切	來	祭（開口三等）	來	月
	貌	莫教切	明	效（開口二等）	明	宵

郭店簡《語叢四》27："視厲（貌）而内（入）。"厲，讀爲"貌"。

頁碼	通假字	反切	中古聲母	中古韻	上古聲母	上古韻部
298	逑	舒芮切	書	祭（合口三等）	書	月
	絩	他弔切	透	嘯（開口四等）	透	宵
	脱	他括切	透	末（合口一等）	透	月

郭店簡《性自命出》46："人之逑（脱）肰（然）可與和安者，不又（有）夫愭（奮）迮（作）之青（情）則悉（瞀）。"逑，讀爲"脱"，舒遲也。或以爲讀爲"悦"。上博藏一《性情論》38 作"絩"，絩，讀爲"陶"，陶然也。陶、脱雙聲。

頁碼	通假字	反切	中古聲母	中古韻	上古聲母	上古韻部
301	轎	—	—	—	—	宵
	橇	此芮切	清	祭（合口三等）	清	月
	橋	起囂切	溪	宵（開口三等）	溪	宵

信陽簡 2—4："一乘良轎，二乘縢逗（？）轉。"轎，經史作"橇"，即泥行工具"橋"。《史記·河渠書》"陸行載車，水行載舟，泥行蹈橇，山行即橋"，《索隱》："橇字亦作'橋'，同音昌芮反。"《漢書·溝洫志》引《夏書》"陸行載車，水行乘舟，泥行乘橇，山行則桐"，孟康注："橇形如箕，擿行泥上。"如淳注："橇音茅蕝之蕝。謂以板置泥上以通行路也。"

◆◇◆ 戰國楚簡帛韻部親疏關係研究

頁碼	通假字	反切	中古聲母	中古韻	上古聲母	上古韻部
143	誂	徒了切	定	篠（開口四等）	定	宵
	絩	他弔切	透	嘯（開口四等）	透	宵
	脱	他括切	透	末（合口一等）	透	月

上博藏二《從政》甲 10："從正（政）所亡（務）三，敬，誂，信。信則得衆，誂則遠戾，遠戾所㠯（以）☐。"誂，用與《性情論》38"絩"同，讀爲"脱"，《淮南子・精神》"則脱然而喜矣"，注："舒也"。

4. 宵—緝

宵部和緝部共通假 1 組。

頁碼	通假字	反切	中古聲母	中古韻	上古聲母	上古韻部
116	雥	徂合切	從	合（開口一等）	從	緝
	焦	即消切	精	宵（開口三等）	精	宵

包山簡 182："郊人雥只。"雥，姓氏，疑讀爲"焦"。

5. 宵—鐸

宵部和鐸部共通假 1 組。

頁碼	通假字	反切	中古聲母	中古韻	上古聲母	上古韻部
211	白	傍陌切	並	陌（開口二等）	並	鐸
	囟	—				宵
	駁	北角切	幫	覺（開口二等）	幫	藥

葛陵簡甲三 233："鄴（葉）少（小）司馬墜（陳）赢（無）憼㠯（以）白需（靈）爲君平夜君貞。"乙三 20："☐白需爲坪〔夜君貞〕☐。"零 370："☐白需☐。"白，葛陵簡甲三 157："彭定㠯（以）囟（駁）需☐。"囟從"白"作，則"白需"有可能讀爲"駁靈"，讀如本音亦通。

— 128 —

（三）宵部和陽聲韻通假

3.4　宵部和陽聲韻通假數量表

	耕部	陽部	合計
宵部	3	2	5

1. 宵—耕

宵部與耕部共通假3組。

頁碼	通假字	反切	中古聲母	中古韻	上古聲母	上古韻部
391	型	戶經切	匣	青（開口四等）	匣	耕
	刑	戶經切	匣	青（開口四等）	匣	耕
	形	戶經切	匣	青（開口四等）	匣	耕
	較	古孝切	見	效（開口二等）	見	宵

郭店簡《老子》甲16："長耑（短）之相型（形）也。"型，帛本乙作"刑"，讀爲"形"。王本作"較"，乃義近異文。

2. 宵—陽

宵部與陽部共通假2組。

頁碼	通假字	反切	中古聲母	中古韻	上古聲母	上古韻部
407	央	於良切	影	陽（開口三等）	影	陽
	瑤	餘昭切	餘	宵（開口三等）	餘	宵

上博藏二《子羔》11："遊於央（瑤）臺（臺）之上。"央，讀爲"瑤"。《離騷》："望瑤臺之偃蹇兮，見有娀之佚女。"

頁碼	通假字	反切	中古聲母	中古韻	上古聲母	上古韻部
133	宍	力竹切	來	屋（合口三等）	來	覺
	堯	五聊切	疑	蕭（開口四等）	疑	宵
	相	息亮切	心	漾（開口四等）	心	陽

楚帛書乙9："四辰宍（堯）羊。"宍羊，猶"相羊"，連語也。《離

騷》"聊逍遥以相羊"，洪興祖補注："相羊，猶徘徊也。"

第二節 藥部

在本書的研究範圍內，藥部通假共 55 組，其中同部通假 20 組，異部通假 35 組。在異部通假中，藥部與陰聲韻共通假 29 組，與入聲韻共通假 4 組，與陽聲韻共通假 2 組。

3.5 藥部通假情況匯總表

通假類型			通假數量	
同部通假		藥—藥	20	
異部通假	陰聲韻	藥—宵	25	29
		藥—幽	2	
		藥—支	1	
		藥—歌	1	
	入聲韻	藥—月	2	4
		藥—鐸	1	
		藥—錫	1	
	陽聲韻	藥—元	2	2
				55

一 藥部的同部通假

藥部同部通假 20 組。

玺弔 妾昏 爵雀 爵雀 筲雀 筲爵 耀翟 耀耀 翟耀 樂藥 虇翟
弱休 卓淖 訩勺 約訩 濯酌 龠酌 龠濯 豹虩 削雀

二 藥部的異部通假

藥部異部通假 35 組。

（一）藥部和陰聲韻通假

3.6　藥部和陰聲韻通假數量表

	宵部	幽部	支部	歌部	合計
藥部	25	2	1	1	29

1. 藥—宵

藥部與宵部共通假 25 組，已在第三章第一節"宵—藥"中列舉。

2. 藥—幽

藥部和幽部共通假 2 組，已在第二章第一節"幽—藥"中列舉。

3. 藥—支

藥部和支部共通假 1 組。

頁碼	通假字	反切	中古聲母	中古韻	上古聲母	上古韻部
226	翟	都教切	知	效（開口二等）	端	藥
	羅	魯何切	來	歌（開口一等）	來	歌
	麗	郎計切	來	霽（開口四等）	來	支

上博藏六《天子建州》甲 4："必中青（情）㠯（以）翟（羅、麗）於勿（物），幾殺而邦正。"羅，同"翟"，讀爲"麗"，偶也。

4. 藥—歌

藥部和歌部共通假 1 組。

頁碼	通假字	反切	中古聲母	中古韻	上古聲母	上古韻部
226	翟	都教切	知	效（開口二等）	端	藥
	羅	魯何切	來	歌（開口一等）	來	歌
	麗	郎計切	來	霽（開口四等）	來	支

上博藏六《天子建州》甲 4："必中青（情）㠯（以）翟（羅、麗）於勿（物），幾殺而邦正。"羅，同"翟"，讀爲"麗"，偶也。

（二）藥部和其他入聲韻通假

3.7 藥部和其他入聲韻通假數量表

	月部	鐸部	錫部	合計
藥部	2	1	1	4

1. 藥—月

藥部與月部共通假 2 組。

頁碼	通假字	反切	中古聲母	中古韻	上古聲母	上古韻部
145	雀	即略切	精	藥（開口三等）	精	藥
	叕	昨結切	從	屑（開口四等）	從	月
	截	昨結切	從	屑（開口四等）	從	月

郭店簡《太一生水》9："天道貴溺（弱），雀（叕）成者，呂（以）益生者。"雀，讀爲"叕"，字或作"截"。

2. 藥—鐸

藥部與鐸部共通假 1 組。

頁碼	通假字	反切	中古聲母	中古韻	上古聲母	上古韻部
211	白	傍陌切	並	陌（開口二等）	並	鐸
	皀	—				宵
	駁	北角切	幫	覺（開口二等）	幫	藥

葛陵簡甲三 233："鄴（葉）少（小）司馬墜（陳）賸（無）惄呂（以）白需（靈）爲君平夜君貞。"乙三 20："囗白蠹爲坪〔夜君貞〕囗。"零 370："囗白蠹。"白，葛陵簡甲三 157："彭定呂（以）皀（駁）蠹囗。" 皀從"白"作，則"白需"有可能讀爲"駁靈"，讀如本音亦通。

3. 藥—錫

藥部與錫部共通假 1 組。

第三章　宵、藥兩部通假關係研究

頁碼	通假字	反切	中古聲母	中古韻	上古聲母	上古韻部
248	鄢	狼狄切	來	錫（開口四等）	來	錫
	櫟	郎擊切	來	錫（開口四等）	來	藥

包山簡 110："鄢連囂（敖）競（景）慢、攻尹賠、波尹宜爲鄢貣（貸）邰異之黃金七益弖（以）翟（糴）種。"118："鄢連囂（敖）競（景）恭、攻尹䜌（舒）賠爲鄢貣（貸）邰異之金六益。"168："鄢人秦赤。"鄢，地名，讀爲"櫟"。《左傳》昭公四年"吳伐楚，入棘、櫟、麻"，杜預注："棘、櫟、麻皆楚東鄙邑。譙國鄼縣東北有棘亭，汝陰新蔡縣東北有櫟亭。"1974年河南扶溝曾出土楚金幣"鄢禹"一快，該金幣即鑄於鄢地。

（三）藥部和陽聲韻通假

藥部和陽聲韻共通假 2 組，皆是與元部通假。

頁碼	通假字	反切	中古聲母	中古韻	上古聲母	上古韻部
323	箮	古丸切	見	桓（合口一等）	見	元
	萑	古玩切	見	換（合口一等）	見	元
	籥	以灼切	餘	藥（開口三等）	餘	藥

郭店簡《老子》甲23："天埅（地）之勿（間），丌（其）猷（猶）囝（橐）箮與？虛而不屈，達（動）而愈出。"箮，讀爲"管"，古冶煉鼓風之橐（風箱），以牛皮爲之，內置竹管以送風，"箮"即送風之竹管。馬王堆漢墓帛書《十六經·前道》133下："道有源而無端，用者實，弗用者萑。""萑"者，虛也，用與"箮"同。其字帛書《老子》甲、乙，王本作"籥"，乃異文。

第四章 侯、屋、東三部通假關係研究

第一節 侯部

在本書的研究範圍內，侯部通假共 207 組，其中侯部同部通假 139 組，異部通假 68 組。在異部通假中，侯部與陰聲韻共通假 46 組，與入聲韻共通假 9 組，與陽聲韻共通假 13 組。

4.1 侯部通假情況匯總表

通假類型			通假數量		
同部通假		侯—侯	139		
異部通假	陰聲韻	侯—魚	23	46	
		侯—之	12		
		侯—歌	5		68
		侯—幽	4		
		侯—宵	1		
		侯—脂	1		
	入聲韻	侯—屋	3	9	
		侯—鐸	3		
		侯—質	1		

第四章 侯、屋、東三部通假關係研究

續表

通假類型			通假數量		
異部通假	入聲韻	侯—物	1	9	207
		侯—覺	1		
	陽聲韻	侯—元	10	13	
		侯—冬	2		
		侯—東	1		
				68	

一　侯部的同部通假

侯部同部通假 139 組。

侯矦	矦郈	侯郈	後逡	後后	腰婁	屢婁	僂婁	漏縷	屢縷
桓豆	豆荳	佝誋	拘句	苟句	鉤句	笱句	耇句	狗句	拘敂
沽殳	屢漏	狗敂	姤敂	句敂	遘敂	拘枸	姤狗	遘狗	遘姤
遘句	駒枸	霧雺	耇狗	苟狗	冓媾	訽詢	覯鉤	句郈	區迎
瓶銖	朱銖	主宝	殳投	喻俞	渝俞	諭俞	俞逾	逾敻	俞愈
愉愈	輸愈	諭愈	瑜愈	輸渝	渝諭	隅禺	愚禺	遇禺	愚遇
耦堣	偶堣	耦遇	俱具	鬚須	繻需	娶取	趣取	趨趣	趣逴
俯府	拊柎	務孞	務敄	霧雺	屢句	漏句	屢婁	數婁	屢縷
樹桓	柱桓	樹查	廚脰	數誋	誅誋	豎佝	誅敂	注敂	敂扣
后句	後句	叩句	笱後	扣鉤	詢鉤	拘絇	句絇	悉戀	厚敂
厚冋	勏疛	厚佝	冓佝	媾冓	冓厚	媾厚	覯詢	銖朱	悉臵
俞遇	毆驅	儒需	襦需	濡需	繻襦	駆取	驟聚	數聚	緇緅
緇緅	剖坿	鮒付	濡雺	濡霧	務孞	侮悉			

二　侯部的異部通假

侯部異部通假 68 組。

（一）侯部和其他陰聲韻通假

4.2 侯部和其他陰聲韻通假數量表

	魚部	之部	歌部	幽部	宵部	脂部	合計
侯部	23	12	5	4	1	1	46

1. 侯—魚

侯部與魚部共通假 23 組。

頁碼	通假字	反切	中古聲母	中古韻	上古聲母	上古韻部
170	御	牛倨切	疑	御（合口三等）	疑	魚
	馭		—	—		魚
	駿		—	—		魚
	騣		—	—		魚
	驅	豈俱切	溪	虞（合口三等）	溪	侯
	馭	牛倨切	疑	御（合口三等）	疑	魚

包山簡 138："鄒人御君子陳旦、陳龍、陳無正、陳巽。"御，使馬也，古文作"馭"，簡文又作"馭""駿""騣""驅"。

頁碼	通假字	反切	中古聲母	中古韻	上古聲母	上古韻部
175	膚	甫無切	幫	虞（合口三等）	幫	魚
	附	符遇切	並	遇（合口三等）	並	侯

上博藏二《從政》乙 2："不膚（附）纑嬴（累）亞（惡），則民不悁（怨）。"膚，讀爲"附"，《漢書·諸侯王表》："設附益之法。"

頁碼	通假字	反切	中古聲母	中古韻	上古聲母	上古韻部
185	䱻	戶吳切	匣	模（合口一等）	匣	魚
	䱻		—	—		魚
	䲔	居侯切	見	侯（開口一等）	見	侯

葛陵簡甲三 215："盬（鹽）痁㠯（以）䱻蕭（靈）爲坪夜君貞。"葛陵簡甲三 115："盬痁㠯（以）䱻䵻（靈）爲坪夜君［貞］。"䱻，簡文又作"䱻"，

第四章　侯、屋、東三部通假關係研究

讀爲"䡅"。

頁碼	通假字	反切	中古聲母	中古韻	上古聲母	上古韻部
152	扣	苦候切	溪	候（開口一等）	溪	侯
	敂	古厚切	見	厚（開口一等）	見	侯
	搏	補各切	幫	鐸（開口一等）	幫	鐸
	捕	薄故切	並	暮（合口一等）	並	魚

郭店簡《老子》甲33："攫鳥猷（猛）獸弗扣。"扣，讀爲"敂"，《説文》："擊也。"其字帛本甲36、王本作"搏"，乙191作"捕"。

頁碼	通假字	反切	中古聲母	中古韻	上古聲母	上古韻部
153	枸	古侯切	見	侯（開口一等）	見	侯
	駒	舉朱切	見	虞（合口三等）	見	侯
	拘	舉朱切	見	虞（合口三等）	見	侯
	瞿	其俱切	群	虞（合口三等）	群	魚
	欋	其俱切	群	虞（合口三等）	群	魚

上博藏五《三德》21："枸株返（覆）車。"枸株，典籍又作"株拘""株駒""株瞿"，"瞿"又作"欋"。株，樹樁。枸，根盤錯貌。《莊子·達生》："吾處身也，若厥株拘；吾執臂也，若槁木之枝。"《列子·黃帝》："若橛株駒。"《易林》"蒙生株瞿，棘掛我鬚。"《山海經·海内經》"名曰建木，百仞無枝，有九欘，下有九枸"，注："根槃錯也。《淮南子》曰：木大則根欋，音劬。"

頁碼	通假字	反切	中古聲母	中古韻	上古聲母	上古韻部
157	遇	牛具切	疑	遇（合口三等）	疑	侯
	寓	王矩切	匣	虞（合口三等）	匣	魚
	宇	王矩切	匣	虞（合口三等）	匣	魚

九店簡56—45："凡桿（植）垣，豉（樹）邦，作邑之遇（寓），盍（蓋）西南之遇（寓），君子尻（処）之，幽悇（疑）不出。"46："盍（蓋）西

— 137 —

北之遇（寓），芒（亡）倀（長）子。"55："盍（蓋）東南之遇（寓），日吕（以）尻（处），必又（有）□□出□。"56："□□不竺（築）東北之遇（寓），西南之□。"遇，讀爲"寓"，睡虎地秦簡《日書》作"宇"。

頁碼	通假字	反切	中古聲母	中古韻	上古聲母	上古韻部
157	堣	遇俱切	疑	虞（合口三等）	疑	侯
	寓	王矩切	匣	虞（合口三等）	匣	魚

九店簡 56—28："吕（以）堣（寓）人，攼（奪）之室。"堣，讀爲"寓"，寄也。

頁碼	通假字	反切	中古聲母	中古韻	上古聲母	上古韻部
158	須	相俞切	心	虞（合口三等）	心	侯
	寡	古瓦切	見	馬（合口二等）	見	魚

郭店簡《老子》甲 2："少厶（私）須欲。"須，帛本甲殘，乙、王本作"寡"，乃異文。

頁碼	通假字	反切	中古聲母	中古韻	上古聲母	上古韻部
159	付	方遇切	幫	遇（合口三等）	幫	侯
	伓		——			侯
	扶	防無切	並	虞（合口三等）	並	魚

包山簡 34："伓嬰之閈（關）敆（合）公周童（重）耳受甘（期），己丑之日不逞（詳）伓嬰之閈（關）人周攼、周琜（瑶）吕（以）廷，阩門又敗。"伓嬰，簡文又作"付嬰"，讀爲"扶予"。

頁碼	通假字	反切	中古聲母	中古韻	上古聲母	上古韻部
211	蔓	胡陌切	匣	陌（開口二等）	匣	鐸
	苻	防無切	並	虞（合口三等）	並	侯
	虎	防無切	並	虞（合口三等）	並	魚

包山簡 258："蔓茈二箕。"同墓出土二件竹笥之簽牌（標本 2:52.2、

第四章　侯、屋、東三部通假關係研究

2:188.1）俱作"苻苉"，竹笥内盛有菂薺。《爾雅·釋草》作"鳧苉"。

2. 侯—之

侯部與之部共通假12組，已在第一章第一節"之—侯"中列舉。

3. 侯—歌

侯部與歌部共通假5組。

頁碼	通假字	反切	中古聲母	中古韻	上古聲母	上古韻部
208	蓏	郎果切	來	果（合口一等）	來	歌
	藕	五口切	疑	厚（開口一等）	疑	侯

包山簡258："蓏（藕）一笲。"蓏，讀爲"藕"，《說文》作"䔖"。包山二號墓出土竹笥（標本2:59.2）之簽牌字亦作"蓏"，該竹笥内盛有蓮藕六節。

頁碼	通假字	反切	中古聲母	中古韻	上古聲母	上古韻部
208	蓏	郎果切	來	果（合口一等）	來	歌
	遇	牛具切	疑	遇（合口三等）	疑	侯

上博藏六《平王與王子木》1："競（景）坪（平）王命王子木迈（蹠）城父，迲（過）緐（申），䁠飤（食）於䊪（㹥）寬（莧）。成公䐧（乾）蓏（遇），跪（？）於薵（疇）中，王子䫹（問）城（成）公：此可（何）？"蓏，讀爲"遇"。《說苑·辨物》："王子建出守于城父，與成公乾遇於疇中。"

頁碼	通假字	反切	中古聲母	中古韻	上古聲母	上古韻部
149	婁	落侯切	來	侯（開口一等）	來	侯
	膢	力朱切	來	虞（合口三等）	來	侯
	儺	諾何切	泥	歌（開口一等）	泥	歌

楚帛書乙6："是月㠯（以）婁（膢），厭（厭）爲之正。"婁，讀爲"膢"，《說文》："膢，楚俗以二月祭飲食也。"又稱爲"儺"。

— 139 —

頁碼	通假字	反切	中古聲母	中古韻	上古聲母	上古韻部
150	逗	徒侯切	定	侯（開口一等）	定	侯
	瑞	是偽切	禪	寘（合口三等）	禪	歌
	偳	多官切	端	桓（合口一等）	端	元

葛陵簡甲三 182："☐司馬蚘逗於鐥。"包山簡 219："甲寅之日，逗於邔昜（陽）。"上博藏四《柬大王泊旱》15："楩（相）屌、中衾（舍）與五連少（小）子及龍（寵）臣皆逗，母（毋）敢埶（執）箂（藻）籲（筵）。"逗，讀爲"瑞"，《周禮·春官·大祝》："五曰瑞祝。"包山簡 24："邔司馬豫（豫）之州加公李逗、里公隋得受甘（期）。"逗，簡 22 作"瑞"，簡 30 作"偳"。

4. 侯—幽

侯部與幽部共通假 4 組，已在第二章第一節"幽—侯"中列舉。

5. 侯—宵

侯部與宵部共通假 1 組，已在第三章第一節"宵—侯"中列舉。

6. 侯—脂

侯部與脂部共通假 1 組。

頁碼	通假字	反切	中古聲母	中古韻	上古聲母	上古韻部
112	孟	亡遇切	明	遇（合口三等）	明	侯
	夷	以脂切	餘	脂（開口三等）	餘	脂

上博藏五《鬼神之明》3："䢍（榮）孟（夷）公者，天下之鬩（亂）人也，長年而殁（没）。"孟，讀爲"夷"。榮夷公，見《國語·周語》《史記·周本紀》，《墨子·所染》《呂氏春秋·當染》作"榮夷終"。

（二）侯部和入聲韻通假

4.3 侯部和入聲韻通假數量表

	屋部	鐸部	質部	物部	覺部	合計
侯部	3	3	1	1	1	9

第四章 侯、屋、東三部通假關係研究

1. 侯—屋

侯部與屋部共通假 3 組。

頁碼	通假字	反切	中古聲母	中古韻	上古聲母	上古韻部
149	豆	田候切	定	候（開口一等）	定	侯
	屬	之欲切	章	燭（合口三等）	章	屋

郭店簡《老子》甲 2："三言曰（以）爲貞（史），不足或（有）命（令）之，或（有）虖（乎）豆（屬）。"豆，帛本、王本作"屬"。

頁碼	通假字	反切	中古聲母	中古韻	上古聲母	上古韻部
150	諈	都豆切	端	候（開口一等）	端	侯
	屬	之欲切	章	燭（合口三等）	章	屋

包山簡 15："儥（僕）曰（以）告君王，君王諈（屬）儥（僕）於子左尹，子左尹諈（屬）之新佸（造）辻尹丹，命爲儥（僕）至（致）典。"九店簡 56—16："凡坪日，秒（利）曰（以）祭祀、和人民、諈（屬）事。"諈，讀爲"屬"。

頁碼	通假字	反切	中古聲母	中古韻	上古聲母	上古韻部
159	偪	符遇切	並	遇（合口三等）	並	侯
	僕	蒲木切	並	屋（合口一等）	並	屋

包山簡 135 反："鄢之戰客或（又）埶（執）偪（僕）之䶂（兄）勁，而舊（久）不爲剬（斷）。"偪，從臣，付聲，讀爲"僕"。

2. 侯—鐸

侯部與鐸部共通假 3 組。

頁碼	通假字	反切	中古聲母	中古韻	上古聲母	上古韻部
211	蒦	胡陌切	匣	陌（開口二等）	匣	鐸
	苻	防無切	並	虞（合口三等）	並	侯
	尳	防無切	並	虞（合口三等）	並	魚

包山簡 258："蔓苀二筥。"同墓出土二件竹筥之簽牌（標本 2:52.2、2:188.1）俱作"苻苀"，竹筥內盛有蓢薺。《爾雅·釋草》作"梟苀"。

頁碼	通假字	反切	中古聲母	中古韻	上古聲母	上古韻部
152	扣	苦候切	溪	候（開口一等）	溪	侯
	敂	古厚切	見	厚（開口一等）	見	侯
	搏	補各切	幫	鐸（開口一等）	幫	鐸
	捕	薄故切	並	暮（合口一等）	並	魚

郭店簡《老子》甲 33："攫鳥猷（猛）獸弗扣。"扣，讀爲"敂"，《説文》："擊也。"其字帛本甲 36、王本作"搏"，乙 191 作"捕"。

3. 侯—質

侯部與質部共通假 1 組。

頁碼	通假字	反切	中古聲母	中古韻	上古聲母	上古韻部
070	腜	孚武切	滂	虞（合口三等）	滂	侯
	姬	居之切	見	之（開口三等）	見	之
	戛	古黠切	見	黠（開口二等）	見	質

葛陵簡甲三 266："腜與良志㠯（以）陵尹懌之髀髀爲君貞。"包山簡 224，又 225："攻尹之䩛（攻）埶（執）事人腜（姬）惥（舉）、壐（衛）桉。"郭店簡《成之聞之》38："不還大腜（戛）。"腜，今本《尚書·康誥》作"不率大戛"。腜爲臣之異構，作爲姓氏，讀爲姬。

4. 侯—物

侯部與物部共通假 1 組。

頁碼	通假字	反切	中古聲母	中古韻	上古聲母	上古韻部
283	詘	區勿切	溪	物（合口三等）	溪	物
	區	豈俱切	溪	虞（合口三等）	溪	侯

郭店簡《性自命出》46："人之巧言利詞者，不有夫詘詘之心則瀧（流）。"詘詘猶"區區"，"詘"讀區勿切，詘、區雙聲。區區，小也，

—142—

"詘詘之心"蓋謂自小之心，亦即謙虛謹慎之心。

5. 侯—覺

侯部與覺部共通假 1 組，已在第二章第二節"覺—侯"中列舉。

（三）侯部和陽聲韻通假

4.4 侯部和陽聲韻通假數量表

	元部	冬部	東部	合計
侯部	10	2	1	13

1. 侯—元

侯部與元部共通假 10 組。

頁碼	通假字	反切	中古聲母	中古韻	上古聲母	上古韻部
150	詎	都豆切	端	候（開口一等）	端	侯
	短	都管切	端	緩（合口一等）	端	元
	佢	當侯切	端	候（開口一等）	端	侯

信陽簡 2—02："一兩詎縷（屨）。"詎，讀爲"短"，簡文又作"佢"。

頁碼	通假字	反切	中古聲母	中古韻	上古聲母	上古韻部
338	瑞	是偽切	禪	寘（合口三等）	禪	歌
	偒	多官切	端	桓（合口一等）	端	元
	逗	徒候切	定	候（開口一等）	定	侯

包山簡 22："邵（鄴）司馬之州加公李瑞。"李瑞，簡 30 作"李偒"、簡 24 作"李逗"。

頁碼	通假字	反切	中古聲母	中古韻	上古聲母	上古韻部
150	桓	徒候切	定	候（開口一等）	定	侯
	短	都管切	端	緩（合口一等）	端	元

上博藏三《彭祖》8："毋畋（逐）賵（富），毋舸（訶）臥（賢），毋向桓（短）。"向，向背之"向"，桓，讀爲"短"。

頁碼	通假字	反切	中古聲母	中古韻	上古聲母	上古韻部
156	愈	以主切	餘	虞（合口三等）	餘	侯
	勉	亡辨切	明	獮（開口三等）	明	元

上博藏六《景公瘧》11："丌（其）左右相弘（頌）自善曰：盍（蓋）必死愈爲樂虖（乎）？"《晏子春秋·卷一·內篇諫上第一》"景公信用讒佞賞罰失中晏子諫第八"："今與左右相說頌也，曰：比死者勉爲樂乎！"愈、勉。意近異文。

頁碼	通假字	反切	中古聲母	中古韻	上古聲母	上古韻部
157	須	相俞切	心	虞（合口三等）	心	侯
	觀	古丸切	見	桓（合口一等）	見	元

郭店簡《老子》甲 24："居言（以）須返（復）也。"須，帛本甲、乙，王本作"觀"，乃異文。

頁碼	通假字	反切	中古聲母	中古韻	上古聲母	上古韻部
324	孺	人朱切	日	虞（合口三等）	日	侯
	安	烏寒切	影	寒（開口一等）	影	元
	怨	於阮切	影	阮（合口三等）	影	元

九店簡 56—22 上："葡於亥，敔於子。"56—23 下："凡葡日，可呂（以）爲少（小）扛（功）。"葡，《日書》日值名，睡虎地秦簡《日書》730 作"孺"，897 作"安"，909 作"怨"。

頁碼	通假字	反切	中古聲母	中古韻	上古聲母	上古韻部
351	圝	郎段切	來	換（合口一等）	來	元
	乳	而主切	日	虞（合口三等）	日	侯
	亂	郎段切	來	換（合口一等）	來	元

上博藏三《周易·萃》42："初六：又（有）孚不冬（終），乃圝（亂）迺嘩（萃）。"圝，帛本作"乳"，今本作"亂"。"乳"乃"亂"之俗訛字。

第四章　侯、屋、東三部通假關係研究

2. 侯—冬

侯部與冬部共通假 2 組，已在第二章第三節"冬—侯"中列舉。

3. 侯—東

侯部與東部共通假 1 組。

頁碼	通假字	反切	中古聲母	中古韻	上古聲母	上古韻部
012	項	胡講切	匣	講（開口二等）	匣	東
	頓	思于切	心	虞（合口三等）	心	侯

望山簡二 12："☐需光之童（幢），緌（緌）纂項。"13："需光之童（幢），緌（緌）纂項。"包山竹牘 1："繙芋結項，告紙。"項，簡文又作"頓"。"結項""纂項"皆謂馬項下之結緌。《儀禮·士冠禮》"賓右手執項"，注："項，結緌也。"

第二節　屋部

在本書的研究範圍內，屋部通假共 88 組，其中同部通假 61 組，異部通假 27 組。在異部通假中，屋部與陰聲韻共通假 12 組，與入聲韻共通假 9 組，與陽聲韻共通假 6 組。

4.5　屋部通假情況匯總表

通假類型			通假數量		
同部通假		屋—屋	61		
異部通假	陰聲韻	屋—歌	4		
		屋—侯	3	12	27	88
		屋—微	2		
		屋—幽	2		

續表

通假類型			通假數量		
異部通假	陰聲韻	屋—魚	1	12	88
	入聲韻	屋—月	3	9	
		屋—物	3		
		屋—覺	1		
		屋—鐸	1		
		屋—葉	1		
	陽聲韻	屋—東	3	6	
		屋—陽	1		
		屋—真	1		
		屋—文	1		

一　屋部的同部通假

屋部同部通假 61 組。

祿彔　綠彔　促綾　麓鏊　鹿廊　僕儥　欲慾　鵠雒　欲雒　握渥
屋渥　屋握　穀穀　玉紅　屬蜀　觸隼　屬襡　僞襡　耨褥　屬翟　鬏辱
璞仆　仆卜　蹼美　赴僕　剝儥　握儥　樸儥　剝僕　樸握　樸璞　纔鏷
襥鏷　襥纔　俗谷　欲谷　谷浴　瀆浴　俗浴　谷瀆　渥斛　握斛　屋斛
祿穀　祿穀　獨蜀　躅蜀　躑蜀　蹾蜀　躅屬　躑屬　蹾屬　蹾躅　蹾躅
蹾躅　繳褥　繳僞　琢諑　足族　握捉

二　屋部的異部通假

屋部異部通假 27 組。

（一）屋部和陰聲韻通假

4.6　屋部和陰聲韻通假數量表

	歌部	侯部	微部	幽部	魚部	合計
屋部	4	3	2	2	1	12

第四章　侯、屋、東三部通假關係研究

1. 屋—歌

屋部與歌部共通假 4 組。

頁碼	通假字	反切	中古聲母	中古韻	上古聲母	上古韻部
223	渦	古禾切	見	戈（合口一等）	見	歌
	濄	古禾切	見	戈（合口一等）	見	歌
	浴	余蜀切	餘	燭（合口三等）	餘	屋
	谷	古禄切	見	屋（合口一等）	見	屋

郭店簡《老子》甲 2："江海（海）所㠯（以）爲百渦王，㠯（以）丌（其）能爲百渦下，是㠯（以）能爲百渦王。"渦，或作"濄"，帛本甲、乙作"浴"，王本作"谷"。《說文》："濄，濄水，受淮陽扶溝浪湯渠，東入淮。"

2. 屋—侯

屋部與侯部共通假 3 組，已在第四章第一節"侯—屋"部分列舉。

3. 屋—微

屋部與微部共通假 2 組。

頁碼	通假字	反切	中古聲母	中古韻	上古聲母	上古韻部
167	足	即玉切	精	燭（合口三等）	精	屋
	肥	符非切	並	微（合口三等）	並	微
	腓	符非切	並	微（合口三等）	並	微

上博藏三《周易·艮》48："六二：艮丌（其）足，不陞（拯）丌（其）陵（隨），丌（其）心不悸。"足，帛本作"肥"，今本作"腓"，乃異文。

4. 屋—幽

屋部與幽部共通假 2 組，已在第二章第一節"幽—屋"中列舉。

5. 屋—魚

屋部與魚部共通假 1 組。

◆◇◆ 戰國楚簡帛韻部親疏關係研究

頁碼	通假字	反切	中古聲母	中古韻	上古聲母	上古韻部
165	曲	丘玉切	溪	燭（合口三等）	溪	屋
	籧	強魚切	群	魚（開口三等）	群	魚

包山簡260："曲（籧）𨋖（篨）。"曲𨋖，連語，讀爲"籧篨"，《説文》："粗竹席也。"

（二）屋部和其他入聲韻通假

4.7 屋部和其他入聲韻通假數量表

	月部	物部	覺部	鐸部	葉部	合計
屋部	3	3	1	1	1	9

1. 屋—月

屋部與月部共通假3組。

頁碼	通假字	反切	中古聲母	中古韻	上古聲母	上古韻部
164	欲	余蜀切	餘	燭（合口三等）	餘	屋
	歠	昌悅切	昌	薛（合口三等）	昌	月
	啜	昌悅切	昌	薛（合口三等）	昌	月

上博藏四《曹沫之陳》2："昔堯之鄉（饗）𡵉（舜）也，飯於土𩰲（塯），欲〈啜〉①於土型（鉶）。"欲，或以爲"歠"字之誤。《墨子·節用中》："飯於土塯，啜於土刑。"

頁碼	通假字	反切	中古聲母	中古韻	上古聲母	上古韻部
315	芾	方味切	幫	未（合口三等）	幫	月
	屋	烏谷切	影	屋（合口一等）	影	屋

上博藏三《周易·豐》51："上六：豐丌（其）芾（屋）。"芾，帛本、今本作"屋"。

2. 屋—物

屋部與物部共通假3組。

---

① 衍文、誤字用"〈 〉"注明，下同。

第四章 侯、屋、東三部通假關係研究

頁碼	通假字	反切	中古聲母	中古韻	上古聲母	上古韻部
316	汨	于筆切	匣	質（開口三等）	匣	物
	漉	盧谷切	來	屋（合口一等）	來	屋

楚帛書甲3："山陵不斌，乃命山川四海（海），㝢（熱）燹（氣）寒燹（氣），㠯（以）爲亓（其）斌（疏），㠯（以）涉山陵、瀧汨凼（洎）㴱（漫）。"瀧汨，猶"瀧漉"或"汨鴻"，謂大水或急流。《論衡·自紀篇》："筆瀧漉而雨集。"

頁碼	通假字	反切	中古聲母	中古韻	上古聲母	上古韻部
115	道	徒晧切	定	晧（開口一等）	定	幽
	頹	徒谷切	定	屋（合口一等）	定	屋
	遂	徐醉切	邪	至（合口三等）	邪	物

郭店簡《緇衣》12："子曰：墨（禹）立三年，百眚（姓）㠯（以）惎（仁）道。"道，上博藏一《緇衣》7作"頹"，今本作"遂"。道、遂異文。

頁碼	通假字	反切	中古聲母	中古韻	上古聲母	上古韻部
160	覿	徒歷切	定	錫（開口四等）	定	屋
	遂	徐醉切	邪	至（合口三等）	邪	物

上博藏三《周易·豐》52："晶（三）歲（歲）不覿。"覿，今本同，帛本作"遂"。

3. 屋—覺

屋部與覺部共通假1組，已在第二章第二節"覺—屋"中列舉。

4. 屋—鐸

屋部與鐸部共通假1組。

頁碼	通假字	反切	中古聲母	中古韻	上古聲母	上古韻部
164	綌	綺戟切	溪	陌（開口三等）	溪	鐸
	俗	似足切	邪	燭（合口三等）	邪	屋

上博藏六《用曰》18："番（播）者（諸）綌（俗）眾，台（以）孚（免、

勉）民生。"綌，李銳讀爲"俗"。

5. 屋—葉

屋部與葉部共通假 1 組。

頁碼	通假字	反切	中古聲母	中古韻	上古聲母	上古韻部
163	鄴	魚怯切	疑	業（開口三等）	疑	葉
	濮	博木切	幫	屋（合口一等）	幫	屋

包山簡 183："鄴昜人陳楚。"鄴，讀爲"濮"。鄴昜，地名，因位于濮水之陽而得名。《春秋》隱公四年"衛人殺州吁于濮"，杜預注："濮，陳地水名。"

（三）屋部和陽聲韻通假

4.8 屋部和陽聲韻通假數量表

	東部	陽部	真部	文部	合計
屋部	3	1	1	1	6

1. 屋—東

屋部與東部共通假 3 組。

頁碼	通假字	反切	中古聲母	中古韻	上古聲母	上古韻部
103	猷	以周切	餘	尤（開口三等）	餘	幽
	容	餘封切	餘	鍾（開口三等）	餘	東
	欲	余蜀切	餘	燭（合口三等）	餘	屋

上博藏三《周易·頤》25："虎視䚢䚢，丌（其）猷攸攸。"猷，帛本作"容"，今本作"欲"。

頁碼	通假字	反切	中古聲母	中古韻	上古聲母	上古韻部
155	迬	之句切	章	遇（合口三等）	章	屋
	重	柱用切	澄	用（合口三等）	定	東
	動	徒揔切	定	董（合口一等）	定	東

郭店簡《老子》甲 9—10："竺（孰）能濁昌（以）朿（湜）者牺（將）舍（徐）清，竺（孰）能尼昌（以）辻（動）者牺（將）舍（徐）生。"辻，帛本作"重"，王本作"動"。

2. 屋—陽

屋部與陽部共通假 1 組。

頁碼	通假字	反切	中古聲母	中古韻	上古聲母	上古韻部
165	玉	魚欲切	疑	燭（合口三等）	疑	屋
	王	雨方切	匣	陽（合口三等）	匣	陽

郭店簡《五行》13："惡（愛）則玉色。"14："明則見臤（賢）人，見臤（賢）人則玉色，玉色則型，型則智。"15："耸（聞）君子道則玉音。"玉色，帛書《五行》182 作"王色"；玉音，帛書《五行》183 作"王言"，乃異文。

3. 屋—真

屋部與真部共通假 1 組。

頁碼	通假字	反切	中古聲母	中古韻	上古聲母	上古韻部
375	臣	植鄰切	禪	真（開口三等）	禪	真
	僕	蒲木切	並	屋（合口一等）	並	屋

上博藏三《周易·遯》30："九晶（三）：係脵（遯），又（有）疾礪（厲），畜臣妾，吉。"臣，今本同，帛本作"僕"，乃異文。

4. 屋—文

屋部與文部共通假 1 組。

頁碼	通假字	反切	中古聲母	中古韻	上古聲母	上古韻部
362	晨	植鄰切	禪	真（開口三等）	禪	文
	辱	而蜀切	日	燭（合口三等）	日	屋

上博藏六《申公臣靈王》8："君王孚（免）之死，不吕（以）晨〈辱〉釸（斧）虘（鑕），可（何）敢心之又（有）？"晨，疑釋爲"辱"，原簡

字形或有訛。《論語·微子》"不辱其身",定州漢簡本作"不脣其身者",與本例類。

第三節　東部

在本書的研究範圍内,東部通假共 189 組,其中同部通假 135 組,異部通假 54 組。在異部通假中,東部與陰聲韻共通假 14 組,與入聲韻共通假 16 組,與陽聲韻共通假 24 組。

4.9　東部通假情況匯總表

通假類型			通假數量		
同部通假		東—東	135		
異部通假	陰聲韻	東—微	4	14	189
		東—幽	3		
		東—魚	3		
		東—脂	2		
		東—侯	1		
		東—之	1		
	入聲韻	東—屋	3	16	
		東—物	3		
		東—質	2		
		東—覺	2		
		東—緝	2		
		東—錫	1		
		東—月	1		
		東—職	1		
		東—葉	1		

第四章　侯、屋、東三部通假關係研究

續表

通假類型		通假數量			
異部通假	陽聲韻	東―冬	10	24	54	189
		東―真	4			
		東―談	4			
		東―蒸	3			
		東―文	2			
		東―元	1			

一　東部的同部通假

東部同部通假 135 組。

㠉緟	僮童	動童	犝童	犝僮	動僮	勤僮	勤動	舂穜	弄龍	塚冢
鍾鍾	恭共	龔鼻	恭鼻	共鼻	龍㡳	弄㡳	珦銅	同逈	慟迵	訟調
用甬	邦坅	俑佣	輀甬	鋪甬	箈輀	勇䵃	勇恿	勇埇	甬鄘	涌鄘
功工	工攻	杠攻	功攻	鞏工	恐㞡	杠矼	鴻鳲	頌訟	庸容	容公
頌覠	龔共	供共	封坅	擁㩃	擁㩃	兇凶	拜痒	匈腦	誦說	誦說
䭒聰	尨龍	封邦	蒙龍	龙冢	蒙雹	冢雹	蒙冢	縫奉	逢奉	夆奉
赽奉	絳奉	縫絳	豐赽	胖痒	胖拜	龍龙	龍雹	龍蒙	豐奉	夆豐
蜂逢	封佯	㐌容	縱從	容覠	鍾箈	重童	緟童	襌童	犝童	襌緟
東童	橦童	踵童	箈緟	箈童	動重	犝箈	重緟	僮僮	輯僮	憧童
動踵	重瘇	童襌	犝襌	竉龍	共龍	恭龍	鴻瀧	恭罋	竉㡳	通逈
鍾銅	聳同	甬桶	輀桶	鋪桶	箈桶	箈甬	鋪輀	箈鋪	踊通	僮鋪
空工	凶工	功紅	邛功	蚣公	容訟	庸訟	轒雹	籠雹	頌公	容佮
頌佮	容頌	㐌頌								

二　東部的異部通假

東部異部通假 54 組。

（一）東部和陰聲韻通假

4.10　東部和陰聲韻通假數量表

	微部	幽部	魚部	脂部	侯部	之部	合計
東部	4	3	3	2	1	1	14

1. 東—微

東部與微部共通假 4 組。

頁碼	通假字	反切	中古聲母	中古韻	上古聲母	上古韻部
275	隹	職追切	章	脂（合口三等）	章	微
	唯	以追切	餘	脂（合口三等）	餘	微
	甕	烏貢切	影	送（合口一等）	影	東
	甕	烏貢切	影	送（合口一等）	影	東

上博藏三《周易·井》44："九二：汬（井）浴（谷）弞（射）豾（鮒），隹（唯）袥（敝）縷（漏）。"隹，帛本作"唯"，今本作"甕"，《説文》作"甕"。

2. 東—幽

東部與幽部共通假 3 組，已在第二章第一節"幽—東"部分列舉。

3. 東—魚

東部與魚部共通假 3 組。

頁碼	通假字	反切	中古聲母	中古韻	上古聲母	上古韻部
019	敔	遇俱切	疑	虞（合口三等）	疑	魚
	從	疾容切	從	鍾（合口三等）	從	東

上博藏四《曹沫之陳》29："必訽邦之貴人及邦之可（奇）士，敔，（從）牢（卒）叀（使）兵。"28、37："是古（故）倀（長）民者毋囹（攝）篚（爵），毋敔（從）軍，毋辟（避）皋（罪），甬（用）都（諸？）釜（教）於邦。"敔，同"從"。

第四章　侯、屋、東三部通假關係研究

頁碼	通假字	反切	中古聲母	中古韻	上古聲母	上古韻部
120	叧	古瓦切	見	馬（合口二等）	見	魚
	冒	莫報切	明	號（開口一等）	明	覺
	雺	呼骨切	曉	没（合口一等）	曉	物
	蒙	莫紅切	明	東（合口一等）	明	東

曾侯乙簡 4："宫廐尹（令）㲀所馭顰䡽：䠶輪，畫軙（輨），叧（冒）鐱（轄）。"10："叧（冒）鐱（轄）。"叧，從冂，摹本從刀而向上穿出，而圖版的筆畫似乎並未穿透。該字看來與從"免"之字没有關係，而無論是從"冂"聲還是從"刀"聲，都有可能讀爲"冒"。曾侯乙簡稱車爲"雺（蒙）"，冒轄，車軎上的銷釘。或者句讀爲"冒、轄"，指車軎及車轄。

頁碼	通假字	反切	中古聲母	中古韻	上古聲母	上古韻部
013	訟	似用切	邪	用（合口三等）	邪	東
	詒	口舉切	溪	語（開口三等）	溪	魚

上博藏二《容成氏》："曑（禹）乃肃（建）鼓於廷，㠯（以）爲民之又（有）詒告者鼓安（焉）"。劉信芳認爲"訟"與"詒"通。

4. 東—脂

東部與脂部共通假 2 組。

頁碼	通假字	反切	中古聲母	中古韻	上古聲母	上古韻部
268	膭	匹江切	滂	江（開口二等）	滂	東
	體	他禮切	透	薺（開口四等）	透	脂

上博藏二《民之父母》11："亡（無）膭（體）之豊（禮），日述（就）月相。"膭，同"體"。上博藏一《性情論》10："瞻（觀）亓（其）先遂（後）而逆訓（順）之，膭（體）亓（其）宜（義）而即（節）曼（文）之。"膭，郭店簡《性自命出》17 作"體"。

— 155 —

頁碼	通假字	反切	中古聲母	中古韻	上古聲母	上古韻部
268	儻	敷空切	滂	東（合口一等）	滂	東
	體	他禮切	透	薺（開口四等）	透	脂

上博藏一《緇衣》5："民臣（以）君爲心，君臣（以）民爲儻（體）。"儻，"體"之異構，郭店簡《緇衣》8、今本作"體"。

5. 東—侯

東部與侯部共通假 1 組，已在第四章第一節"侯—東"中列舉。

6. 東—之

東部與之部共通假 1 組，已在第一章第一節"之—東"中列舉。

（二）東部和入聲韻通假

4.11 東部和入聲韻通假數量表

	屋部	物部	質部	覺部	緝部	錫部	月部	職部	葉部	合計
東部	3	3	2	2	2	1	1	1	1	16

1. 東—屋

東部和屋部共通假 3 組，已在第四章第二節"屋—東"中列舉。

2. 東—物

東部與物部共通假 3 組。

頁碼	通假字	反切	中古聲母	中古韻	上古聲母	上古韻部
120	冎	古瓦切	見	馬（合口二等）	見	魚
	冒	莫報切	明	號（開口一等）	明	覺
	頀	呼骨切	曉	沒（合口一等）	曉	物
	蒙	莫紅切	明	東（合口一等）	明	東

曾侯乙簡 4："宮廄敏（令）馭螯皐：𦝫輪，畫起（轅），冎（冒）鑣（轄）。10："冎（冒）鑣（轄）。"冎，從冂，摹本從刀而向上穿出，而圖版的筆劃似乎並未穿透。該字看來與從"免"之字沒有關係，而無論是從"冂"聲還是從"刀"聲，都有可能讀爲"冒"。曾侯乙簡稱車書

爲"雺（蒙）"，冒轄，車軎上的銷釘。或者句讀爲"冒、轄"，指車軎及車轄。

頁碼	通假字	反切	中古聲母	中古韻	上古聲母	上古韻部
285	衒	所律切	山	質（開口三等）	山	物
	率	所律切	山	質（開口三等）	山	物
	從	疾容切	從	鍾（合口三等）	從	東

上博藏一《緇衣》17："子曰：言衒（率）行之，則行不可匿。"衒，同"率"，郭店簡《緇衣》34、今本作"從"，"衒"乃異文。

3. 東—質

東部與質部共通假 2 組。

頁碼	通假字	反切	中古聲母	中古韻	上古聲母	上古韻部
018	絥	古屑切	見	屑（開口四等）	見	質
	縫	符容切	並	鍾（合口三等）	並	東

曾侯乙簡 9："二旆，屯九翼之翿，鸝（翠）絥，白玫之首。"絥，簡文又作"鉡"，疑讀爲"縫"。

頁碼	通假字	反切	中古聲母	中古韻	上古聲母	上古韻部
018	鉡	敷容切	滂	鍾（合口三等）	滂	東
	絥	古屑切	見	屑（開口四等）	見	質

曾侯乙簡 106："二戈，紫縆，一翼之翿，彔（綠）羿（羽）之鉡䩞。"鉡，簡文又作"絥"。

4. 東—覺

東部和覺部共通假 2 組，已在第二章第二節"覺—東"中列舉。

5. 東—緝

東部與緝部共通假 2 組。

— 157 —

頁碼	通假字	反切	中古聲母	中古韻	上古聲母	上古韻部
007	繃	—				東
	襲	似入切	邪	緝（開口三等）	邪	緝
	憁	盧東切	來	東（合口一等）	來	東
	淡	徒敢切	定	談（開口一等）	定	談
	憺	徒敢切	定	談（開口一等）	定	談

郭店簡《老子》丙 7："兵者，〔非君子之器，不〕得已而甬（用）之，銛繃爲上，弗妝（美）也。敳（美）之，是樂殺人。"繃，帛本甲作"襲"，乙作"憁"，王本作"淡"，傅奕本作"憺"。傅本不同。

6. 東—錫

東部與錫部共通假 1 組。

頁碼	通假字	反切	中古聲母	中古韻	上古聲母	上古韻部
242	適	施隻切	書	昔（開口三等）	書	錫
	從	疾容切	從	鍾（合口三等）	從	東

郭店簡《緇衣》16："適頌（容）又（有）常（常）。"適，今本作"從"，乃義近異文。《玉篇》："適，得也，往也。又音滴，從也。"

7. 東—月

東部與月部共通假 1 組。

頁碼	通假字	反切	中古聲母	中古韻	上古聲母	上古韻部
004	迖	他計切	透	齊（開口一等）	透	月
	動	徒摠切	定	董（合口一等）	定	東

上博藏三《周易·困》43："迖悔又（有）悔。"迖，字從辵從犬，今本作"動"。

8. 東—職

東部與職部共通假 1 組，已在第一章第二節"職—東"中列舉。

第四章　侯、屋、東三部通假關係研究

9. 東—葉

東部與葉部共通假 1 組。

頁碼	通假字	反切	中古聲母	中古韻	上古聲母	上古韻部
113	缶	方久切	幫	有（開口三等）	幫	幽
	瓨	下江切	匣	江（開口二等）	匣	東
	鼛	託盍切	透	盍（開口一等）	透	葉

包山簡 270："一敊（彤）柂（缶），一銑（鐃）。"柂，簡文又作"盦"，同"缶"，出土實物爲漆木鼓，外形如缶。《詩·陳風·宛丘》："坎其擊鼓，……坎其擊缶。"《史記·藺相如傳》："秦王不懌，爲一擊瓨。"缶、瓨均謂缶形之鼓。《說文》鼓部有"鼛"字，"從鼓，缶聲"，段玉裁以爲"鼛"字之譌，今藉楚簡，知古代固有稱扁形鼓爲"缶"者，則《說文》不誤。

（三）東部和其他陽聲韻通假

4.12　東部和其他陽聲韻通假數量表

	冬部	真部	談部	蒸部	文部	元部	合計
東部	10	4	4	3	2	1	24

1. 東—冬

東部與冬部共通假 10 組，已在第二章第三節"冬—東"中列舉。

2. 東—真

東部與真部共通假 4 組。

頁碼	通假字	反切	中古聲母	中古韻	上古聲母	上古韻部
366	昏	呼昆切	曉	魂（合口一等）	曉	文
	泯	武盡切	明	軫（開口三等）	明	真
	緡	武巾切	明	真（開口三等）	明	真
	峧	武巾切	明	真（開口三等）	明	真
	蒙	莫紅切	明	東（合口一等）	明	東

續表

頁碼	通假字	反切	中古聲母	中古韻	上古聲母	上古韻部
366	岷	武巾切	明	真（開口三等）	明	真

上博二《容成氏》38："记（起）帀（師）㠯（以）伐昏（泯）山是（氏），取（娶）亓（其）兩女晉（琰）、翏（婉）。"昏，讀爲"泯"，《左傳》昭公十一年作"缗"，《韓非子·難斯》作"崏"，《楚辭·天問》作"蒙"，《竹書紀年》作"岷"。

3. 東一談

東部與談部共通假4組。

頁碼	通假字	反切	中古聲母	中古韻	上古聲母	上古韻部
007	縪	—	—	—	—	東
	襲	似入切	邪	緝（開口三等）	邪	緝
	憃	盧東切	來	東（合口一等）	來	東
	淡	徒敢切	定	談（開口一等）	定	談
	憺	徒敢切	定	談（開口一等）	定	談

郭店簡《老子》丙7："兵者，〔非君子之器，不〕得已而甬（用）之，銛縪爲上，弗媺（美）也。敗（美）之，是樂殺人。"縪，帛本甲作"襲"，乙作"憃"，王本作"淡"，傅奕本作"憺"。傅本不同。

4. 東一蒸

東部與蒸部共通假3組，已在第一章第三節"蒸一東"中列舉。

5. 東一文

東部與文部共通假2組。

頁碼	通假字	反切	中古聲母	中古韻	上古聲母	上古韻部
366	昏	呼昆切	曉	魂（合口一等）	曉	文
	泯	武盡切	明	軫（開口三等）	明	真
	缗	武巾切	明	真（開口三等）	明	真
	崏	武巾切	明	真（開口三等）	明	真

續表

頁碼	通假字	反切	中古聲母	中古韻	上古聲母	上古韻部
366	蒙	莫紅切	明	東（合口一等）	明	東
	岷	武巾切	明	真（開口三等）	明	真

上博二《容成氏》38："记（起）帀（師）目（以）伐昏（泯）山是（氏），取（娶）亓（其）兩女暨（琰）、夃（婉）。"昏，讀爲"泯"，《左傳》昭公十一年作"緡"，《韓非子·難斯》作"崏"，《楚辭·天問》作"蒙"，《竹書紀年》作"岷"。

頁碼	通假字	反切	中古聲母	中古韻	上古聲母	上古韻部
346	眢	蘇困切	心	慁（合口一等）	心	文
	孔	康董切	溪	董（合口一等）	溪	東

上博藏二《民之父母》11："亡備（服）之喪，内虐（恕）眢悲。"眢，疑"巽"之異構，《禮記·孔子閒居》作"孔"。

6. 東一元

東部與元部共通假 1 組。

頁碼	通假字	反切	中古聲母	中古韻	上古聲母	上古韻部
323	悾	苦紅切	溪	東（合口一等）	溪	東
	歡	呼官切	曉	桓（合口一等）	曉	元

包山簡259："一會（合）悾（歡）之觴（觸）。"悾，讀爲"歡"。

第五章 魚、鐸、陽三部通假關係研究

第一節 魚部

在本書的研究範圍內,魚部通假共479組,其中同部通假318組,異部通假161組。在異部通假中,魚部與陰聲韻共通假70組,與入聲韻共通假66組,與陽聲韻共通假25組。

5.1 魚部通假情況匯總表

通假類型			通假數量		
同部通假		魚―魚	318		
異部通假	陰聲韻	魚―侯	23	70	161
		魚―歌	16		
		魚―幽	9		
		魚―脂	9		
		魚―之	7		
		魚―宵	3		
		魚―微	3		
	入聲韻	魚―鐸	48	66	479
		魚―月	5		
		魚―覺	4		

第五章 魚、鐸、陽三部通假關係研究

續表

通假類型			通假數量		
異部通假	入聲韻	魚—物	3	66	479
		魚—錫	2		
		魚—屋	1		
		魚—職	1		
		魚—緝	1		
		魚—葉	1		
	陽聲韻	魚—陽	11	25	
		魚—元	6		
		魚—東	3		
		魚—冬	2		
		魚—耕	2		
		魚—侵	1		

一 魚部的同部通假

魚部同部通假 318 組。

虞吳	於烏	馭御	禦御	禦迕	伍五	郚吾	御虍	郚鄦	郚吾	吁盱
汙紆	圄語	禦語	禦圉	語䛐	圉敔	伍敔	伍俉	琥虎	虞虞	鏢虞
鏢虞	虖呼	勮簴	盧纑	盧纑	盧盧	爐鏽	舞無	許鄦	無毋	權瞿
撫改	父釙	輔父	專補	甫郙	疏延	脯笑	簠笑	膚肤	疏定	諝胥
赳且	疏綎	袿社	徒赳	故古	固古	姑古	孤沽	辠姑	枯苦	庫苦
庫枯	與豫	宇寓	簠臣	釜鬴	鹽鹽	結鹽	結鹽	馺駐	倨居	凥居
蠱蛊	漁魚	虞魚	虞漁	漁俉	魚俉	虞鮫	敔鮫	漁鮫	邢于	雩于
汙汗	洿汗	雩雩	于雩	雨雩	宇芋	竽芋	旱吁	訏吁	訏旱	孟杅
跨夸	洿陓	孤苽	剠桍	罕羽	舳枴	禹甼	譽㦷	興與	擧與	歟與
興譽	醓萭	譽䙲	瓜苽	歟䙲	擧邂	與恁	譽愍	鴐駕	奴伮	孥伮
帑伮	弩伮	帑弩	弩弩	靶靶	孥奴	帑奴	弩奴	弩帑	怒㤅	蓮巨

距距	衢瞿	懼瞿	瞿思	懼思	懼瞿	壴迖	去迖	去壴	佇宁
著宁	著佇	處処	詛禋	諸者	睹覩	餘余	予余	牙䶥	雅䶥	雅牙
假叚	豭家	嫁豭	葭豭	稼豭	沮妲	乎於	悟許	所御	禦所	乎虍
據庶	據虗	據鏣	乎虗	助簏	助勴	纑膚	盧膚	盧膚	鑪膚	爐膚
爐鑪	蕪膚	臚膚	慮膚	膚鋪	虛薦	舞鄦	無鄦	汝毋	傅佚	輔甫
輔補	輔尃	狧郙	甫狧	捕尃	布尃	籚尃	助尃	助簏	敬搏	捕搏
捕敬	敷埔	疋尻	疏尻	蒲芙	通朊	鋪鈇	胡鈇	胥疋	埜墊	謺疋
雎疋	且疋	趄疋	且胥	趄胥	敆疋	楚疋	楚疏	沮雎	輜楚	苦古
胡古	湖沽	胡沽	怙沽	苦姑	枯姑	庫姑	辜姑	殆肪	浦匽	輔匽
釜臣	固匽	胡鹽	湖鹽	處居	吾居	布酺	虞于	虞雩	吁于	虞雩
華芋	宇仔	芋仔	竽仔	誇吁	誇旱	誇訏	杅旱	孟旱	䶥與	乎與
乎與	埜野	舉懇	舉獙	舍豫	序舒	如女	駕女	駕女	汝女	舉獙
如奴	茹絮	旰汙	袽絮	絮絮	衱茹	絮茹	絮袽	興車	矩巨	居佢
瞿采	衢采	宁貯	佇貯	著貯	処尻	處尻	居尻	處居	祖且	組且
俎且	詛祖	組禋	詛組	旰紓	祖禋	鉏樝	柤鄜	都者	豬者	豬都
曙睹	書箸	堵楮	篨鞣	煮佇	者佇	屠胝	甫邵	序舍	徐余	舍余
途余	除余	除敆	徐郐	與酉	狐枫	苽侃	孤侃	壺侃	壺苽	壺孤
壺鈲	胡笠	舞辻	旰杅	紓杅	汙杅	旰杅	紓旰	汙旰	葩杞

二　魚部的異部通假

魚部異部通假 161 組。

（一）魚部和其他陰聲韻通假

5.2　魚部和其他陰聲韻通假數量表

	侯部	歌部	幽部	脂部	之部	宵部	微部	合計
魚部	23	16	9	9	7	3	3	70

1. 魚—侯

魚部與侯部共通假 23 組，已在第四章第一節 "侯—魚" 中列舉。

第五章 魚、鐸、陽三部通假關係研究

2. 魚—歌

魚部與歌部共通假 16 組。

頁碼	通假字	反切	中古聲母	中古韻	上古聲母	上古韻部
185	蛊	公户切	見	姥（合口一等）	見	魚
	箇	古賀切	見	箇（開口一等）	見	歌
	蠱	公户切	見	姥（合口一等）	見	魚

上博藏三《周易·蠱》18："蛊（蠱）：元卿（亨），利涉大川。"又："初六：檊（幹）父之蛊（蠱），又（有）子，攷（考）亡（無）咎。"又："九二：檊（幹）母之蛊（蠱），不可貞。"又："九晶（三）：檊（幹）父之蛊（蠱）。"蛊，同"蠱"，帛本作"箇"，今本作"蠱"。

頁碼	通假字	反切	中古聲母	中古韻	上古聲母	上古韻部
197	虘	昨何切	從	歌（開口一等）	從	歌
	虗			—		魚
	且	七也切	清	馬（開口三等）	清	魚

上博藏一《緇衣》14："吾大夫龏（恭）虘（且）儉（儉）。"虘，郭店簡《緇衣》作"虗"，讀爲"且"。

頁碼	通假字	反切	中古聲母	中古韻	上古聲母	上古韻部
197	虘	昨何切	從	歌（開口一等）	從	歌
	罝	子邪切	精	麻（開口三等）	精	魚

上博藏一《詩論》23："《兔虘（罝）》亓（其）甬（用）人。"兔虘，今本《詩·周南》篇名作"兔罝"。

頁碼	通假字	反切	中古聲母	中古韻	上古聲母	上古韻部
208	蓏	郎果切	來	果（合口一等）	來	歌
	笟	古胡切	見	模（合口一等）	見	魚
	胡	户吳切	匣	模（合口一等）	匣	魚

包山簡 255："苩蔗之䖒（葅）一砳（缶）。"包山簡 258"蔗二箕。"苩蔗，讀爲"雕苽"，字或作"彫胡"。

頁碼	通假字	反切	中古聲母	中古韻	上古聲母	上古韻部
228	可	枯我切	溪	哿（開口一等）	溪	歌
	杅	羽俱切	匣	虞（合口三等）	匣	魚
	盱	況于切	曉	虞（合口三等）	曉	魚
	紆	憶俱切	影	虞（合口三等）	影	魚
	汙	烏路切	影	暮（合口一等）	影	魚
	盱	況于切	曉	虞（合口三等）	曉	魚

上博藏三《周易·豫》14："六晶（三）：可余（豫）毘（悔）。"可，帛本作"杅"，今本作"盱"。釋文："子夏作紆，京作汙，姚作盱。"

頁碼	通假字	反切	中古聲母	中古韻	上古聲母	上古韻部
170	於	央居切	影	魚（開口三等）	影	魚
	猗	於離切	影	支（開口三等）	影	歌

上博藏一《詩論》22："《於（猗）差（嗟）》曰：'四矢叀（反）'，'㠯（以）御（禦）亂'，虗（吾）憙（喜）之。"於差，今本《詩·齊風》篇名作"猗嗟"。

頁碼	通假字	反切	中古聲母	中古韻	上古聲母	上古韻部
196	迲	丘倨切	溪	御（開口三等）	溪	魚
	寄	居義切	見	寘（開口三等）	見	歌
	託	他各切	透	鐸（開口一等）	透	鐸

郭店簡《老子》乙 8："恁（愛）㠯（以）身爲天下，若可㠯（以）迲（寄）天下矣。"迲，帛本甲、乙作"寄"，王本作"託"。

頁碼	通假字	反切	中古聲母	中古韻	上古聲母	上古韻部
206	苲	側下切	莊	馬（開口三等）	莊	魚
	嗟	子邪切	精	麻（開口三等）	精	歌

郭店簡《語叢一》73："悲，苲（嗟）亓（其）所也，亡（無）非是。"苲，讀爲"嗟"。

頁碼	通假字	反切	中古聲母	中古韻	上古聲母	上古韻部
198	瘖	側加切	莊	麻（開口二等）	莊	魚
	瘥	楚懈切	初	卦（開口二等）	初	歌

葛陵簡甲三173："☐無咎。疾犀（遲）瘖（瘥）☐。"乙三39："☐無咎。疾遳（遲）瘖（瘥），又（有）瘍。㠯（以）亓（其）古（故）敓（說）☐。"

3. 魚—幽

魚部與幽部共通假9組，已在第二章第一節"幽—魚"中列舉。

4. 魚—脂

魚部與脂部共通假9組。

頁碼	通假字	反切	中古聲母	中古韻	上古聲母	上古韻部
260	壾	以脂切	餘	脂（開口三等）	餘	脂
	余	以諸切	餘	魚（開口三等）	餘	魚

包山簡65："周賜之大夫墜義受旮（期），己丑之日不遲（詳）夥䢉壾（夷）、夥䏯㠯（以）廷，阩門又敗。"壾，同一人名簡171作"余"。

頁碼	通假字	反切	中古聲母	中古韻	上古聲母	上古韻部
261	几	居履切	見	旨（開口三等）	見	脂
	仉	諸兩切	章	養（開口三等）	章	陽
	机	居履切	見	旨（開口三等）	見	脂
	紀	九魚切	見	魚（合口三等）	見	魚
	旮	渠之切	群	之（開口三等）	群	之

包山簡260："一偃（溒）几。"几，簡文又作"仉""机""柗""紀""旮"。

◆◇◆ 戰國楚簡帛韻部親疏關係研究

頁碼	通假字	反切	中古聲母	中古韻	上古聲母	上古韻部
278	楑	求癸切	群	旨（合口三等）	群	脂
	睽	苦圭切	溪	齊（合口四等）	溪	脂
	乖	古懷切	見	皆（開口二等）	見	微
	瞿	權俱切	群	虞（合口三等）	群	魚
	誺	——				微

上博藏三《周易·睽》32："楑：少（小）事吉。"33："六四：楑（睽）叴（孤），遇元夫。"又："上九：楑（睽）叴，賮（負）夆（塗）。"楑，帛本作"乖"，今本作"睽"。卦名"睽"，傳本《歸藏》作"瞿"，秦簡《歸藏》作"瞿"，帛本《繫辭》作"誺"。

頁碼	通假字	反切	中古聲母	中古韻	上古聲母	上古韻部
182	社	常者切	禪	馬（開口三等）	禪	魚
	袿	常者切	禪	馬（開口三等）	禪	魚
	坻	直尼切	澄	脂（開口三等）	定	脂

包山簡248："罿（舉）禱社一豭。"社，簡文又作"袿"、"坻"。

頁碼	通假字	反切	中古聲母	中古韻	上古聲母	上古韻部
196	凥	斤於切	見	魚（開口三等）	見	魚
	階	古諧切	見	皆（開口二等）	見	脂
	机	居履切	見	旨（開口三等）	見	脂

上博藏三《周易·渙》54："九二：霰（渙）走丌（其）凥，悬（悔）亡（無）。"凥，帛本作"階"，今本作"机"。

5. 魚—之

魚部與之部共通假7組，已在第一章第一節"之—魚"中列舉。

6. 魚—宵

魚部與宵部共通假3組，已在第三章第一節"宵—魚"中列舉。

第五章　魚、鐸、陽三部通假關係研究

7. 魚—微

魚部與微部共通假 3 組。

頁碼	通假字	反切	中古聲母	中古韻	上古聲母	上古韻部
278	楑	求癸切	群	旨（合口三等）	群	脂
	睽	苦圭切	溪	齊（合口四等）	溪	脂
	乖	古懷切	見	皆（開口二等）	見	微
	瞿	權俱切	群	虞（合口三等）	群	魚
	諯		—			微

上博藏三《周易·睽》32："楑：少（小）事吉。"33："六四：楑（睽）侃（孤），遇元夫。"又："上九：楑（睽）侃（孤），賃（負）奎（塗）。"楑，帛本作"乖"，今本作"睽"。卦名"睽"，傳本《歸藏》作"瞿"，秦簡《歸藏》作"瞿"，帛本《繫辭》作"諯"。

頁碼	通假字	反切	中古聲母	中古韻	上古聲母	上古韻部
191	懇	以諸切	餘	魚（開口三等）	餘	魚
	火	呼果切	曉	果（合口一等）	曉	微
	災	祖才切	精	哈（開口一等）	精	之

上博藏三《周易·旅》53："遞（旅）嬴（瑣）嬴（瑣），此丌（其）所取懇。"懇，帛本作"火"，今本作"災"。"災"乃異文。

（二）魚部和入聲韻通假

5.3　魚部和入聲韻通假數量表

	鐸部	月部	覺部	物部	錫部	屋部	職部	緝部	葉部	合計
魚部	48	5	4	3	2	1	1	1	1	66

1. 魚—鐸

魚部和鐸部共通假 48 組。

頁碼	通假字	反切	中古聲母	中古韻	上古聲母	上古韻部
179	搏	補各切	幫	鐸（開口一等）	幫	鐸

— 169 —

續表

頁碼	通假字	反切	中古聲母	中古韻	上古聲母	上古韻部
179	敷	芳無切	滂	虞（合口三等）	滂	魚
	捕	薄故切	並	暮（合口一等）	並	魚

包山簡 133："命爲僕（僕）搏（捕）之。"搏，簡文又作"敷"，讀爲"捕"。

頁碼	通假字	反切	中古聲母	中古韻	上古聲母	上古韻部
179	縛	符钁切	並	藥（開口三等）	並	鐸
	布	博故切	幫	暮（合口一等）	幫	魚

上博藏六《競公瘧》8："嬰（舉）邦爲欽（禁），約夾（挾）者（諸）闡（關），縛纏（應）者（諸）胜（市）。"縛，疑讀爲"布"。《左傳》昭公二十年："布常無藝，徵斂無度……私欲養求，不給則應。"注："所求不給，則應之以罪。"與簡文所記有關聯。

頁碼	通假字	反切	中古聲母	中古韻	上古聲母	上古韻部
186	莫	慕各切	明	鐸（開口一等）	明	鐸
	模	莫胡切	明	模（合口一等）	明	魚

郭店簡《成之聞之》28："此曾（以）民皆又（有）眚（性），而聖人不可莫（模）也。"莫，讀爲"模"，規模也。

頁碼	通假字	反切	中古聲母	中古韻	上古聲母	上古韻部
195	矍	居縛切	見	藥（合口三等）	見	鐸
	懼	其遇切	群	遇（合口三等）	群	魚

葛陵簡甲三 15："潒栗丕（恐）矍。"矍，讀爲"懼"。

頁碼	通假字	反切	中古聲母	中古韻	上古聲母	上古韻部
195	矍	居縛切	見	藥（合口三等）	見	鐸
	栗	況于切	曉	虞（合口三等）	曉	魚

第五章　魚、鐸、陽三部通假關係研究

九店簡 56—15 下："凡啟日，悇（踐）矍（蘡）之日，不秒（利）弖（以）祭祀，聚衆。"矍，讀爲"蘡"。蘡，㕚也。

頁碼	通假字	反切	中古聲母	中古韻	上古聲母	上古韻部
195	攫	居縛切	見	藥（合口三等）	見	鐸
	攫	拘玉切	見	燭（開口三等）	見	鐸
	據	居御切	見	御（開口三等）	見	魚

郭店簡《老子》甲 33："攫鳥猷（猛）獸弗扣。"攫，王本同，帛本甲 36 作"攫"，乙 191 上作"據"。

頁碼	通假字	反切	中古聲母	中古韻	上古聲母	上古韻部
197	䞉	莊助切	莊	御（開口三等）	莊	魚
	組	則古切	精	姥（合口一等）	精	魚
	詐	側駕切	莊	禡（開口二等）	莊	鐸
	詛	莊助切	莊	御（開口三等）	莊	魚

九店簡 56—34："秒（利）弖（以）敓（說）櫐（盟）䞉（詛）。"䞉，睡虎地秦簡《日書》甲 740 作"組"，乙 918 作"詐"。

頁碼	通假字	反切	中古聲母	中古韻	上古聲母	上古韻部
211	蒦	胡陌切	匣	陌（開口二等）	匣	鐸
	苻	防無切	並	虞（合口三等）	並	侯
	鳧	防無切	並	虞（合口三等）	並	魚

包山簡 258："蒦苴二笲。"同墓出土二件竹笲之簽牌（標本 2:52.2、2:188.1）俱作"苻苴"，竹笲内盛有荸薺。《爾雅·釋草》作"鳧苴"。

頁碼	通假字	反切	中古聲母	中古韻	上古聲母	上古韻部
212	索	蘇各切	心	鐸（開口一等）	心	鐸
	素	桑故切	心	暮（合口一等）	心	魚

曾侯乙簡 122："二真楚甲，索（素），紫紋之縢。"130："嗎（匹）馬索（素）甲。"又："一索（素）楚甲。"信陽簡 2—12："緅與索（素）"

絵（錦）之紈（縈）裏（囊）二十又（有）一。"包山簡254："二索（素）王絵（錦）之綉。"262："一瓠（狐）青之表，紫裏，繡純，絵（錦）純，索（素）絵（錦）綉。"索，讀爲"素"。《國語·吳語》"素甲"，韋昭注："素甲，白甲。"郭店簡《老子》甲2："視索（素）保僕，少厶（私）須欲。"索，帛本、王本作"素"。

頁碼	通假字	反切	中古聲母	中古韻	上古聲母	上古韻部
213	厇	陟革切	知	麥（開口二等）	端	錫
	邱			——		鐸
	石	常隻切	禪	昔（開口三等）	禪	鐸
	亳	傍各切	並	鐸（開口一等）	並	鐸
	蒲	薄胡切	並	模（合口一等）	並	魚
	薄	傍各切	並	鐸（開口一等）	並	鐸

望山簡一113："☐之日，月饋東厇公。"包山簡171："東厇人舒麗（豫）。"190："東厇人登環。"厇，簡文又作"邱""石"，經史作"亳"。《左傳·哀公四年》"亳社"，《公羊傳》作"蒲社"，《禮記·郊特牲》作"薄社"。

頁碼	通假字	反切	中古聲母	中古韻	上古聲母	上古韻部
217	夜	羊謝切	餘	禡（開口三等）	餘	鐸
	豫	羊洳切	餘	御（開口三等）	餘	魚
	與	余呂切	餘	語（開口三等）	餘	魚

郭店簡《老子》8："夜（豫）虖（乎）奴（如）冬涉川。"夜，讀爲"豫"。帛本甲、乙作"與"，王本作"豫"。

頁碼	通假字	反切	中古聲母	中古韻	上古聲母	上古韻部
217	夜	羊謝切	餘	禡（開口三等）	餘	鐸
	奕	祥易切	邪	昔（開口三等）	邪	鐸
	郯			——		鐸

第五章　魚、鐸、陽三部通假關係研究

續表

頁碼	通假字	反切	中古聲母	中古韻	上古聲母	上古韻部
217	輿	以諸切	餘	魚（開口三等）	餘	魚

曾侯乙簡 67："所駿（馭）坪夜君之皷（畋）車。"160："坪夜君之兩騑騥（牝）。"包山簡 181："坪（平）夜君之州加公會鹿䖟。"200："文坪（平）夜君。"240："舉禱文坪夜君子良。"夜，簡文又作"𠰻""虡""𠮢"，經史作"輿"。坪夜，地名，《漢書·地理志》汝南郡有平輿縣，其地在今河南省平輿縣。

頁碼	通假字	反切	中古聲母	中古韻	上古聲母	上古韻部
179	尃	芳無切	滂	虞（合口三等）	滂	魚
	博	補各切	幫	鐸（開口一等）	幫	鐸
	伯	博陌切	幫	陌（開口二等）	幫	鐸
	柏	博陌切	幫	陌（開口二等）	幫	鐸
	敀	博陌切	幫	陌（開口二等）	幫	鐸

郭店簡《五行》37："共（恭）而尃（伯）交，豊（禮）也。"尃，帛書《五行》195 行作"博"，270 行作"伯""柏"。上博藏二《子羔》5："㤅（堯）之取叁（舜）也，從者（諸）卉茅之中，與之言豊（禮），敀（說）尃（伯）☐。"尃，簡文又作"敀"，讀爲"伯"，謂排行也。

頁碼	通假字	反切	中古聲母	中古韻	上古聲母	上古韻部
179	尃	芳無切	滂	虞（合口三等）	滂	魚
	迫	博陌切	幫	陌（開口二等）	幫	鐸

上博藏四《曹沫之陳》43、44："亓（其）赴（去）之不速，亓（其）遱（就）之不尃（迫），亓（其）𡎚（啓）節不疾，此戰之幾（忌）。"尃，讀爲"迫"。

頁碼	通假字	反切	中古聲母	中古韻	上古聲母	上古韻部
179	尃	芳無切	滂	虞（合口三等）	滂	魚
	薄	傍各切	並	鐸（開口一等）	並	鐸

郭店簡《語叢一》82："厚於義，尃於悬（仁），陴（尊）而不斁（親）。"尃，《禮記·表記》作"薄"。

頁碼	通假字	反切	中古聲母	中古韻	上古聲母	上古韻部
179	尃	芳無切	滂	虞（合口三等）	滂	魚
	捕	薄故切	並	暮（合口一等）	並	魚
	縛	符钁切	並	藥（開口三等）	並	鐸

包山簡135反："茍冒、宣卯殺亓（其）覩（兄）明，鄹之戰客敷（捕）得冒，卯自殺。"又142："小人之州人君夫人之敀（伯）愴之㝛（拘）一夫，遊遶（趣）至州衡（巷），小人牂（將）敷（捕）之，夫自剔（傷），小人安（焉）獸（守）之，昌（以）告。"144："小人逃至州衡（巷），州人牂（將）敷（捕）小人"敷，簡133作"搏"，讀爲"捕"。秦簡作"縛"，睡虎地秦簡《封珍式》簡20："男子甲縛詣男子丙。"

頁碼	通假字	反切	中古聲母	中古韻	上古聲母	上古韻部
180	塼	彼五切	幫	姥（合口一等）	幫	魚
	薄	傍各切	並	鐸（開口一等）	並	鐸

上博藏四《昭王毀室》3、4："儓（僕）之父之骨才（在）此室之隊（階）下，儓（僕）牂（將）埮（餤）亡老□。昌（以）儓（僕）之不得，并儓（僕）之父母之骨厶（私）自塼（薄）。"塼，讀爲"薄"，迫也。以上大意謂：不僅我不能祭祀亡老，而且使我父母的遺骨私自迫近王宮。

頁碼	通假字	反切	中古聲母	中古韻	上古聲母	上古韻部
183	沽	古胡切	見	模（合口一等）	見	魚
	涸	下各切	匣	鐸（開口一等）	匣	鐸

上博藏二《魯邦大旱》5："女（如）天不雨，水牂（將）沽（涸）。"上博藏六《用曰》6："繼（絕）原（源）流瀝（澌），亓（其）古（胡）能不沽（涸）。"沽，讀爲"涸"。

— 174 —

第五章　魚、鐸、陽三部通假關係研究

	通假字	反切	中古聲母	中古韻	上古聲母	上古韻部
185	布	博故切	幫	暮（合口一等）	幫	魚
	步	蒲故切	並	暮（合口一等）	並	鐸
	酺	薄胡切	幫	模（合口一等）	幫	魚

葛陵簡甲三 76："☐需（靈）君子，户、步、門☐☐。"步，神名，或以爲又作"酺""布"。《周禮·夏官·校人》"冬祭馬步"，鄭玄注："馬步，神爲災害馬者。"孫詒讓《周禮正義》云："今考馬步之祭，它經無文，鄭以漢制説之，亦無塙證。竊疑'步'當讀如字。《曲禮》云：'路馬必中道'，孔疏云：'步猶行也。'《左》襄二十六年傳云'左師見夫人之步馬者'，杜注云：'步馬，習馬。'馬步蓋謂習馬之道。《月令》五祀，冬祭行。此冬祭馬步，猶人之有祭行。《史記·封禪書》有祠馬行，或其遺法。《月令》注，祭行在廟門外之西，然則祭馬步其在廄門外之西與？"字又作"酺"。《周禮·地官·族師》"春秋祭酺"，鄭玄注云："酺者，爲人物災害之神也。故書酺或爲步，杜子春云：'當爲酺'。玄謂《校人》職又有'冬祭馬步'，則未知此世所云蝝螟之酺與？人鬼之步與？"字又作"布"。《史記·封禪書》云："而雍有日、月、參、辰、南北斗、熒惑、太白、歲星、填星、二十八宿、風伯、雨師、四海、九臣、十四臣、諸布、諸嚴、諸述之屬、百有餘廟。"《周禮正義》引惠士奇云："《封禪書》有諸布，索隱引《爾雅》'祭星曰布'，非也。大祝六號，二曰鬼號。布者，鬼號也。秦漢之布，即《周官》之'酺'。……族師祭酺，校人祭步，所謂布也。酺、步、布，音相近而通。"其説紛紜，有待進一步研究。

頁碼	通假字	反切	中古聲母	中古韻	上古聲母	上古韻部
	于	羽俱切	匣	虞（合口三等）	匣	魚
187	邘	羽俱切	匣	虞（合口三等）	匣	魚
	鄂	五各切	疑	鐸（開口一等）	疑	鐸

上博藏二《容成氏》46："於是虐（乎）九邦畔（叛）之，豐、鎬（鎬）、郍、邔、于（邘）、鹿、耂（邰）、宗（崇）、舎（密）須氏。"于，讀爲"邘"，

— 175 —

古國名,《尚書大傳》作"于",《史記·周本紀》作"邘",其地在今河南沁陽西北邘台鎮。《史記·殷本紀》"鄂侯爲三公",集解引徐廣説:鄂,"一作邘,音于。野王縣有邘城"。

頁碼	通假字	反切	中古聲母	中古韻	上古聲母	上古韻部
190	譽	以諸切	餘	御（開口三等）	餘	魚
	夜	羊謝切	餘	禡（開口三等）	餘	鐸

上博藏三《中弓》7:"先又(有)司,舉(舉)臤(賢)才,惑(宥)怎(過)懇(赦)辠(罪)。"懇,簡文又作'壂',讀為"赦",《周易·解卦》:"君子以赦過宥罪。"郭店簡《成之聞之》39:"型(刑)丝(茲)亡(無)懇(赦)。"懇,今《書·康誥》作"赦"。

頁碼	通假字	反切	中古聲母	中古韻	上古聲母	上古韻部
191	懇	以諸切	餘	魚（開口三等）	餘	魚
	赦	始夜切	書	禡（開口三等）	書	鐸

上博藏三《仲弓》10:"仲弓曰:'惑(宥)怎過壂(赦)辠(罪),則民可夌(後)。'"

頁碼	通假字	反切	中古聲母	中古韻	上古聲母	上古韻部
	如	人諸切	日	魚（開口三等）	日	魚
193	女	尼呂切	泥	語（開口三等）	泥	魚
	若	而灼切	日	藥（開口三等）	日	鐸

上博藏六《孔子見季桓子》:"赶(桓)子曰:女(若)夫息(仁)人之未啻(察)亓(其)行(?)☐。"女,讀爲"若"。郭店簡《老子》乙11:"上悳(德)女(如)浴(谷),大白女(如)辱,眚(廣)悳(德)女(如)不足,建悳(德)女(如)□□貞(真)女(如)愉。"女,帛本乙179上作"如",王本作"若"。

— 176 —

第五章　魚、鐸、陽三部通假關係研究

頁碼	通假字	反切	中古聲母	中古韻	上古聲母	上古韻部
193	女	尼呂切	泥	語（開口三等）	泥	魚
	諾	奴各切	泥	鐸（開口一等）	泥	鐸

上博藏五《姑成家父》9："罡（強）門大夫曰：'女（諾）。出內庫之絑（囚），雲（員）而余（予）之兵。'"女，讀爲"諾"。

頁碼	通假字	反切	中古聲母	中古韻	上古聲母	上古韻部
193	奴	乃都切	泥	模（合口一等）	泥	魚
	如①	人諸切	日	魚（開口三等）	日	魚
	若	而灼切	日	藥（開口三等）	日	鐸

上博藏四《采風曲目》1："子奴（如）思我。"上博藏四《逸詩・多薪》1："多新（薪）多新（薪），莫奴（如）藿（萑）葦。"2："多新（薪）多新（薪），莫奴（如）松杍。"奴，讀爲"如"。郭店簡《老子》甲8—9："夜（豫）唐（乎）奴（如）冬涉川，猷（猶）唐（乎）亓（其）奴（如）悓（畏）四叟（鄰），敢（嚴）唐（乎）亓（其）奴（如）客，鬣（渙）唐（乎）亓（其）奴（如）懌（釋），屯（敦）唐（乎）亓（其）奴（如）檏（樸），坉（沌）唐（乎）亓（其）奴（如）濁。"奴，讀爲"如"，帛本甲、乙，王本作"若"。

頁碼	通假字	反切	中古聲母	中古韻	上古聲母	上古韻部
194	怒	乃故切	泥	暮（合口一等）	泥	魚
	惹	—	—	—	—	魚
	作	則落切	精	鐸（開口一等）	精	鐸

郭店簡《老子》甲34："未智（知）牝戊（牡）之會（合）芴（朘）惹（怒）。"惹，同"怒"。帛本乙作"怒"，王本作"作"。

---

① 如若二字通假前文已計，此處不計入總數。

◆◇◆ 戰國楚簡帛韻部親疏關係研究

頁碼	通假字	反切	中古聲母	中古韻	上古聲母	上古韻部
196	迲	丘倨切	溪	御（開口三等）	溪	魚
	寄	居義切	見	寘（開口三等）	見	歌
	託	他各切	透	鐸（開口一等）	透	鐸

郭店簡《老子》乙8："炁（愛）㠯（以）身爲天下，若可㠯（以）迲（寄）天下矣。"迲，帛本甲、乙作"寄"，王本作"託"。

頁碼	通假字	反切	中古聲母	中古韻	上古聲母	上古韻部
201	庶	章恕切	章	御（開口三等）	章	魚
	炙	之石切	章	昔（開口三等）	章	鐸

上博藏四《柬大王泊旱》2："王向日而立，王滄（汗）至纚（帶）。龜尹智（知）王之庶（炙）於日而疠（病），芥（介）慸（儀）愈迲（奀）。"庶，讀爲"炙"。

頁碼	通假字	反切	中古聲母	中古韻	上古聲母	上古韻部
206	苲	側下切	莊	馬（合口二等）	莊	魚
	笮	側伯切	莊	陌（開口二等）	莊	鐸

曾侯乙簡65："苲𠭯，紫裏，紫愉（錦）之純（純），紫繸之繢（縢）。"71："瓕輪。苲（笮）𠭯，苲（笮）輓，紫裏，馴（貂）毫之韜。"苲，讀爲"笮"，"苲（笮）輓"即竹簾。簡文"苲（笮）輓"不是記另一件器物，而是對"苲𠭯"質地的説明。

2. 魚—月

魚部和月部共通假5組。

頁碼	通假字	反切	中古聲母	中古韻	上古聲母	上古韻部
189	刖	魚厥切	疑	月（合口三等）	疑	月
	芋	王遇切	匣	遇（合口三等）	匣	魚

包山簡116："鄝（鄢）陵攻尹産，㕦尹蒙爲鄝（鄢）陵貣（貸）郕異之金三益刖益。"刖，字從肉刀，會意，"刖益"意爲半益，《史記·項羽

第五章　魚、鐸、陽三部通假關係研究

本紀》"士卒食芋菽",《漢書·項籍傳》作"卒食半菽。"疑"刖"讀爲"芋"。

頁碼	通假字	反切	中古聲母	中古韻	上古聲母	上古韻部
304	舝	胡瞎切	匣	鎋（開口二等）	匣	月
	蓋	古太切	見	泰（開口一等）	見	葉
	箇	古胡	見	模（開口一等）	見	魚

望山簡二 12："一紫箇，鯌膚之裏，肯（絹）緧之純，白金之钽（蓜）钓（瑤）。"天星觀簡："紡箇。"箇，簡文又作"斀""箇"，讀爲"蓋"。

頁碼	通假字	反切	中古聲母	中古韻	上古聲母	上古韻部
170	於	央居切	影	魚（開口三等）	影	魚
	遏	烏葛切	影	曷（開口一等）	影	月

楚帛書甲 1："風雨是於。"於，讀爲"遏"，止也。"風雨是於"，謂遠古天地茫昧之時，無風無雨也。

頁碼	通假字	反切	中古聲母	中古韻	上古聲母	上古韻部
189	禹	王矩切	匣	麌（合口三等）	匣	魚
	害	胡蓋切	匣	泰（開口一等）	匣	月

上博藏五《競建内之》7："天不見禹（害）。"禹，讀爲"害"。

頁碼	通假字	反切	中古聲母	中古韻	上古聲母	上古韻部
189	萬	王矩切	匣	麌（合口三等）	匣	魚
	葛	古達切	見	曷（開口一等）	見	月

上博藏一《詩論》17："《菜（采）萬》之惡（愛）婦□。"菜萬，或謂即今《詩·王風》篇名"采葛"。

3. 魚—覺

魚部和覺部共通假 4 組，已在第二章第二節"覺—魚"中列舉。

4. 魚—物

魚部與物部共通假 3 組。

頁碼	通假字	反切	中古聲母	中古韻	上古聲母	上古韻部
114	惪	於求切	影	尤（開口三等）	影	幽
	炱	烏代切	影	代（開口一等）	影	物
	噯	於求切	影	尤（開口三等）	影	幽
	嗄	所嫁切	山	禡（開口二等）	山	魚

郭店簡《老子》甲34："冬（終）日唐（號）而不惪（噯），和之至也。"惪，讀爲"噯"。帛本甲作"炱"，乙作"噯"，王本作"嗄"。

頁碼	通假字	反切	中古聲母	中古韻	上古聲母	上古韻部
195	弡	巨勿切	群	物（合口三等）	群	物
	距	其呂切	群	語（開口三等）	群	魚

上博藏四《曹沫之陳》17："疆堅（地）毋先而必取□安（焉），所㠯（以）弡（距）鄹（邊）。"18："毋㤅（愛）貨資子女，㠯（以）事亓（其）伎（便）迡（嬖），所㠯（以）弡（距）内。"弡，"矩"之異構，讀爲"距"，《尚書·益稷》"予決九州，距四海，濬畎澮，距川"，孔氏傳："距，至也。"疏："距者，相抵之名，故爲至也。"

頁碼	通假字	反切	中古聲母	中古韻	上古聲母	上古韻部
120	另	古瓦切	見	馬（合口二等）	見	魚
	冒	莫報切	明	號（開口一等）	明	覺
	雺	呼骨切	曉	沒（合口一等）	曉	物
	蒙	莫紅切	明	東（合口一等）	明	東

曾侯乙簡4："宮廄敏（令）㓝所馭輦鞏：䑛輪，畫杚（轅），另（冒）鎋（轄）。10："另（冒）鎋（轄）。"另，從冃，摹本從刀而向上穿出，而圖版的筆劃似乎並未穿透。該字看來與從"免"之字沒有關係，而無論是從"冃"聲還是從"刀"聲，都有可能讀爲"冒"。曾侯乙簡稱車害爲"雺（蒙）"，冒轄，車害上的銷釘。或者句讀爲"冒、轄"，指車害及車轄。

5. 魚—錫

魚部與錫部共通假 2 組。

頁碼	通假字	反切	中古聲母	中古韻	上古聲母	上古韻部
213	厇	陟革切	知	麥（開口二等）	端	錫
	邜			——		鐸
	石	常隻切	禪	昔（開口三等）	禪	鐸
	亳	傍各切	並	鐸（開口一等）	並	鐸
	蒲	薄胡切	並	模（合口一等）	並	魚
	薄	傍各切	並	鐸（開口一等）	並	鐸

望山簡一 113：“☐之日，月饋東厇公。”包山簡 171：“東厇人舒飆（豫）。”190：“東厇人登環。”厇，簡文又作“邜”“石”，經史作“亳”。《左傳》哀公四年“亳社”，《公羊傳》作“蒲社”，《禮記·郊特性》作“薄社”。

頁碼	通假字	反切	中古聲母	中古韻	上古聲母	上古韻部
196	鼠	舒呂切	書	語（開口三等）	書	魚
	疫	營隻切	餘	昔（合口三等）	餘	錫

上博藏四《柬大王泊旱》5：王曰：“女（如）麋，速祭之，虐（吾）瘵（憯）鼠（疫）病。”鼠，讀爲“疫”。

6. 魚—屋

魚部與屋部共通假 1 組，已在第四章第二節“屋—魚”部分列舉。

7. 魚—職

魚部與職部共通假 1 組，已在第一章第二節“職—魚”部分列舉。

8. 魚—緝

魚部與緝部共通假 1 組。

頁碼	通假字	反切	中古聲母	中古韻	上古聲母	上古韻部
195	摯	脂利切	章	至（開口三等）	章	緝

續表

頁碼	通假字	反切	中古聲母	中古韻	上古聲母	上古韻部
304	歫	其呂切	群	語（開口三等）	群	魚
	歫	巨勿切	群	物（合口三等）	群	物

包山簡 153："[晉（笠）虞]之田，南與郊君歫疆，東與陵君歫疆，北與鄴昜歫疆，西與鄱君歫疆。"歫，讀爲"距"，簡 154 作"墊"。簡文四歫謂土地四至之所抵，歫疆猶今言接壤。

9. 魚—葉

魚部與葉部共通假 1 組。

頁碼	通假字	反切	中古聲母	中古韻	上古聲母	上古韻部
304	箑	胡瞎切	匣	鎋（開口二等）	匣	月
	蓋	古太切	見	泰（開口一等）	見	葉
	箣	古胡	見	模（開口一等）	見	魚

望山簡二 12："一紫箑，鯺膚之裏，肓（絹）緅之純，白金之帊（苴）釣（瑤）。"天星觀簡："紡箑。"箑，簡文又作"斠""箣"，讀爲"蓋"。

（二）魚部和陽聲韻通假

5.4 魚部和陽聲韻通假數量表

	陽部	元部	東部	冬部	耕部	侵部	合計
魚部	11	6	3	2	2	1	25

1. 魚—陽

魚部與陽部共通假 11 組。

頁碼	通假字	反切	中古聲母	中古韻	上古聲母	上古韻部
261	几	居履切	見	旨（開口三等）	見	脂
	仉	諸兩切	章	養（開口三等）	章	陽

— 182 —

第五章　魚、鐸、陽三部通假關係研究

續表

頁碼	通假字	反切	中古聲母	中古韻	上古聲母	上古韻部
261	机	居履切	見	旨（開口三等）	見	脂
	㭒		—			之
	朹	九魚切	見	魚（合口三等）	見	魚
	㭒	渠之切	群	之（開口三等）	群	之

包山簡 260："一𦉢（甒）几。"几，簡文又作"仉""机""㭒""朹""㭒"。

頁碼	通假字	反切	中古聲母	中古韻	上古聲母	上古韻部
418	勥	巨兩切	群	養（開口三等）	群	陽
	勮	其據切	群	御（開口三等）	群	魚
	競	渠敬切	群	映（開口三等）	群	陽

郭店簡《五行》41："不勥（勥）不㭒（絿）。不勥（剛）不矛（柔）。"帛本 205 作"不勮不救，不剛不柔"。《詩·商頌·長髮》作"不競不絿，不剛不柔"。勥，讀爲"競"。帛書《五行》302："勮者，強也。"

頁碼	通假字	反切	中古聲母	中古韻	上古聲母	上古韻部
420	亡	武方切	明	陽（開口三等）	明	陽
	無	武夫切	明	虞（合口三等）	明	魚

楚帛書乙 1："卉木亡尚（常）。"乙 3："是胃（謂）遊（失）終，亡奉。"包山簡 176："邵㜷之人舍（舒）亡愄（畏）。"261："䐓膚之純，樊（緣）城（成）之純，亡裏，䨣光之綉。"郭店簡《尊德義》33："不銮（勑）則亡（無）愄（威），不忠（忠）則不信。"《語叢一》62："丌（其）生也亡爲虖（乎）丌（其）型（形）。"上博藏二《從政》甲 7："不息（仁）則亡（無）吕（以）行正（政），不敬則事亡（無）城（成）。"《容成氏》48："一人爲亡道。"亡，讀爲"無"。上博藏五《弟子問》13："君子亡（無）所不足，無所又（有）余（餘）。"亡、無互文。郭店簡《成之聞之》39："型（刑）丝（茲）亡（無）愨（赦）。"亡，今《書·康誥》作"無"。

— 183 —

頁碼	通假字	反切	中古聲母	中古韻	上古聲母	上古韻部
420	亡	武方切	明	陽（開口三等）	明	陽
	毋	武夫切	明	虞（合口三等）	明	魚

郭店簡《語叢三》64、65："亡（毋）䛳（意），亡（毋）古（固），亡（毋）義（我），亡（毋）必。"亡，讀爲"毋"。《論語・子罕》："子絕四：毋意，毋必，毋固，毋我。"

頁碼	通假字	反切	中古聲母	中古韻	上古聲母	上古韻部
421	宎	武方切	明	陽（開口三等）	明	陽
	無	武夫切	明	虞（合口三等）	明	魚

郭店簡《六德》26："術（道）宎（無）止。"宎，讀爲"無"。

頁碼	通假字	反切	中古聲母	中古韻	上古聲母	上古韻部
421	芒	莫郎切	明	唐（開口一等）	明	陽
	無	武夫切	明	虞（合口三等）	明	魚

信陽簡 2—23："結芒之純。"結芒，又作"結無"。

頁碼	通假字	反切	中古聲母	中古韻	上古聲母	上古韻部
422	忘	巫放切	明	漾（合口三等）	明	陽
	無	武夫切	明	虞（合口三等）	明	魚

上博藏三《周易・夬》39："忘（無）虡，中（終）又（有）凶。"忘，帛本、今本作"無"。

頁碼	通假字	反切	中古聲母	中古韻	上古聲母	上古韻部
175	膚	甫無切	幫	虞（合口三等）	幫	魚
	蕪	武夫切	明	虞（合口三等）	明	魚
	芒	莫郎切	明	唐（開口一等）	明	陽
	篤	冬毒切	端	沃（合口一等）	端	覺

包山簡 261："一縞衣，緒膚之純，樊（縴）城（成）之純。"緒膚，

又作"結蕪""結芒""鹽萬",包山簡263:"……裏,結蕪之純,一秦縞之帛(帛)裏,王縊(錦)之純。"信陽簡2—23:"屯結芒之純。"包山簡267:"一<U+fffd>(乘)軒:絓(青)絹(絹)之經(綎);鹽萬之純;鹽萬之<U+fffd>絹(絹);鹽萬之綏(鞍)。"

頁碼	通假字	反切	中古聲母	中古韻	上古聲母	上古韻部
180	武	文甫切	明	麌(合口三等)	明	魚
	芒	莫郎切	明	唐(開口一等)	明	陽

上博藏四《曹沫之陳》63下:"祟(鬼)神軜武,非所己(以)菾(教)民。"軜武,當讀爲聯綿詞"忽芒"等。

2. 魚—元

魚部與元部共通假6組。

頁碼	通假字	反切	中古聲母	中古韻	上古聲母	上古韻部
180	鄟	職緣切	章	仙(合口三等)	章	元
	蒲	薄胡切	並	模(合口一等)	並	魚

包山簡26:"鄟昜大正登生肮(雄)受甘(期),八月癸巳之日不遷(詳)鄟昜宫大夫己(以)廷,阱門又敗。"193:"鄟邑人秀偏。"鄟,讀爲"蒲"。《左傳》桓公十一年"鄖人軍於蒲騷,將與隨、絞、州、蓼伐楚師",杜預注:"蒲騷,鄖邑。"鄖地在今湖北安陸西南。《左傳》昭公元年有"蒲宫",服虔注:"蒲宫,楚君離宫。""鄟昜"應在"蒲騷"附近,"蒲宫"亦應在此。

頁碼	通假字	反切	中古聲母	中古韻	上古聲母	上古韻部
199	鄘	—				魚
	鄘	昨何切	從	歌(開口一等)	從	魚
	酇	作管切	精	翰(開口一等)	精	元
	柤	側加切	莊	麻(開口二等)	莊	魚

包山簡106:"鄘(鄘)陵攻尹產,少攻尹惑爲鄘(鄘)陵貞(貸)邻異之黃金七益以翟(糴)種。"166:"鄘(鄘)陵敓(令)腸胆。"鄘,

同"鄌"。《説文》:"鄌,沛國縣,從邑虘聲,今鄫縣。"字又作"柤",《左傳·襄公十年》杜預注:"柤,楚地。"

頁碼	通假字	反切	中古聲母	中古韻	上古聲母	上古韻部
205	霰	蘇佃切	心	霰(開口四等)	心	元
	寡	古瓦切	見	馬(合口二等)	見	魚

郭店簡《語叢三》31:"智(知)剫(治)者霰(寡)悔(悔)。"霰,"寡"之變體。

頁碼	通假字	反切	中古聲母	中古韻	上古聲母	上古韻部
296	夸	枯瓜切	溪	麻(開口二等)	溪	魚
	嬾	落旱切	來	旱(開口一等)	來	元

郭店簡《六德》36:"此六者各行亓(其)哉(職),而狐(詗)夸(嬾)緐緐(由)乍(作)也。"夸,與詓乃一字之異,讀爲"嬾"。《説文》:"嬾,懈也。"《孟子·告子上》:"富歲子弟多賴。""賴"讀爲"嬾"。

3. 魚—東

魚部與東部共通假3組,已在第四章第三節"東—魚"中列舉。

4. 魚—冬

魚部與冬部共通假2組,已在第二章第三節"冬—魚"中列舉。

5. 魚—耕

魚部與耕部共通假2組。

頁碼	通假字	反切	中古聲母	中古韻	上古聲母	上古韻部
177	脀	郎丁切	來	青(開口四等)	來	耕
	晋	—	—	—	—	魚
	巫	武夫切	明	虞(合口三等)	明	魚

葛陵簡甲三 15:"甬(用)受縣元龜,晋(巫)筮(筮)曰。"望山簡二49:"晋帛(巾)二十二。"包山簡219:"虞(且)爲晋(巫)縪(綆)璠(佩),速晋(巫)之。"244:"墾(舉)禱晋(巫)一全獵,虞(俎)

桓（豆）保逾之。"晉，簡文又作"晋"，同"巫"。

6. 魚—侵

魚部和侵部共通假 1 組。

頁碼	通假字	反切	中古聲母	中古韻	上古聲母	上古韻部
034	宋	王矩切	匣	虞（合口三等）	匣	魚
	深	式針切	書	侵（開口三等）	書	侵

郭店簡《五行》46："宋（深），莫敢不宋（深）；淺（淺），莫敢不淺（淺）。"宋，"深"字異構，帛書《五行》323、324作"深"。

第二節　鐸部

在本書的研究範圍內，鐸部通假共 201 組，其中同部通假 113 組，異部通假 88 組。在異部通假中，陽部與陰聲韻共通假 60 組，與入聲韻共通假 17 組，與陽聲韻共通假 11 組。

5.5　鐸部通假情況匯總表

通假類型			通假數量			
同部通假		鐸—鐸	113			
異部通假	陰聲韻	鐸—魚	48	60	88	201
		鐸—之	3			
		鐸—侯	3			
		鐸—歌	3			
		鐸—支	1			
		鐸—脂	1			
		鐸—宵	1			

續表

通假類型		通假數量			
異部通假	入聲韻	鐸—錫	11	17	88	201
		鐸—葉	1			
		鐸—藥	1			
		鐸—屋	1			
		鐸—月	1			
		鐸—質	1			
		鐸—職	1			
	陽聲韻	鐸—談	4	11		
		鐸—真	3			
		鐸—元	2			
		鐸—蒸	1			
		鐸—文	1			

一　鐸部的同部通假

鐸部同部通假 113 組。

伯博	柏博	敀博	柏伯	敀伯	獏莫	暮莫	蓦暮	蓦暮	漠縸	幕獏
遣措	幕寞	攉攫	獲獋	藉耤	格各	挌各	誇銘	略銘	略誇	閣落
籆籆	零露	洛霩	絡落	獲濩	泊白	帛白	薄泊	獏絈	箬若	蒚萫
赫螫	赫蒚	籆笿	橐迮	託迮	託槖	薄亳	託佗	腊昔	皵鯌	錯鴼
石碩	咢噩	鄂噩	鄂咢	愕噩	夜亦	液亦	夕梇	腋胁	憚睪	繹睪
襗睪	憚瘴	澤蘀	惡亞	笿籆	擇澤	斁臭	憚臭	赫墼	叙攤	鐸射
乍作	臭射	釋澤	釋斁	赤墼	迮乍	作怍	昔作	作迮	格客	各客
落苳	赫苳	貉路	百白	伯白	柏白	伯息	酒泊	伯胎	拍笆	帛絈
諾若	螫螫	螫蒚	赫螫	亳石	薄石	蹟迮	坏迮	敀亦	夜梇	敀夜
釋睪	釋繹	擇睪	澤睪	澤譯	釋憚	擇斁	露洛	射斁	擇罩	澤羃
鐸鐸	澤臭	擇臭							

第五章 魚、鐸、陽三部通假關係研究

二 鐸部的異部通假

鐸部異部通假88組。

（一）鐸部和陰聲韻通假

5.6 鐸部和陰聲韻通假數量表

	魚部	之部	侯部	歌部	支部	脂部	宵部	合計
鐸部	48	3	3	3	1	1	1	60

1. 鐸—魚

鐸部與魚部共通假48組，已在第五章第一節"魚—鐸"中列舉。

2. 鐸—之

鐸部與之部共通假3組，已在第一章第一節"之—鐸"中列舉。

3. 鐸—侯

鐸部與侯部共通假3組，已在第四章第一節"侯—鐸"中列舉。

4. 鐸—歌

鐸部與歌部共通假3組。

頁碼	通假字	反切	中古聲母	中古韻	上古聲母	上古韻部
196	迲	丘倨切	溪	御（開口三等）	溪	魚
	寄	居義切	見	寘（開口三等）	見	歌
	託	他各切	透	鐸（開口一等）	透	鐸

郭店簡《老子》乙8："㤅（愛）目（以）身爲天下，若可目（以）迲（寄）天下矣。"迲，帛本甲、乙作"寄"，王本作"託"。

頁碼	通假字	反切	中古聲母	中古韻	上古聲母	上古韻部
234	敳	敷羈切	滂	支（開口三等）	滂	歌
	彼	甫委切	幫	紙（開口三等）	幫	歌
	作	則落切	精	鐸（開口一等）	精	鐸

九店簡56—19上："敳於子，坪於丑。"20上："敳於丑，坪於寅。"15下："凡敳日，惓（踐）蔓（枲）之日，不稱（利）目（以）祭祀，聚

衆，□迖（去），遌（徙）豪（家）。"敄，日值名，睡虎地秦簡《日書》甲作"彼"，乙作"作"。古音從乍與從且之字音近，如"鈹"又稱"鉏"（《廣雅·釋器》），"作"假為"詛"，《詩·大雅·蕩》"侯作侯祝"即"侯詛侯祝"。

5. 鐸—支

鐸部與支部共通假1組。

頁碼	通假字	反切	中古聲母	中古韻	上古聲母	上古韻部
164	綌	綺戟切	溪	陌（開口三等）	溪	鐸
	谿	苦奚切	溪	齊（開口四等）	溪	支

上博藏六《用曰》20："又（有）贛（坎）贛（坎）之綌（谿），又（有）繢繢之□。"綌，讀為"谿"。

6. 鐸—脂

鐸部與脂部共通假1組。

頁碼	通假字	反切	中古聲母	中古韻	上古聲母	上古韻部
090	弋	與職切	餘	職（開口三等）	餘	職
	𢁉	羊益切	餘	昔（開口三等）	餘	鐸
	貳	而至切	日	至（開口三等）	日	脂

郭店簡《緇衣》3："則民青（情）不𢁉（貳）。"上博藏一《緇衣》2："則民情不弋（貳）。"𢁉、弋，今本作"貳"。

7. 鐸—宵

鐸部與宵部共通假1組，已在第三章第一節"宵—鐸"中列舉。

(二) 鐸部和其他入聲韻通假

5.7 鐸部和其他入聲韻通假數量表

	錫部	葉部	藥部	屋部	月部	質部	職部	合計
鐸部	11	1	1	1	1	1	1	17

第五章　魚、鐸、陽三部通假關係研究

1. 鐸—錫

鐸部與錫部共通假 11 組。

頁碼	通假字	反切	中古聲母	中古韻	上古聲母	上古韻部
213	厇	陟革切	知	麥（開口二等）	端	錫
	度	徒故切	定	暮（合口一等）	定	鐸

上博藏三《彭祖》1："乃牀（將）多昏（聞）因由，乃不遴（失）厇（度）。"上博藏五《競建内之》10："迥（驅）述（逐）畋卿，亡（無）羿（期）厇（度）。"上博藏五《三德》7："憙（喜）樂無堇（限）厇（度），是胃（謂）大亢（荒），皇天弗京（諒），必返（復）之曰（以）惪（憂）䧹（喪）。"8："宫室𨚑（過）厇（度），皇天之所亞（惡），唯（雖）成弗居。"11："毋楍（揣）深，毋厇（度）山。"12："宫室汙池，各誩（慎）亓（其）厇（度）。"上博藏六《天子建州》甲 7："者（諸）侯飤（食）同牀（狀），視百正，寡還腎（肩）。與卿大夫同恥（止）厇（度）。"8："不可以不餇（聞）恥（止）厇（度），民之䍐（託）也。"厇，讀爲"度"。

頁碼	通假字	反切	中古聲母	中古韻	上古聲母	上古韻部
213	厇	陟革切	知	麥（開口二等）	端	錫
	宅	場伯切	澄	陌（開口二等）	定	鐸

郭店簡《成之聞之》33、34：《大禹（禹）》曰："'余才（兹）厇（宅）天心'，害（盍）？此言也，言余之此而厇（宅）於天心也。是古（故）君子敠（篤）於（席）之上，壤（讓）而受學（幼）；朝廷之立（位），壤（讓）而凥（處）戔（賤），所厇（宅）不遴（徵）悈（矣）。"上博藏二《容成氏》18："田無剗（蔡），厇（宅）不工。"厇，讀爲"宅"。厇天心，《書・康誥》："宅心知訓。"宅，存也，包山簡 155："鄩昃（節）命：雺（葬）王士，若（如）雺（葬）王士之厇（宅）。"宅，安葬之所。《儀禮・士喪禮》"筮宅，冢人營之"，鄭玄注："宅，葬居也。"《孝經・喪親》"卜其宅兆而安措之"，注云："宅，墓穴也。"

頁碼	通假字	反切	中古聲母	中古韻	上古聲母	上古韻部
213	厇	陟革切	知	麥（開口二等）	端	錫
	迊	他各切	透	鐸（開口一等）	透	鐸
	橐	他各切	透	鐸（開口一等）	透	鐸
	託	他各切	透	鐸（開口一等）	透	鐸

郭店簡《老子》乙8："[故貴以身]爲天下，若可㠯（以）厇（託）天下矣。"厇，帛本甲作"迊"，乙作"橐"，王本作"託"。

頁碼	通假字	反切	中古聲母	中古韻	上古聲母	上古韻部
213	厇	陟革切	知	麥（開口二等）	端	錫
	擇	場伯切	澄	陌（開口二等）	定	鐸

上博藏二《容成氏》2："牧（朱）需（儒）爲矢，長（張）者舩（槳）厇（擇），婁（僂）者坆（枚）瞽（數）。"厇，讀爲"擇"。漢少府屬官有槳官，掌擇米。《後漢書·皇后紀》鄧后詔曰："減大官、導官，……自非供陵廟，稻粱米不得導擇。"

頁碼	通假字	反切	中古聲母	中古韻	上古聲母	上古韻部
213	厇	陟革切	知	麥（開口二等）	端	錫
	邟	—				鐸
	石	常隻切	禪	昔（開口三等）	禪	鐸
	亳	傍各切	並	鐸（開口一等）	並	鐸
	蒲	薄胡切	並	模（合口一等）	並	魚
	薄	傍各切	並	鐸（開口一等）	並	鐸

望山簡一113："☐之日，月饋東厇公。"包山簡171："東厇人舒飄（豫）。"190："東厇人登環。"厇，簡文又作"邟""石"，經史作"亳"。《左傳》哀公四年"亳社"，《公羊傳》作"蒲社"，《禮記·郊特性》作"薄社"。

第五章　魚、鐸、陽三部通假關係研究

頁碼	通假字	反切	中古聲母	中古韻	上古聲母	上古韻部
215	迡	他各切	透	鐸（開口一等）	透	鐸
	適	施隻切	書	昔（開口三等）	書	錫

包山簡 120："□客監㠯迡（適）楚之歲（歲）。"上博藏四《昭王與龔之脽》5、6："卲（昭）王迡（適）逃（挑）珤（寶），龏（龔）之脽（脽）駛（馭）王。"迡，同"適"。

2. 鐸—葉

鐸部與葉部共通假 1 組。

頁碼	通假字	反切	中古聲母	中古韻	上古聲母	上古韻部
056	甲	古狎切	見	狎（開口二等）	見	葉
	作	則落切	精	鐸（開口一等）	精	鐸
	起	墟里切	溪	止（開口三等）	溪	之

郭店簡《老子》甲 26："九城（成）之臺（臺），甲〔於累土〕。"甲，帛本甲、乙作"作"，王本作"起"。

3. 鐸—藥

鐸部與藥部共通假 1 組，已在第三章第二節"藥—鐸"中列舉。

4. 鐸—屋

鐸部與屋部共通假 1 組，已在第四章第二節"屋—鐸"中列舉。

5. 鐸—月

鐸部與月部共通假 1 組。

頁碼	通假字	反切	中古聲母	中古韻	上古聲母	上古韻部
303	丯	古拜切	見	怪（開口二等）	見	月
	戟	几劇切	見	陌（開口三等）	見	鐸

包山竹牘 1："車丯（戟），戠（緙）羽一習（旒）。"丯，讀爲"戟"。

6. 鐸—質

鐸部與質部共通假 1 組。

頁碼	通假字	反切	中古聲母	中古韻	上古聲母	上古韻部
218	臭	羊益切	餘	昔（開口三等）	餘	鐸
	鼻	毗至切	並	至（開口三等）	並	質

郭店簡《語叢一》51："臭，臭（鼻）叝（司）也。"臭，讀爲"鼻"。

7. 鐸—職

鐸部與職部共通假1組，已在第一章第二節"職—鐸"中列舉。

（三）鐸部和陽聲韻通假

5.8 鐸部和陽聲韻通假數量表

	談部	真部	元部	蒸部	文部	合計
鐸部	4	3	2	1	1	11

1. 鐸—談

鐸部與談部共通假4組。

頁碼	通假字	反切	中古聲母	中古韻	上古聲母	上古韻部
215	石	常隻切	禪	昔（開口三等）	禪	鐸
	砧	多忝切	端	忝（開口四等）	端	談

郭店簡《緇衣》35："白珪（圭）之石〈砧〉，尚可替（磨）也。"石，或疑爲砧或砧之誤書，上博藏一《緇衣》18、今本作"砧"。

頁碼	通假字	反切	中古聲母	中古韻	上古聲母	上古韻部
218	臭	羊益切	餘	昔（開口三等）	餘	鐸
	厭	於豔切	影	豔（開口三等）	影	談
	射	神夜切	船	禡（開口三等）	船	鐸
	斁	羊益切	餘	昔（開口三等）	餘	鐸

上博藏一《緇衣》21："《岂（詩）》員（云）：備（服）之亡（無）臭（懌）。"臭，郭店簡《緇衣》41作"㦸"，今本作"射"，鄭注："射，厭也。"《詩·周南·葛覃》作"斁"。

2. 鐸—真

鐸部與真部共通假 3 組。

頁碼	通假字	反切	中古聲母	中古韻	上古聲母	上古韻部
203	弞	式忍切	書	軫（開口三等）	書	真
	橐	他各切	透	鐸（開口一等）	透	鐸

包山簡 38："弞邔君之司敗臧（臧）疴受旮（期），癸巳之日不逞（詳）弞邔君之司馬駕與弞邔君之人南輅、登敢㠯（以）廷，阩門又敗。"60："弞邔君之司敗臧（臧）疴受旮（期），十月辛未之日不逞（詳）弞邔君之司馬周駕㠯（以）廷，阩門又敗。"弞，讀爲"橐"。弞邔，地名，讀爲"橐皋"。《春秋》哀公十二年"公會吳於橐皋"，杜預注："橐皋在淮南逡酒縣東南。"釋文："橐，章夜反。"《漢書·地理志》九江郡"橐皋"，師古注引孟康曰："音柘姑。"其地即今安徽巢湖市西北四十餘里之"柘皋"。

頁碼	通假字	反切	中古聲母	中古韻	上古聲母	上古韻部
203	弞	式忍切	書	軫（開口三等）	書	真
	射	神夜切	船	禡（開口三等）	船	鐸

信陽簡 1—03："☐☐☐教箸（書）晶（三）歲（歲），教言三歲（歲），教弞（射）䎽（與）馭（御）☐。"弞，同"射"。上博藏三《周易·井》44："九二：秉（井）浴（谷）弞（射）鮒（鮒），隹（唯）祴（敝）縷（漏）。"弞，帛本、今本作"射"。

頁碼	通假字	反切	中古聲母	中古韻	上古聲母	上古韻部
203	弞	式忍切	書	軫（開口三等）	書	真
	謝	辝夜切	邪	禡（開口三等）	邪	鐸

郭店簡《窮達以時》8："孫叔（叔）三弞（謝）邲（期）思少司馬。"弞，讀爲"謝"。

3. 鐸—元

鐸部與元部共通假 2 組。

頁碼	通假字	反切	中古聲母	中古韻	上古聲母	上古韻部
322	懽	呼官切	曉	桓（合口一等）	曉	元
	格	古伯切	見	陌（開口二等）	見	鐸
	勸	去願切	溪	願（合口三等）	溪	元

郭店簡《緇衣》24："則民又（有）懽（勸）心。"懽，上博藏一《緇衣》13 作"昰"，讀爲"勸"。今本作格，乃異文。

4. 鐸—蒸

鐸部與蒸部共通假 1 組，已在第一章第三節"蒸—鐸"中列舉。

5. 鐸—文

鐸部與文部共通假 1 組。

頁碼	通假字	反切	中古聲母	中古韻	上古聲母	上古韻部
212	索	蘇各切	心	鐸（開口一等）	心	鐸
	綸	力迍切	來	諄（合口三等）	來	文

郭店簡《緇衣》29："王言女（如）索，亓（其）出女（如）絭（紼）。"索，今本作"綸"。

第三節　陽部

在本書的研究範圍内，陽部通假共 352 組。其中同部通假有 303 組，異部通假 49 組。在異部通假中，陽部與陰聲韻共通假 17 組，與入聲韻共通假 19 組，與陽聲韻共通假 13 組。

第五章 魚、鐸、陽三部通假關係研究

5.9 陽部通假情況匯總表

通假類型			通假數量			
同部通假		陽—陽	303			
異部通假	陰聲韻	陽—魚	11	17	49	352
		陽—脂	2			
		陽—宵	2			
		陽—之	2			
	入聲韻	陽—月	4	19		
		陽—質	4			
		陽—職	2			
		陽—物	2			
		陽—覺	2			
		陽—錫	2			
		陽—葉	1			
		陽—緝	1			
		陽—屋	1			
	陽聲韻	陽—元	5	13		
		陽—文	4			
		陽—耕	1			
		陽—蒸	1			
		陽—真	1			
		陽—侵	1			

一 陽部的同部通假

陽部同部通假 303 組。

陽易	揚易	楊揚	場膓	揚煬	傷剔	競妘	揚皋	陽皋	卿慶	觴鷦
殤殤	養敉	逞迬	剔黷	養羕	恙羕	漾羕	養漾	郪養	養儀	糠康
黷剔	剔剔	羕郪	漾郪	殃央	英央	鞅央	更廣	央畀	殃畀	紻鞅

◆◇◆ 戰國楚簡帛韻部親疏關係研究

紻央	行㝬	衡莫	慶卿	饗鄉	向鄉	享言	饗言	杏荅	常尚	嘗尚
裳常	虞庚	嘗棠	常棠	裳棠	尚㦂	堂棠	黨當	掌弁	仰印	襄壤
膿壤	攘壤	讓壤	穣壤	鄭壤	攘膿	讓膿	讓攘	囊糠	穣鄭	相㮎
相棍	像象	杏荅	蕩潒	尚上	上走	尚走	上辻	彰章	漳章	荅荅
障墜	倡昌	邕邕	莨長	脤張	痕張	瘇張	痕脤	瘇脤	瘇痕	脤瘇
杖丈	莊壯	床牀	臧牂	丙酉	柄輴	㤼愓	畾愓	莊妝	臧戕	臧戩
葬贓	將贓	葬甏	葬汋	臧汋	莊牂	將酒	醬酒	戕酒	莊酒	牆瘴
梁籾	梁籾	梁梨	滄倉	蒼倉	蒼滄	滄蒼	疆畺	病秉	並立	強彊
薑蘁	強弝	競弝	疆僵	黃繡	枉桎	匡筮	筐筮	筐匡	輄鞋	橫皇
皇騜	芒亡	忘亡	盲亡	景亡	明亡	景盲	明盲	明景	亡死	盲莧
孟猛	望覓	亡蕘	喪㾖	甗喪	霧喪	㾖喪	霧甗	㾖甗	妄忘	亡景
盲景	孟忘	盟景	芒忘	亡孟	妄孟	妄亡	荒亢	亢悤	望陡	室望
明景	望埜	望䄠	兩良	輄良	諒俍	良俍	良諒	粮糧	量糧	量歔
网囚	網囚	網网	防方	方枋	輄兩	倪兄	倪兄	倪倪	盟孟	明盟
盟盥	盥盟	盟盟	明盟	湯易	揚湯	楊湯	唐湯	康湯	揚楊	翳剔
翳傷	唐場	楊傷	諒京	景競	場葛	祥羊	詳恙	將迖	將迖	詳迖
永羕	咏羕	祥羕	亨羕	饗卿	享卿	亨卿	向卿	慶向	芳言	紡言
享芳	荒康	黨尚	當尚	儻尚	賞棠	堂棠	堂裳	鄘棠	鄘堂	囊襄
襄壤	纕壤	膿纕	攘纕	讓纕	襄糠	鄭糠	湯康	襄鄭	將相	鞦長
張長	脤長	痕長	瘇長	倀長	康庚	張倀	長鞦	長辰	臧牀	痒牂
莊牂	迖行	莊斯	藏戕	壯戕	莊戕	牀藏	壯藏	壯牀	藏贓	臧愓
酒痛	相倉	蒼愴	剛疆	疆彊	強剛	廣生	匡生	橫桎	往桎	廣鞋
廣皇	況皇	廣橫	喪芒	喪亡	忘亢	望亢	亡亢	粮糧	粮粮	疆剛
房方	鈁方	紡方	旁方	謗方	秉方	方仿	旁仿	愓盥	防汸	方邡
柄扔	愓盥	方立	方並	旁並	並邡					

— 198 —

二 陽部的異部通假

陽部異部通假 49 組。

（一）陽部和陰聲韻通假

5.10　陽部和陰聲韻通假數量表

	魚部	脂部	宵部	之部	合計
陽部	11	2	2	2	17

1. 陽—魚

陽部與魚部共通假 11 組，已在第五章第一節"魚—陽"中列舉。

2. 陽—脂

陽部與脂部共通假 2 組。

頁碼	通假字	反切	中古聲母	中古韻	上古聲母	上古韻部
261	几	居履切	見	旨（開口三等）	見	脂
	仉	諸兩切	章	養（開口三等）	章	陽
	机	居履切	見	旨（開口三等）	見	脂
	杞	——				之
	𣏂	九魚切	見	魚（合口三等）	見	魚
	㠱	渠之切	群	之（開口三等）	群	之

包山簡 260："一𨟻（澆）几。"几，簡文又作"仉""机""杞""𣏂""㠱"。

3. 陽—宵

陽部與宵部共通假 2 組，已在第三章第一節"宵—陽"中列舉。

4. 陽—之

陽部與之部共通假 2 組，已在第一章第一節"之—陽"中列舉。

（二）陽部和入聲韻通假

5.11　陽部和入聲韻通假數量表

	月部	質部	職部	物部	覺部	錫部	葉部	緝部	屋部	合計
陽部	4	4	2	2	2	2	1	1	1	19

1. 陽—月

陽部與月部共通假 4 組。

頁碼	通假字	反切	中古聲母	中古韻	上古聲母	上古韻部
308	祭	子例切	精	祭（開口三等）	精	月
	芳	敷方切	滂	陽（開口三等）	滂	陽

上博藏三《周易·困》43："利用祭祀。"祭，今本同，帛本作"芳"，乃異文。

頁碼	通假字	反切	中古聲母	中古韻	上古聲母	上古韻部
318	爕	莫結切	明	屑（開口四等）	明	月
	蔑	莫結切	明	屑（開口四等）	明	月
	亡	武方切	明	陽（開口三等）	明	陽

郭店簡《六德》36："此六者各行亓（其）戠（職），而狐（訕）詗（嬆）爕繇（由）乍（作）也。"爕，同"蔑"，簡 24 作"亡（無）"。上博藏一《詩論》9："《天保》，亓（其）得彔（祿）蔑畺（疆）矣。"《小爾雅·廣詁》："蔑，無也。"

頁碼	通假字	反切	中古聲母	中古韻	上古聲母	上古韻部
414	丈	直兩切	澄	養（開口三等）	定	陽
	大	徒蓋切	定	泰（開口一等）	定	月

上博藏三《周易·師》7："貞，丈人吉。"丈人，今本同，帛本闕，《子夏傳》作"大人"，乃異文。

2. 陽—質

陽部與質部共通假 4 組。

頁碼	通假字	反切	中古聲母	中古韻	上古聲母	上古韻部
288	日	人質切	日	質（開口三等）	日	質
	蟒	模朗切	明	蕩（開口一等）	明	陽

第五章　魚、鐸、陽三部通假關係研究

上博藏五《鮑叔牙與隰朋之諫》8："日㽞亦不爲忎（災），公（蚣）螶（蠡）亦不爲戠（害）。"日㽞，讀爲"蟒蚱"。《漢書》"金日磾"之"日"音"密"，是"日"歧讀如明紐字。《方言》卷十一"蟒，宋魏之閒謂之虴，南楚之外謂之蟅蟒，或謂之蟒，或謂之螣"，郭璞注：蟒，"即蝗也"。"日㽞""蟒蚱"猶"螞蚱"也。

頁碼	通假字	反切	中古聲母	中古韻	上古聲母	上古韻部
289	遊	與章切	餘	陽（開口三等）	餘	陽
	失	式質切	書	質（開口三等）	書	質

上博藏二《魯邦大旱》1："毋乃遊者（諸）型（刑）與惪乎？"上博藏四《曹沫之陳》7："君子得之遊（失）之，天命。"9："君子昌（以）臤（賢）禹（稱）而遊（失）之，天命。"10："君子昌（以）臤（賢）禹（稱），害（曷）有弗得？昌（以）亡（無）道禹（稱），害（曷）又（有）弗遊（失）？"遊，楚簡"失"字如是作。上博藏三《周易·隨》16："六二：係少（小）子，遊（失）丈夫。六晶（三）：係丈夫，遊（失）少（小）子，陵（隨）求又（有）得，利尻（居）貞。"遊，帛本、今本作"失"。

頁碼	通假字	反切	中古聲母	中古韻	上古聲母	上古韻部
289	遊	與章切	餘	陽（開口三等）	餘	陽
	秩	直一切	澄	質（開口三等）	定	質

上博藏四《曹沫之陳》31："□遊（秩）車虜（甲），命之毋行。"52："改紭（冒）尔鼓，乃遊（秩）亓（其）備（服）。"遊，讀爲"秩"。

頁碼	通假字	反切	中古聲母	中古韻	上古聲母	上古韻部
289	遊	與章切	餘	陽（開口三等）	餘	陽
	佚	夷質切	餘	質（開口三等）	餘	質

上博藏六《孔子見季桓子》3："㫳（聞）亓（其）訇（辭）於遊（佚）人唐（乎）？"遊，讀爲"佚"。

3. 陽—職

陽部與職部共通假 2 組，已在第一章第二節 "職—陽" 中列舉。

4. 陽—物

陽部與物部共通假 2 組。

頁碼	通假字	反切	中古聲母	中古韻	上古聲母	上古韻部
283	出	赤律切	昌	術（合口三等）	昌	物
	永	于憬切	匣	梗（合口三等）	匣	陽

上博藏三《周易・訟》4："初六：不出御事，少又言，冬吉。"出，帛本、今本作"永"，何琳儀云："永"訓"引"，見《詩・唐風・山有樞》"且以永日"傳。"引"訓"出"，見《文選・司馬遷報任少卿書》"寧得自出深藏岩穴邪"五臣注。然則"永"、"出"為義近異文。

頁碼	通假字	反切	中古聲母	中古韻	上古聲母	上古韻部
414	狀	鋤亮切	崇	漾（開口三等）	崇	陽
	物	文弗切	明	物（合口三等）	明	物

郭店簡《老子》甲21："又（有）牆（狀）蟲（混）成，先天陛（地）生，敓（悅）繆（穆），蜀（獨）立而不亥（該），可吕（以）為天下母。"牆，讀為"狀"。帛本甲、乙，王本作"物"，乃異文。

5. 陽—覺

陽部與覺部共通假 2 組，已在第二章第二節 "覺—陽" 中列舉。

6. 陽—錫

陽部與錫部共通假 2 組。

頁碼	通假字	反切	中古聲母	中古韻	上古聲母	上古韻部
395	鄍	莫經切	明	青（開口四等）	明	錫
	冥	莫經切	明	青（開口四等）	明	錫
	鄳	莫杏切	明	梗（開口二等）	明	陽

曾侯乙簡65："黃釾（豻）馭邾（鄍）君之一簞（乘）肇（畋）車。"

包山簡 143："鄾或礍（磁）敔郲（䣵）君之𦙷邑人黃欽。"䣵，地名，字又作"冥""鄳"。《左傳》定公四年，左司馬戌曰："我悉方城外以毀其舟，還塞大隧、直轅、冥阨。"《史記·春申君列傳》"秦踰黽隘之塞而攻楚"，正義："黽隘之塞在申州。"《漢書·地理志》江夏郡有"鄳縣"，其地在今河南羅山縣西，新蔡西南。

7. 陽—葉

陽部與葉部共通假 1 組。

頁碼	通假字	反切	中古聲母	中古韻	上古聲母	上古韻部
045	弡	陟良切	知	陽（開口三等）	端	陽
	接	即葉切	精	葉（開口三等）	精	葉
	墊	脂利切	章	至（開口三等）	章	緝

包山簡 154："王所舍新大厩（以）晉（笲）蘆之田，南與郲君墊疆，東與茨君墊疆，北與鄒易墊疆，西與鄙君墊疆。"墊，簡 153 作"弡"。執、接音近義通。《詩》"執競武王"，箋："持也。"《廣雅·釋詁三》："接，持也。"從執得聲之"墊"字又作"跈"。知執疆即皆疆，猶言接壤。

8. 陽—緝

陽部與緝部共通假 1 組。

頁碼	通假字	反切	中古聲母	中古韻	上古聲母	上古韻部
045	墊	脂利切	章	至（開口三等）	章	緝
	弡	陟良切	知	陽（開口三等）	端	陽
	接	即葉切	精	葉（開口三等）	精	葉

包山簡 154："王所舍新大厩（以）晉（笲）蘆之田，南與郲君墊疆，東與茨君墊疆，北與鄒易墊疆，西與鄙君墊疆。"墊，簡 153 作"弡"。執、接音近義通。《詩》"執競武王"，箋："持也。"《廣雅·釋詁三》："接，持也。"從執得聲之"墊"字又作"跈"。知執疆即皆疆，猶言接壤。

9. 陽—屋

陽部與屋部共通假1組,已在第四章第二節"屋—陽"中列舉。

(三)陽部和其他陽聲韻通假

5.12　陽部和其他陽聲韻通假數量表

	元部	文部	耕部	蒸部	真部	侵部	合計
陽部	5	4	1	1	1	1	13

1. 陽—元

陽部與元部共通假5組。

頁碼	通假字	反切	中古聲母	中古韻	上古聲母	上古韻部
289	遊	與章切	餘	陽（開口三等）	餘	陽
	遠	雲阮切	匣	阮（合口三等）	匣	元
	失	式質切	書	質（開口三等）	書	質

郭店簡《老子》丙 11:"爲之者敗之,執之者遊之。"遊,各本作"失",惟郭店簡《老子》甲 10"爲之者敗之,執之者遠之",遠、"遊"異文。

頁碼	通假字	反切	中古聲母	中古韻	上古聲母	上古韻部
337	閜	乎瞢切	匣	梗（合口二等）	匣	陽
	關	古還切	見	刪（合口二等）	見	元

上博藏四《逸詩·交交鳴鳥》3:"閜（閒）卝（關）慦（誨）台（辭），皆（偕）上皆（偕）下。"4:"閜（閒）卝（關）慦（誨）台（辭），皆（偕）小皆（偕）大。"閜卝,同"閒關"。《詩·小雅·車舝》"閒關之車舝兮",毛傳:"閒關,設舝也。"《漢書·王莽傳》"士死傷略盡,馳入宫,閒閣至漸臺",師古曰:"閒關,猶言崎嶇展轉也。"《後漢書·荀彧傳論》"荀君乃越河冀,間關以從曹氏",李賢注:"間關,猶輾轉也。"《後漢書·鄧寇列傳》"使者間關詣闕",李賢注:"間關,猶崎嶇也。"白居易《琵琶行》:"間關鶯語花底滑。"簡文"閜卝"蓋狀鳥聲也。

— 204 —

第五章　魚、鐸、陽三部通假關係研究

頁碼	通假字	反切	中古聲母	中古韻	上古聲母	上古韻部
417	倉	七岡切	清	唐（開口一等）	清	陽
	寒	胡安切	匣	寒（開口一等）	匣	元

上博藏六《用曰》6："虙（脣）亡齒倉（寒）。"脣亡齒寒見於《左傳》哀公八年、《韓非子·十過》以及《墨子》《淮南子》等經典，則"倉"歧讀作"寒"。凡釋爲"寒"之倉、滄、滄、蒼，從文從字順的要求讀作"寒"都是可以考慮的。上博藏一《緇衣》6"寒"與《説文》對"寒"的字形分析相合，則"倉""寒"仍是不同的兩個字。

頁碼	通假字	反切	中古聲母	中古韻	上古聲母	上古韻部
417	滄	七岡切	清	唐（開口一等）	清	陽
	寒	胡安切	匣	寒（開口一等）	匣	元

郭店簡《緇衣》10："《君牙（牙）》員（云）：日屠（暑）雨，少（小）民隹（惟）日悁（怨）。晉冬旨（耆）滄，少（小）民亦隹（惟）日悁（怨）。"滄，上博藏一《緇衣》6、今本作"寒"，乃異文。

頁碼	通假字	反切	中古聲母	中古韻	上古聲母	上古韻部
417	滄	七岡切	清	唐（開口一等）	清	陽
	汗	侯旰切	匣	翰（開口一等）	匣	元

上博藏四《柬大王泊旱》1、2："柬（簡）大王泊滹（旱），命龜尹羅貞於大頣（夏），王自臨卜。王向日而立，王滄（汗）至帶（帶）。龜尹智（知）王之庶（炙）於日而疠（病），芥（介）愁（儀）愈迟（矣）。"

2. 陽—文

陽部與文部共通假 4 組。

頁碼	通假字	反切	中古聲母	中古韻	上古聲母	上古韻部
417	汈	奴甸切	泥	霰（開口四等）	泥	文
	梁	呂張切	來	陽（開口三等）	來	陽

曾侯乙簡177："石汭人馴馬。"郭店簡《成之聞之》35："𣻣（津）汭（梁）情（爭）舟，丌（其）先也不若丌（其）遂（後）也。"上博藏四《逸詩》1："☒□汭。"汭，讀爲"梁"。

頁碼	通假字	反切	中古聲母	中古韻	上古聲母	上古韻部
427	㿖	烏渾切	影	魂（合口一等）	影	文
	盟	武兵切	明	庚（開口三等）	明	陽
	明	武兵切	明	庚（開口三等）	明	陽

上博藏二《子羔》2："伊堯（堯）之惪（德）則甚㿖（明）豈（歟）？"上博藏四《曹沫之陳》31："㿖（明）日牆（將）戰，思（使）爲前行。"㿖，"盟"字省形，讀爲"明"。

頁碼	通假字	反切	中古聲母	中古韻	上古聲母	上古韻部
382	｜	古本切	見	混（合口一等）	見	文
	章	諸良切	章	陽（開口三等）	章	陽

郭店簡《緇衣》17："《寺（詩）》員（云）：丌（其）頌（容）不改，出言又（有）｜，利（黎）民所訐。"｜，音義未詳，今本作"章"。

3. 陽—耕

陽部與耕部共通假1組。

頁碼	通假字	反切	中古聲母	中古韻	上古聲母	上古韻部
426	徬	蒲浪切	並	宕（開口一等）	並	陽
	平	符兵切	並	庚（開口三等）	並	耕

上博藏五《鮑叔牙與隰朋之諫》8："雩（雨）徬（平）埅（地）至𣂰（膝）。"徬，讀爲"平"。

4. 陽—蒸

陽部與蒸部共通假1組，已在第一章第三節"蒸—陽"中列舉。

5. 陽—真

陽部與真部共通假1組。

第五章　魚、鐸、陽三部通假關係研究

頁碼	通假字	反切	中古聲母	中古韻	上古聲母	上古韻部
421	芒	莫郎切	明	唐（開口一等）	明	陽
	牽	苦堅切	溪	先（開口四等）	溪	真

上博藏三《周易・夬》38："芒（牽）羊愳（悔）亡（無）。"芒，帛本、今本作"牽"。芒，牽聲、韻不近，應屬異文。

6. 陽—侵

陽部與侵部共通假1組。

頁碼	通假字	反切	中古聲母	中古韻	上古聲母	上古韻部
415	臧	則郎切	精	唐（開口一等）	精	陽
	咸	胡讒切	匣	咸（開口二等）	匣	侵

郭店簡《緇衣》1："則民臧𢼒（服）而楚（刑）不屯。"臧𢼒，上博藏一《緇衣》1作"咸劳"，今本作"咸服"，乃異文。

第六章　支、錫、耕三部通假關係研究

第一節　支部

在本書的研究範圍內，支部通假共 116 組。其中同部通假 59 組，異部通假 57 組。在異部通假中，支部與陰聲韻共通假 24 組，與入聲韻共通假 28 組，與陽聲韻共通假 5 組。

6.1　支部通假情況匯總表

通假類型			通假數量		
同部通假		支―支	59		
異部通假	陰聲韻	支―歌	14	24	116
		支―微	5		
		支―脂	3		
		支―之	2		
	入聲韻	支―錫	19	28	
		支―質	4		
		支―月	3		
		支―鐸	1		
		支―藥	1		

— 208 —

續表

通假類型			通假數量			
異部通假	陽聲韻	支—元	3	5	57	116
		支—耕	1			
		支—真	1			

一　支部的同部通假

支部同部通假 59 組。

知智　肢枳　枝枳　鎧釳　斯螄　氏是　匙箟　澌潕　貌猊　眡恁　囓襦
韉襦　韉囓　畦囓　繡囓　繡畦　霓兒　郳倪　鎚鎗　珪圭　圭閨　闚閨
麗絫　畫盡　規規　闚窺　俾卑　溪溪　紫泚　訾訿　雌鶅　冢冢　技只
跂只　歧只　跂枳　歧枳　箟鍉　匙鍉　鞮緹　提荁　兮氏　紙氏　娩兒
奎圭　奎恚　駐桂　窺規　闚規　窺規　闚規　卑𨋖　卑𡈻　訾此　斯此
斯訾　此紫　傒係　儷麗

二　支部的異部通假

支部異部通假 57 組。

（一）支部和其他陰聲韻通假

6.2　支部和其他陰聲韻通假數量表

	歌部	微部	脂部	之部	合計
支部	14	5	3	2	24

1. 支—歌

支部與歌部共通假 14 組。

頁碼	通假字	反切	中古聲母	中古韻	上古聲母	上古韻部
226	翟	都教切	知	效（開口二等）	端	藥
	羅	魯何切	來	歌（開口一等）	來	歌
	麗	郎計切	來	霽（開口四等）	來	支

上博藏六《天子建州》甲4："必中青（情）㠯（以）罜（羅、麗）於勿（物），幾殺而邦正。"罜，同"羅"，讀爲"麗"，偶也。

頁碼	通假字	反切	中古聲母	中古韻	上古聲母	上古韻部
230	屣	所加切	山	麻（開口二等）	山	歌
	徙	斯氏切	心	紙（開口三等）	心	支

九店簡56—17下："凡竁（窆）日，秎（利）㠯（以）取（娶）妻，内（納）人，屣（徙）豪（家）室。"屣，讀爲"徙"。

頁碼	通假字	反切	中古聲母	中古韻	上古聲母	上古韻部
234	皺	平義切	並	寘（開口三等）	並	歌
	鼙	部迷切	並	齊（開口四等）	並	支

上博藏二《容成氏》21、22："䘳（製）表皺（鼙）尃（桴），壆（禹）乃圭（建）鼓於廷，㠯（以）爲民之又（有）詌（訟）告者鼓焉。"皺，讀爲"鼙"。

頁碼	通假字	反切	中古聲母	中古韻	上古聲母	上古韻部
235	邐	呂支切	來	支（開口三等）	來	歌
	離	呂支切	來	支（開口三等）	來	歌
	麗	郎計切	來	霽（開口四等）	來	支
	儷	郎計切	來	霽（開口四等）	來	支

上博藏一《詩論》11："《鵲檖（巢）》之遹（歸），則邐（離）者。"13："《鵲檖（巢）》出㠯（以）百兩（輛），不亦又（有）邐（離）虖（乎）？"邐，同"離"。"離"，兩也，字又作"麗""儷"，《廣雅·釋詁》："儷，耦也。"

頁碼	通假字	反切	中古聲母	中古韻	上古聲母	上古韻部
243	也	羊者切	餘	馬（開口三等）	餘	歌
	氏	承紙切	禪	紙（開口三等）	禪	支
	兮	胡雞切	匣	齊（開口四等）	匣	支

第六章　支、錫、耕三部通假關係研究

上博藏一《詩論》22："亓（其）義（儀）一氏（兮），心女（如）結也。"也，《詩·曹風·鳲鳩》作"兮"。郭店簡《五行》16："叏（淑）人君子，亓（其）義（儀）罷（一）也。能爲罷（一）肰（然）句（後）能爲君子。"也，帛書《五行》184作"氏"，《詩·曹風·鳲鳩》作"兮"。

頁碼	通假字	反切	中古聲母	中古韻	上古聲母	上古韻部
229	䖧	陟離切	知	支（開口三等）	端	支
	輢	隱綺切	影	紙（開口三等）	影	歌

包山簡36："𠛱（宰）䖧受甘（期）。"38："戌（臧）䖧受甘（期）。"䖧，人名，同"輢"，"輢"字見於《集韻》。

頁碼	通假字	反切	中古聲母	中古韻	上古聲母	上古韻部
243	褫	敕里切	徹	止（開口三等）	透	支
	扡	托何切	透	歌（開口一等）	透	歌

上博藏三《周易·訟》6："上九：或賜繿（鞶）繬（帶），冬（終）朝晶（三）麌（褫）之。"麌，字從鹿，"衺"聲，"衺"與三體石經"狄"之古文同，讀爲"褫"，其字帛本作"拕"，今本作"褫"，陸德明《經典釋文》："本又作𧝧，音同。王肅云：解也。鄭本作扡，徒可反。"

頁碼	通假字	反切	中古聲母	中古韻	上古聲母	上古韻部
243	氏	承紙切	禪	紙（開口三等）	禪	支
	䟄	承紙切	禪	紙（開口三等）	禪	支
	施	式支切	書	支（開口三等）	書	歌

上博藏五《君子爲禮》7："行毋氏（施）、毋敫（搖）。"氏，同"䟄"，《廣雅·釋詁二》："䟄，蹋也。"句例中疑讀爲"施"，《孟子·離婁下》"施從良人之所之"，注："施者，邪施而行，不欲使良人覺也。"

頁碼	通假字	反切	中古聲母	中古韻	上古聲母	上古韻部
261	係	古詣切	見	霽（開口四等）	見	支
	爲	薳支切	匣	支（合口三等）	匣	歌

— 211 —

上博藏三《周易·遯》30："九晶（三）：係賸（遯），又（有）疾礪（厲），畜臣妾，吉。"係，今本同，帛本作"爲"，乃異文。

2. 支—微

支部與微部共通假 5 組。

頁碼	通假字	反切	中古聲母	中古韻	上古聲母	上古韻部
244	巂	戶圭切	匣	齊（合口四等）	匣	支
	畦	戶圭切	匣	齊（合口四等）	匣	支
	繐	戶圭切	匣	齊（合口四等）	匣	支
	維	以追切	餘	脂（合口三等）	餘	微

上博藏三《周易·隨》17："上六：係而敂（扣）之，從乃巂（維）之，王用亯于西山。"巂，同"畦"，讀爲"繐"，其字今本作"維"。《說文》："繐，維，網中繩，從糸，巂聲，讀若畫，或讀若維。"

頁碼	通假字	反切	中古聲母	中古韻	上古聲母	上古韻部
277	豕	施是切	書	紙（開口三等）	書	支
	豨	香衣切	曉	微（開口三等）	曉	微

上博藏三《周易·大畜》23："芬（豶）豕之䶒（牙）。"上博藏三《周易·睽》33："上九：楑（睽）瓜，見豕賲（負）秦（塗）。"豕，今本同，帛本作"豨"，乃異文。

頁碼	通假字	反切	中古聲母	中古韻	上古聲母	上古韻部
257	畏	於胃切	影	未（合口三等）	影	微
	危	魚爲切	疑	支（合口三等）	疑	支

上博藏五《三德》4："君無宔（主）臣，是胃（謂）畏（危），邦豪（家）亓（其）褱（壞）。"畏，讀爲"危"。

3. 支—脂

支部與脂部共通假 3 組。

第六章　支、錫、耕三部通假關係研究

頁碼	通假字	反切	中古聲母	中古韻	上古聲母	上古韻部
269	紕	頻脂切	並	脂（合口三等）	並	脂
	紕	符支切	並	支（開口三等）	並	支

曾侯乙簡6："亓（其）旆（旗），翠（翠）首，紫羊須之緅，紫翆（羽）之常。"又："二黃金之戠、二戈，紫緅，屯一翼之翿。"10："黃金之戠、二戈，紫緅，屯一翼之翿。"68："一劓（貉）旍，白氂之首，羊須之緅。"緅，讀爲"紕"，旗幅上鑲飾緣邊。《詩·鄘風·干旄》"素絲紕之，兩馬四之"，鄭箋："素絲者以爲縷，以紕旌旗之旒縿，或以維持之。"

頁碼	通假字	反切	中古聲母	中古韻	上古聲母	上古韻部
369	西	先稽切	心	齊（開口四等）	心	脂
	支	章移切	章	支（開口三等）	章	支

上博藏三《周易·隨》17："上六：係而敂（扣）之，從乃嚱（維）之，王用亯于西山。"西，阜陽漢簡本作"支"，讀爲"岐"，是周人之"西山"謂"岐山"，原非出於通假。

頁碼	通假字	反切	中古聲母	中古韻	上古聲母	上古韻部
269	卮	章移切	章	支（開口三等）	章	支
	牝	扶履切	並	旨（開口三等）	並	脂

郭店簡《老子》甲9、10："竺（孰）能濁旨（以）朿（湛）者將（將）舍（徐）清，竺（孰）能卮旨（以）迬（動）者將（將）舍（徐）生。"卮，或謂讀爲"牝"。帛本甲、乙作"女"，王本作"安"，乃異文。

4. 支—之

支部與之部共通假2組，已在第一章第一節"之—支"中列舉。

（二）支部和入聲韻通假

6.3　支部和入聲韻通假數量表

	錫部	質部	月部	鐸部	藥部	合計
支部	19	4	3	1	1	28

— 213 —

1. 支—錫

支部和錫部共通假 19 組。

頁碼	通假字	反切	中古聲母	中古韻	上古聲母	上古韻部
245	解	古隘切	見	卦（開口二等）	見	錫
	迲		—			支

包山簡 137："迲苟（拘）而逃。"，迲，讀爲"解"。九店簡 56—28"秜（利）吕（以）迲（解）兇，敘（除）不羊（祥）。"，迲，讀爲"解"，解除。

頁碼	通假字	反切	中古聲母	中古韻	上古聲母	上古韻部
249	辟	必益切	幫	昔（開口三等）	幫	錫
	嬖	博計切	幫	霽（開口四等）	幫	錫
	俾	并弭切	幫	紙（開口三等）	幫	支
	卑	府移切	幫	支（開口三等）	幫	支

上博藏四《曹沫之陳》25："進必又（有）二㸦（將）軍，毋（無）㸦（將）軍必有譽（數）辟（嬖）大夫，毋（無）俾（嬖）大夫必又（有）譽（數）大官之帀（師）、公孫公子。"35："毋辟（嬖）於伎（便）俾（嬖），毋镸（長）於父斁（兄），賞均（均）聖（聽）中，則民和之。"辟，簡文又作"俾"，讀爲"嬖"。上博藏一《緇衣》12："毋吕（以）辟（嬖）御藟（疾）妝（莊）句（后），毋吕（以）辟（嬖）士藟（疾）大夫向（卿）使（士）。"辟，郭店簡《緇衣》23 作"卑"，今本作"嬖"。

頁碼	通假字	反切	中古聲母	中古韻	上古聲母	上古韻部
250	覓	莫狄切	明	錫（開口四等）	明	錫
	俾①	并弭切	幫	紙（開口三等）	幫	支
	辟	必益切	幫	昔（開口三等）	幫	錫

---

① 俾辟通假前文已計，此處不再計入總數。

第六章 支、錫、耕三部通假關係研究

信陽簡 2—023："六簡簧（筵）。"簡，讀爲"幦"，包山簡 263 作"俾"。馬王堆一號漢墓遣策 287 有"辟席"，"簡簧"猶"辟席"。《説文》："幦，鬃布也，從巾辟聲。《周禮》曰：駹車犬幦。"今本《周禮·春官·巾車》"幦"作"複"。《廣雅·釋器》"覆笭謂之幦。"王念孫疏證："幦，字或作幭、簚、複，其義並同。幦之言幎也，幎，覆也。"《春秋公羊傳》昭公二十五年："以幦爲席，以菴爲几。"蓋取車幦爲坐席。

頁碼	通假字	反切	中古聲母	中古韻	上古聲母	上古韻部
235	膪	楚佳切	初	佳（開口二等）	初	支
	瘠	秦昔切	從	昔（開口三等）	從	錫

上博藏五《君子爲禮》3："〔□□問〕之曰：'虗（吾）子可（何）亓（其）膪（瘠）也？'曰：'肰（然）。虗（吾）新（親）睧（聞）言於夫子，欲行之不能，欲达（去）之而不可，虗（吾）是呂（以）膪（瘠）也。'"膪，讀爲"瘠"。

頁碼	通假字	反切	中古聲母	中古韻	上古聲母	上古韻部
238	智	知義切	知	寘（開口三等）	端	支
	屐	奇逆切	群	陌（開口三等）	群	錫

仰天湖簡 1："一新（薪）智（屐）縷（屨），一忢（藍）智（屐）縷（屨），皆有苴足（促）縷（屨）。"智，讀爲"屐"，《莊子·天下》"以屐蹻爲服"，"屐蹻"即"屐屬"，是底下裝齒的鞋。

頁碼	通假字	反切	中古聲母	中古韻	上古聲母	上古韻部
	是	承紙切	禪	紙（開口三等）	禪	支
	適	施隻切	書	昔（開口三等）	書	錫
240	蹢	都歷切	端	錫（開口四等）	端	錫
	躑	直炙切	澄	昔（開口三等）	定	錫
	躅	都歷切	端	錫（開口四等）	端	錫

上博藏三《周易·姤》40："羸（羸）豕孚是（蹢）蜀（躅）。"是蜀，

— 215 —

帛書《周易》作"適屬"，今本作"蹢躅"。釋文蹢，"一本作躑，古文作踏"。又，躅，"本亦作躎，蹢躅，不静也，古文作躞"。

頁碼	通假字	反切	中古聲母	中古韻	上古聲母	上古韻部
245	卑	府移切	幫	支（開口三等）	幫	支
	俾	并弭切	幫	紙（開口三等）	幫	支
	譬	匹賜切	滂	寘（開口三等）	滂	錫

郭店簡《老子》甲20："卑（譬）道之才（在）天下也，猷（猶）少（小）浴（谷）之舁（與）江海（海）。"卑，帛書乙同，帛書甲作"俾"，王本作"譬"。

頁碼	通假字	反切	中古聲母	中古韻	上古聲母	上古韻部
245	恚	於避切	影	寘（合口三等）	影	支
	解	古隘切	見	卦（開口二等）	見	錫

葛陵簡甲三184："㠯（以）亓（其）不良恚（解）瘥（瘳）之古（故）尚毋又（有）奈（祟）。"乙二3："疾速敗（損），少（小）迲（遲）恚（解）瘥（瘥）。"恚，讀爲"解"。

頁碼	通假字	反切	中古聲母	中古韻	上古聲母	上古韻部
246	諀	匹婢切	滂	紙（開口三等）	滂	支
	譬	匹賜切	滂	寘（開口三等）	滂	錫

上博藏一《詩論》8："《十月》，善諀言。"諀，讀爲"譬"。

頁碼	通假字	反切	中古聲母	中古韻	上古聲母	上古韻部
246	觯	傍禮切	並	薺（開口四等）	並	支
	臂	卑義切	幫	寘（開口三等）	幫	錫

葛陵簡甲三53："☐☐㠯（以）髀觯〔占〕之曰：吉。"54："☐月，丁巳之日，☐☐㠯（以）髀觯爲☐。"266："暊與良志㠯（以）陵尹懌之髀觯爲君貞。"觯，宋華强讀爲"臂"。

第六章 支、錫、耕三部通假關係研究

頁碼	通假字	反切	中古聲母	中古韻	上古聲母	上古韻部
245	桂	古惠切	見	霽（合口四等）	見	支
	䳄	胡瓦切	匣	馬（合口二等）	匣	支
	獬	胡買切	匣	蟹（開口二等）	匣	錫
	鮮	相然切	心	仙（開口三等）	心	元

包山簡259："一桂（䳄）昃（冠），組緅（纓）。"桂冠，讀爲"䳄冠"，其字又作"獬冠"。《太平御覽》卷八六四引《淮南子·主術》"楚莊王好服䳄冠"，今本作"楚文王好服獬冠"。"䳄冠"又作"鮮冠"，《墨子·公孟》："昔者楚莊王鮮冠組纓，絳衣博袍，以治其國，其國治。"

2. 支—質

支部與質部共通假4組。

頁碼	通假字	反切	中古聲母	中古韻	上古聲母	上古韻部
240	是	承紙切	禪	紙（開口三等）	禪	支
	實	神質切	船	質（開口三等）	船	質

上博藏三《周易·既濟》57："九五：東䣄（鄰）殺牛，不女（如）西䣄（鄰）之酌祭，是受福吉。"是，帛本、今本作"實"。

頁碼	通假字	反切	中古聲母	中古韻	上古聲母	上古韻部
246	鞞	補鼎切	幫	迥（開口四等）	幫	支
	綼	毗必切	並	質（開口三等）	並	支
	畢	卑吉切	幫	質（開口三等）	幫	質

包山簡276："軝鞞"，包山竹牘1作"楚綼"。鞞，讀爲"畢"，《方言》卷九："車下鉄，陳宋淮楚之間謂之畢，大者謂之綦。"

頁碼	通假字	反切	中古聲母	中古韻	上古聲母	上古韻部
261	係	古詣切	見	霽（開口四等）	見	支
	至	脂利切	章	至（開口三等）	章	質

上博藏二《從政》乙1："十曰口惠而不係。"係，字又作"至"，《禮

記・表記》："口惠而實不至，怨菑及其身。"

3. 支—月

支部與月部共通假 3 組。

頁碼	通假字	反切	中古聲母	中古韻	上古聲母	上古韻部
243	氏	承紙切	禪	紙（開口三等）	禪	支
	氒	居月切	見	月（合口三等）	見	月
	厥	居月切	見	月（合口三等）	見	月

上博藏一《緇衣》19："集大命于氏（是）身。"氏，郭店簡《緇衣》37 作"氒"，今本作"厥"。

頁碼	通假字	反切	中古聲母	中古韻	上古聲母	上古韻部
328	然	如延切	日	仙（開口三等）	日	元
	炅	古迥切	見	迥（合口四等）	見	支
	熱	如列切	日	薛（開口三等）	日	月

望山簡一 43："☐既倉（滄）然（熱），㠯（以）☐。"郭店簡《太一生水》3："四時遉（復）〔相〕補（輔）也，是㠯（以）城（成）倉（滄）然（熱）。倉（滄）然（熱）遉（復）相補（輔）也，是㠯（以）城（成）溼（濕）澡（燥）。"4："溼澡（燥）者，倉（滄）然（熱）之所生也。倉（滄）然（熱）者，四時〔之所生也〕。"然，讀爲"熱"。郭店簡《老子》乙 15："喿（躁）穿（勝）蒼，青（靜）穿（勝）然（熱）。"然，帛本甲作"炅"，乙殘，王本作"熱"。

4. 支—鐸

支部與鐸部共通假 1 組，已在第五章第二節"鐸—支"中列舉。

5 支—藥

支部與藥部共通假 1 組，已在第三章第二節"藥—支"中列舉。

第六章　支、錫、耕三部通假關係研究

（三）支部和陽聲韻通假

6.4　支部和陽聲韻通假數量表

	元部	耕部	真部	合計
支部	3	1	1	5

1. 支—元

支部與元部共通假 3 組。

頁碼	通假字	反切	中古聲母	中古韻	上古聲母	上古韻部
245	桂	古惠切	見	霽（合口四等）	見	支
	觟	胡瓦切	匣	馬（合口二等）	匣	支
	獬	胡買切	匣	蟹（開口二等）	匣	錫
	鮮	相然切	心	仙（開口三等）	心	元

包山簡 259："一桂（觟）冕（冠），組緌（纓）。"桂冠，讀爲"觟冠"，其字又作"獬冠"。《太平御覽》卷八六四引《淮南子・主術》"楚莊王好服觟冠"，今本作"楚文王好服獬冠"。"觟冠"又作"鮮冠"，《墨子・公孟》："昔者楚莊王鮮冠組纓，絳衣博袍，以治其國，其國治。"

頁碼	通假字	反切	中古聲母	中古韻	上古聲母	上古韻部
328	然	如延切	日	仙（開口三等）	日	元
	炅	古迥切	見	迥（合口四等）	見	支
	熱	如列切	日	薛（開口三等）	日	月

望山簡一 43："☐既倉（滄）然（熱），㠯（以）☐。"郭店簡《太一生水》3："四時逡（復）〔相〕捊（輔）也，是㠯（以）城（成）倉（滄）然（熱）。倉（滄）然（熱）逡（復）相捊（輔）也，是㠯（以）城（成）溼（濕）澡（燥）。"4："溼澡（燥）者，倉（滄）然（熱）之所生也。倉（滄）然（熱）者，四時〔之所生也〕。"然，讀爲"熱"。郭店簡《老子》乙 15："喿（躁）勝（勝）蒼，青（静）勝（勝）然（熱）。"然，帛本甲作"炅"，乙殘，王本作"熱"。

2. 支—耕

支部與耕部共通假 1 組。

頁碼	通假字	反切	中古聲母	中古韻	上古聲母	上古韻部
261	奚	胡雞切	匣	齊（開口四等）	匣	支
	傾	去營切	溪	清（合口三等）	溪	耕

上博藏二《民之父母》6："奚（傾）耳而聖（聽）之。"奚，《禮記·孔子閒居》《孔子家語·論禮》作"傾"。

3. 支—真

支部與真部共通假 1 組。

頁碼	通假字	反切	中古聲母	中古韻	上古聲母	上古韻部
203	矤	式忍切	書	軫（開口三等）	書	真
	氏	承紙切	禪	紙（開口三等）	禪	支

包山簡 138："坪矤公鄰（蔡）冒。"坪矤，地名，讀爲"平氏"，《漢志》南陽郡有"平氏"縣。《水經注·比水》："澧水西北流，逕平氏縣故城東北。"其地在今河南唐河縣東南平氏鎮。

第二節　錫部

在本書的研究範圍内，錫部通假共 123 組。其中同部通假 62 組，異部通假 61 組。在異部通假中，錫部與陰聲韻共通假 32 組，與入聲韻共通假 18 組，與陽聲韻共通假 11 組。

第六章 支、錫、耕三部通假關係研究

6.5 錫部通假情況匯總表

通假類型			通假數量			
同部通假		錫—錫	62			
異部通假	陰聲韻	錫—支	19	32		123
		錫—歌	5			
		錫—之	4			
		錫—魚	2			
		錫—脂	2			
	入聲韻	錫—鐸	11	18	61	
		錫—質	4			
		錫—月	1			
		錫—藥	1			
		錫—物	1			
	陽聲韻	錫—耕	5	11		
		錫—陽	2			
		錫—東	1			
		錫—侵	1			
		錫—談	1			
		錫—元	1			

一 錫部的同部通假

錫部同部通假 62 組。

蹐蹢	膌瘠	瘠瘠	瘠膌	適邅	辟嬖	劃畫	畫弗	畫繡	錫賜	惕愓
愁惄	愁惕	鎰溢	益嗌	益膉	繫縣	擊繫	歷鬲	鬲鬲	譬辟	璧辟
責債	闠閱	璧琾	役返	疫返	幎幂	辟闢	辟幦	鬩臭	闃臭	辟闋
避壁	避辟	蹢適	躑適	蹐適	躑蹢	蹢躑	湦束	積胇	簀策	積責
啻帝	敵啻	謫啻	惕啻	責謫	甓躃	狄易	逖易	易惖	愓賜	易愓
易愁	溢益	鎰益	閲闗	擊觳	賧益	裼裼				

— 221 —

二 錫部的異部通假

錫部異部通假 61 組。

（一）錫部和陰聲韻通假

6.6 錫部和陰聲韻通假數量表

	支部	歌部	之部	魚部	脂部	合計
錫部	19	5	4	2	2	32

1. 錫—支

錫部與支部共通假 19 組，已在第六章第一節"支—錫"中列舉。

2. 錫—歌

錫部與歌部共通假 5 組。

頁碼	通假字	反切	中古聲母	中古韻	上古聲母	上古韻部
235	胜	楚加切	初	麻（開口二等）	初	歌
	瑳	昨何切	從	歌（開口一等）	從	歌
	瘠	秦昔切	從	昔（開口三等）	從	錫

上博藏五《季康子問於孔子》18："丘也昏（聞）君子田肥民則安；胜（瑳），民不鼓（樹）。"胜，讀爲"瑳"，瑳，殘田也，瑳與"田肥"對舉成文。或讀爲"瘠"，亦通。

頁碼	通假字	反切	中古聲母	中古韻	上古聲母	上古韻部
213	尼	陟革切	知	麥（開口二等）	端	錫
	瑳	昨何切	從	歌（開口一等）	從	歌

上博藏二《容成氏》3："婁（僂）者坎（枚）響（數），瘦（瘦）者煮盬（鹽）尼（瑳），瞽者斂（漁）澤。"尼，讀爲"瑳"，《禮記·曲禮下》："鹽曰鹽瑳。"

頁碼	通假字	反切	中古聲母	中古韻	上古聲母	上古韻部
231	林	匹卦切	滂	卦（開口二等）	滂	錫
	麻	莫霞切	明	麻（開口二等）	明	歌

第六章　支、錫、耕三部通假關係研究

郭店簡《六德》27："絟（疏）斬布實（経）丈（杖），爲父也，爲君亦肰（然）。絟（疏）衰齊戊（牡）林（麻）實（経），爲昆弟也，爲妻亦肰（然）。"上博藏六《平王與王子木》2："王子曰：壽（疇）可（何）㠯（以）爲?曰：㠯（以）穜林（麻）。王子曰：可（何）㠯（以）林（麻）爲? 倉（答）曰：㠯（以）爲衣。"林，同"麻"。

頁碼	通假字	反切	中古聲母	中古韻	上古聲母	上古韻部
231	林	匹卦切	滂	卦（開口二等）	滂	錫
	麻	文彼切	明	紙（開口三等）	明	歌

葛陵簡乙四53："☐☐☐禱祠，林有☐。"郭店簡《緇衣》26："虖（吾）大夫共（恭）虘（且）䇺（儉），林（麻）人不斂（儉）。"林，讀爲"麻"。

3. 錫—之

錫部與之部共通假4組，已在第一章第一節"之—錫"中列舉。

4. 錫—魚

錫部與魚部共通假2組，已在第五章第一節"魚—錫"中列舉。

5. 錫—脂

錫部與脂部共通假2組。

頁碼	通假字	反切	中古聲母	中古韻	上古聲母	上古韻部
249	僻	芳辟切	滂	昔（開口三等）	滂	錫
	膍	房脂切	並	脂（開口三等）	並	脂
	貔	房脂切	並	脂（開口三等）	並	脂

包山簡258："禱脊（脯）一笲（笄），僻（貔）脩一笲（笄），炙（炙）雞一笲（笄），一笲（笄）脩。"僻，讀爲"膍"。"膍"乃牛百葉。或謂讀爲"貔"，《說文》釋"貔"爲"豹屬"。

（二）錫部和其他入聲韻通假

6.7 錫部和其他入聲韻通假數量表

	鐸部	質部	月部	藥部	物部	合計
錫部	11	4	1	1	1	18

1. 錫—鐸

錫部與鐸部共通假 11 組，已在第五章第二節"鐸—錫"中列舉。

2. 錫—質

錫部與質部共通假 4 組。

頁碼	通假字	反切	中古聲母	中古韻	上古聲母	上古韻部
291	閟	兵媚切	幫	至（開口三等）	幫	質
	闢	房益切	並	昔（開口三等）	並	錫

郭店簡《語叢四》4："口不慎（慎）而戾（戶）之閟（闢），亞（惡）言返（復）已而死無日。"閟，讀爲"闢"，開也，言語不慎，有如門戶洞開。

頁碼	通假字	反切	中古聲母	中古韻	上古聲母	上古韻部
305	䦤	—	—	—	—	—
	臭	古闃切	見	錫（合口四等）	見	錫
	闃	苦鶪切	溪	錫（合口四等）	溪	錫
	閲	許激切	曉	錫（開口四等）	曉	錫
	窒	陟栗切	知	質（開口三等）	端	質

上博藏三《周易·豐》52："閛（闢）丌（其）戾（戶）。䦤（闃）丌（其）亡（無）人。"䦤，帛本作"臭"，今本作"闃"。釋文："姚作閲，孟作窒，並通。"阮元校勘記："《說文·門部》無'闃'，《門部》有'閲'。"帛本"臭"字形奇特，應是"臭"、或"闃"之寫訛之形。

3. 錫—月

錫部與月部共通假 1 組。

第六章 支、錫、耕三部通假關係研究

頁碼	通假字	反切	中古聲母	中古韻	上古聲母	上古韻部
272	獘	毗祭切	並	祭（開口三等）	並	月
	辟	必益切	幫	昔（開口三等）	幫	錫

上博藏六《競公瘧》6："今君子貪惛（昏）藞（苛）匿（慝），獘（幣、辟）韋（違）囗。"獘，讀爲"辟"。

4. 錫—藥

錫部與藥部共通假1組，已在第三章第二節"藥—錫"中列舉。

5. 錫—物

錫部與物部共通假1組。

頁碼	通假字	反切	中古聲母	中古韻	上古聲母	上古韻部
285	㴜	他計切	透	霽（開口四等）	透	錫
	卒	子聿切	精	術（合口三等）	精	物

上博藏三《中弓》23："至悉（愛）之㴜（卒）也，所吕（以）城（成）死也，不可不斳（慎）也。"㴜，同"䬃"，讀爲"卒"。

（三）錫部和陽聲韻通假

6.8 錫部和陽聲韻通假數量表

	耕部	陽部	東部	侵部	談部	元部	合計
錫部	5	2	1	1	1	1	11

1. 錫—耕

錫部與耕部共通假5組。

頁碼	通假字	反切	中古聲母	中古韻	上古聲母	上古韻部
242	寧	奴丁切	泥	青（開口四等）	泥	耕
	惕	他歷切	透	錫（開口四等）	透	錫

上博藏三《周易·訟》4："訟：又（有）孚，懥（窒）意（惕），中吉，終凶。"意，帛本作"寧"，今本作"惕"。

頁碼	通假字	反切	中古聲母	中古韻	上古聲母	上古韻部
241	湜	常職切	禪	職（開口三等）	禪	錫
	朿	七賜切	清	寘（開口三等）	清	錫
	情	疾盈切	從	清（開口三等）	從	耕
	静	疾郢切	從	静（開口三等）	從	耕

郭店簡《老子》甲9、10："竺（孰）能濁囙（以）朿（湜）者酒（將）舍（徐）清。"14："智（知）足囙（以）朿（湜），萬勿（物）酒（將）自定。"朿，讀爲"湜"。帛本甲作"情"，乙、王本作"静"，乃異文。《詩·邶風·谷風》："涇以謂濁，湜湜其止。"《説文》："湜，水清見底也。"

2. 錫—陽

錫部與陽部共通假2組。已在第五章第三節"陽—錫"中列舉。

3. 錫—東

錫部與東部共通假1組，已在第四章第三節"東—錫"中列舉。

4. 錫—侵

錫部與侵部共通假1組。

頁碼	通假字	反切	中古聲母	中古韻	上古聲母	上古韻部
242	童	施隻切	書	昔（開口三等）	書	錫
	譖	士咸切	崇	咸（開口二等）	崇	談
	簪	作含切	精	覃（開口一等）	精	侵

上博藏三《周易·豫》14："九四：䌛余（豫），大又（有）得。母（毋）穎（疑），塱（朋）欨（盍）童（簪）。"童，帛本作"譖"，今本作"簪"。《釋文》："簪，徐側林反，《子夏傳》同，疾也。鄭云：速也。《坤蒼》同。王肅又祖感反。古文作貸，京作撍，馬作臧，荀作宗，虞作戠。戠，叢合也。蜀才本依京，義從鄭。"錢大昕《十駕齋養新録·簪當作戠》："'朋盍簪'，古文'簪'作'貸'。京作'撍'，馬作'臧'，荀作'宗'。

第六章 支、錫、耕三部通假關係研究

虞作'戠'。戠，叢合也。予謂三代以前無簪、笄字，當以'戠'爲正，與上'大有得'句協韻。撍、臧、宗、簪皆聲之轉。唯古文貸無義，當是轉寫誤耳。戠與埴同。《禹貢》'厥土赤埴墳'，孔傳：'土黏曰埴'，鄭康成本作戠。徐、鄭、王皆讀曰熾。《考工記》'搏埴之工'，鄭亦訓埴爲黏土。是戠、埴同物，皆取黏義。黏與合，義相成也。"按錢説有據。戠乃職部章紐字，適爲錫部書紐字，聲紐同在照系，於韻則"意""惕"有音近異文例，惕、錫協聲，則簡文"𪉡"與虞本"戠"亦是音近異文。《説文》"戠"闕釋，大徐本"從戈從音"，段玉裁注："大徐如此。小徐無'從戈從音'，有'職從此古職字。古之職役皆執干戈'十四字。蓋後人箋記之語，非許語也。其義其音皆蓋闕矣。考《周易》'朋盍簪'，虞翻本簪作戠，云：戠，聚會也，舊讀作撍，作宗。《釋文》云：荀作撍，京作宗。陰弘道云：張揖《字詁》㦰撍同字。按此，戠當以音爲聲，故與晉聲圭聲爲伍。然《尚書》'厥土赤埴'，古文作'赤戠'，是戠固在古音弟一部也。一部内'意'亦從'音'，'音'未必非聲。蓋七部與一部合韻之理。"段以一部與七部和韻致説解"戠""晉"之異，可以成立。簪之古文作"貸"者，侯乃峰云："錢大昕又以爲諸異文中唯古文貸無義，卻是不確。既然以作'戠'爲正，'貸'從'代'得聲，而'代'又從'弋'得聲，'弋'古音定紐職部，與'戠'（端紐職部）聲近韻同，故可通。《説文》：'樴，弋也。'《爾雅·釋宫》：'樴謂之杙。'"其説可爲錢説之補。

5. 錫—談

錫部與談部共通假 1 組。

頁碼	通假字	反切	中古聲母	中古韻	上古聲母	上古韻部
242	𪉡	施隻切	書	昔（開口三等）	書	錫
	讒	士咸切	崇	咸（開口二等）	崇	談
	簪	作含切	精	覃（開口一等）	精	侵

上博藏三《周易·豫》14："九四：䢅余（豫），大又（有）得。母（毋）

頬(疑), 塱(朋) 欨(盍) 瞳(簪)。"瞳, 帛本作"讒", 今本作"簪"。《釋文》: "簪, 徐側林反,《子夏傳》同, 疾也。鄭云: 速也。《埤蒼》同。王肅又祖感反。古文作貸, 京作撍, 馬作臧, 荀作宗, 虞作戠。戠, 叢合也。蜀才本依京, 義從鄭。"錢大昕《十駕齋養新錄·簪當作戠》: "'朋盍簪', 古文'簪'作'貸'。京作'撍', 馬作'臧', 荀作'宗'。虞作'戠'。戠, 叢合也。予謂三代以前無簪、笄字, 當以'戠'爲正, 與上'大有得'句協韻。撍、臧、宗、簪皆聲之轉。唯古文貸無義, 當是轉寫誤耳。戠與埴同。《禹貢》'厥土赤埴墳', 孔傳: '土黏曰埴', 鄭康成本作戠。徐、鄭、王皆讀曰熾。《考工記》'搏埴之工', 鄭亦訓埴爲黏土。是戠、埴同物, 皆取黏義。黏與合, 義相成也。"按錢説有據。戠乃職部章紐字, 適爲錫部書紐字, 聲紐同在照系, 於韻則"意""惕"有音近異文例, 惕、錫協聲, 則簡文"瞳"與虞本"戠"亦是音近異文。《説文》"戠"闕釋, 大徐本"從戈從音", 段玉裁注: "大徐如此。小徐無'從戈從音', 有'職從此古職字。古之職役皆執干戈'十四字。蓋後人箋記之語, 非許語也。其義其音皆葢闕矣。考《周易》'朋盍簪', 虞翻本簪作戠, 云: 戠, 聚會也, 舊讀作撍, 作宗。《釋文》云: 荀作撍, 京作宗。陰弘道云: 張揖《字詁》虔撍同字。按此, 戠當以音爲聲, 故與晉聲㐌聲爲伍。然《尚書》'厥土赤埴', 古文作'赤戠', 是戠固在古音弟一部也。一部内'意'亦從'音', '音'未必非聲。蓋七部與一部合韻之理。"段以一部與七部和韻致説解"戠""晉"之異, 可以成立。簪之古文作"貸"者, 侯乃峰云: "錢大昕又以爲諸異文中唯古文貸無義, 卻是不確。既然以作'戠'爲正, '貸'從'代'得聲, 而'代'又從'弋'得聲, '弋'古音定紐職部, 與'戠'(端紐職部)聲近韻同, 故可通。《説文》: '檍, 弋也。'《爾雅·釋宫》: '檍謂之杙。'"其説可爲錢説之補。

6. 錫—元

錫部與元部共通假1組。

— 228 —

第六章　支、錫、耕三部通假關係研究

頁碼	通假字	反切	中古聲母	中古韻	上古聲母	上古韻部
245	桂	古惠切	見	霽（合口四等）	見	支
	觟	胡瓦切	匣	馬（合口二等）	匣	支
	獬	胡買切	匣	蟹（開口二等）	匣	錫
	鮮	相然切	心	仙（開口三等）	心	元

包山簡 259："一桂（觟）昆（冠），組纓（纓）。"桂冠，讀爲"觟冠"，其字又作"獬冠"。《太平御覽》卷八六四引《淮南子·主術》"楚莊王好服觟冠"，今本作"楚文王好服獬冠"。"觟冠"又作"鮮冠"，《墨子·公孟》："昔者楚莊王鮮冠組纓，絳衣博袍，以治其國，其國治。"

第三節　耕部

在本書的研究範圍內，耕部通假共 238 組，其中同部通假 175 組，異部通假 63 組。在異部通假中，耕部與陰聲韻共通假 13 組，與入聲韻共通假 7 組，與陽聲韻共通假 43 組。

6.9　耕部通假情況匯總表

通假類型			通假數量			
同部通假		耕—耕	175			238
異部通假	陰聲韻	耕—之	5	13	63	
		耕—宵	3			
		耕—魚	2			
		耕—微	1			
		耕—支	1			
		耕—脂	1			
	入聲韻	耕—錫	5	7		

— 229 —

續表

通假類型			通假數量			
異部通假	入聲韻	耕—月	2	7	63	238
	陽聲韻	耕—元	12	43		
		耕—真	10			
		耕—蒸	8			
		耕—侵	5			
		耕—文	5			
		耕—冬	2			
		耕—陽	1			

一 耕部的同部通假

耕部同部通假 175 組。

請青	清青	鄗青	靚靜	騂埕	竮埕	竮騂	霚霝	靖情	靖靜	旌署
旌旟	型垩	刑垩	形垩	刑型	習型	令敏	形型	鋼型	垩習	習刑
形刑	靈霚	耕靜	爭諍	旌旍	情靜	諍稃	爭稃	牲生	猩生	牲䵌
騂羊	埕羊	竮羊	生眚	星璗	政正	征正	嬰賏	緓賏	征政	頲定
定恧	營瑩	縈縈	涅泅	盈汲	幸伎	嵤窑	寍窑	寍窑	冥♣	冥鄍
平坪	併并	瓶缾	絣繒	聘甹	聘鴨	靈霝	零霝	櫺櫺	靈檻	靈檻
靈鸁	靈鑪	靈懸	誠成	纓瑛	成城	盛城	誠城	城轚	郕鄌	盛諴
縊絰	絙絰	盈瀛	盈涅	庭廷	廷定	聲聖	聽聝	聖臤	聖聝	涇經
徑經	經頸	頸䯃	陘鄄	瘦瘦	纓緅	嬰瑛	情青	精青	静青	靚青
靚清	静清	晴清	情清	情腈	情宵	桯桱	莖頸	静寍	婧倩	旌精
爭鯖	形井	刑井	井茮	荆刑	荆型	荆聟	荆垩	莖垩	諍静	爭諍
静爭	耕静	諍静	諍静	青生	性生	姓生	性眚	姓眚	輕巠	省眚
聖聽	徵正	邲正	定正	貞正	定邲	貞征	聽聖	聖昭	縈縈	營縈
縈縈	營縈	成窑	成寍	屏并	並并	併並	缾坪	鈵鈵	坪鈵	鈵鈵
瓶坪	命霝	靈命	貞鼎	政貞	領貞	定貞	領鼎	盈呈	逞經	盈經

— 230 —

第六章 支、錫、耕三部通假關係研究

傾盈 徑廷 嬴綎 程綎 傾涅 敏命 命霸 令命 嬰緩 緩瑆

二 耕部的異部通假

耕部異部通假 63 組。

（一）耕部和陰聲韻通假

6.10 耕部和陰聲韻通假數量表

	之部	宵部	魚部	微部	支部	脂部	合計
耕部	5	3	2	1	1	1	13

1. 耕—之

耕部與之部共通假 5 組，已在第一章第一節"之—耕"中列舉。

2. 耕—宵

耕部與宵部共通假 3 組，已在第三章第一節"宵—耕"中列舉。

3. 耕—魚

耕部與魚部共通假 2 組，已在第五章第一節"魚—耕"中列舉。

4. 耕—微

耕部與微部共通假 1 組。

頁碼	通假字	反切	中古聲母	中古韻	上古聲母	上古韻部
252	散	無非切	明	微（合口三等）	明	微
	媚	明祕切	明	至（開口三等）	明	脂
	嬴	以成切	餘	清（開口三等）	餘	耕

九店簡 56—20："散於戌。"56—24："凡散日，利啟（以）家（嫁）女，見人，璠（佩）玉。"散，睡虎地秦簡《日書》732 作"媚"，898 作"嬴"。"嬴"乃異文，或為"媚"字之誤。

5. 耕—支

耕部與支部共通假 1 組，已在第六章第一節"支—耕"中列舉。

6. 耕—脂

耕部與脂部共通假 1 組。

頁碼	通假字	反切	中古聲母	中古韻	上古聲母	上古韻部
252	媚	明祕切	明	至（開口三等）	明	脂
	嬴	以成切	餘	清（開口三等）	餘	耕

九店簡 56—20："敓於戌。"56—24："凡敓日，利昌（以）家（嫁）女，見人，瑞（佩）玉。"敓，睡虎地秦簡《日書》732 作"媚"，898 作"嬴"。"嬴"乃異文，或為"媚"字之誤。

（二）耕部和入聲韻通假

6.11　耕部和入聲韻通假數量表

	錫部	月部	合計
耕部	5	2	7

1. 耕—錫

耕部和錫部共通假 5 組，已在第六章第二節"錫—耕"中列舉。

2. 耕—月

耕部與月部共通假 2 組。

頁碼	通假字	反切	中古聲母	中古韻	上古聲母	上古韻部
310	焭	古迥切	見	迥（合口四等）	見	耕
	熱	如列切	日	薛（開口三等）	日	月

帛書《老子》乙本 224"或熱或吹"，甲本"熱"作"焭"。整理者注："焭，從火，日聲，當即熱之異體字，不讀古迥切或古惠切（見《廣韻》）。"

頁碼	通假字	反切	中古聲母	中古韻	上古聲母	上古韻部
379	歠	以芮切	餘	祭（合口三等）	餘	月
	夐	許縣切	曉	霰（合口四等）	曉	耕
	浚	私閏切	心	稕（合口三等）	心	文
	潛	私閏切	心	稕（合口三等）	心	文

上博藏三《周易·恆》28："初六：敫（浚）死（恆），貞凶，亡（無）卣（攸）利。"敫，帛本作"夐"，今本作"浚"。釋文："鄭作濬。"

（三）耕部和其他陽聲韻通假

6.12 耕部和其他陽聲韻通假數量表

	元部	真部	蒸部	侵部	文部	冬部	陽部	合計
耕部	12	10	8	5	5	2	1	43

1. 耕—元

耕部與元部共通假 12 組。

頁碼	通假字	反切	中古聲母	中古韻	上古聲母	上古韻部
328	然	如延切	日	仙（開口三等）	日	元
	炅	古迥切	見	迥（合口四等）	見	耕
	熱	如列切	日	薛（開口三等）	日	月

望山簡一43："☐既倉（滄）然（熱），㠯（以）☐。"郭店簡《太一生水》3："四時遝（復）〔相〕捕（輔）也，是㠯（以）城（成）倉（滄）然（熱）。倉（滄）然（熱）遝（復）相捕（輔）也，是㠯（以）城（成）溼（濕）澡（燥）。"4："溼澡（燥）者，倉（滄）然（熱）之所生也。倉（滄）然（熱）者，四時〔之所生也〕。"然，讀爲"熱"。郭店簡《老子》乙15："喿（躁）朕（勝）蒼，青（靜）朕（勝）然（熱）。"然，帛本甲作"炅"，乙殘，王本作"熱"。

頁碼	通假字	反切	中古聲母	中古韻	上古聲母	上古韻部
347	睘	渠營切	群	清（合口三等）	群	耕
	環	戶關切	匣	刪（合口二等）	匣	元

望山簡二50："一甾睘（環）。"又："一玉句（鉤），一睘（環）。"睘，讀爲"環"。

頁碼	通假字	反切	中古聲母	中古韻	上古聲母	上古韻部
347	睘	渠營切	群	清（合口三等）	群	耕
	還	戶關切	匣	删（合口二等）	匣	元
	嬛	許緣切	曉	仙（合口三等）	曉	元
	亥	胡改切	匣	海（開口一等）	匣	之

葛陵簡零 214："☐〔齊客陳異致福於〕王之哉（歲），獻馬之月，乙睘（亥）之日☐。"睘，簡文又作"還""嬛"，並讀爲"亥"。

頁碼	通假字	反切	中古聲母	中古韻	上古聲母	上古韻部
380	㞾	止而切	章	之（開口三等）	章	之
	䨣	郎丁切	來	青（開口四等）	來	耕
	霝	郎丁切	來	青（開口四等）	來	耕
	命	眉病切	明	映（開口三等）	明	耕
	靈	郎丁切	來	青（開口四等）	來	耕
	練	郎甸切	來	霰（開口四等）	來	元

郭店簡《緇衣》26："《呂埅（刑）》員云：非甬（用）㞾，折（制）㠯（以）埅（刑），隹（惟）乍（作）五瘧之埅（刑）曰灋。"㞾，上博藏一《緇衣》14作"䨣"，日本巖崎古鈔《尚書·呂刑》作"霝"，今本《緇衣》引《甫刑》作"命"，《墨子·尚同》引《呂刑》作"練"，今《書·呂刑》作"靈"。

頁碼	通假字	反切	中古聲母	中古韻	上古聲母	上古韻部
395	鄍	莫經切	明	青（開口四等）	明	耕
	冥	莫經切	明	青（開口四等）	明	耕
	鄳	彌兖切	明	獮（開口三等）	明	元
	鄳	武庚切	明	庚（開口二等）	明	蒸

曾侯乙簡 65："黃馸（豻）馭邻（鄍）君之一鞥（乘）肇（畋）車。"包山簡 143："鄝或礲（磯）敓邻（鄍）君之肙邑人黃欽。"鄍，地名，字又作"冥""鄳"。《左傳》定公四年，左司馬戌曰："我悉方城外以毀其

舟，還塞大隧、直轅、冥阨。"《史記·春申君列傳》"秦踰黽隘之塞而攻楚"，正義："黽隘之塞在申州。"《漢書·地理志》江夏郡有"鄳縣"，其地在今河南羅山縣西，新蔡西南。

頁碼	通假字	反切	中古聲母	中古韻	上古聲母	上古韻部
397	雷	魯回切	來	灰（合口一等）	來	元
	霝	郎丁切	來	青（開口四等）	來	耕
	靈	郎丁切	來	青（開口四等）	來	耕

包山簡 42："雷（霝）里子之州加公文壬、里公苛誠受𦅫（期）。"雷里子，簡 180 作"霝里子"。上博藏三《周易·頤》24："豫（舍）尒（爾）雷（靈）龜。"雷，同"霝"，讀爲"靈"。帛本、今本作"靈"。

2. 耕—真

耕部與真部共通假 10 組。

頁碼	通假字	反切	中古聲母	中古韻	上古聲母	上古韻部
393	正	之盛切	章	勁（開口三等）	章	耕
	奠	堂練切	定	霰（開口四等）	定	真

上博藏一《性情論》1："心亡（無）正（定）志。"正，郭店簡《性自命出》1 作"奠"，讀爲"定"。

頁碼	通假字	反切	中古聲母	中古韻	上古聲母	上古韻部
385	奠	堂練切	定	霰（開口四等）	定	真
	鄭	直正切	澄	勁（開口三等）	定	耕

葛陵簡甲三 20 "奠（鄭）祇㠯（以）長篿爲君䋣（卒）歲（歲）貞☐。"甲三 25 "奠（鄭）憲習之㠯（以）陸（隋）筴之☐。"甲三 312 "奠（鄭）見之述。"乙一 14 "句邦公奠（鄭）余毅大城邺（茲）泣（方）之歲（歲）。"乙四 145："奠（鄭）憲占之。"包山簡 2："魯易（陽）公㠯（以）楚市（師）逡（後）䡈（城）奠（鄭）之歲（歲）。"85："奠（鄭）㧙。"165："喜君之人奠（鄭）雁；己丑，新都人奠（鄭）逃。"166："墜（陳）公

之人奠（鄭）少士。"260："一奠（鄭）弓。"郭店簡《性自命出》27："奠（鄭）衛之樂，則非亓（其）聖（聲）而從之。"奠，讀爲"鄭"。

頁碼	通假字	反切	中古聲母	中古韻	上古聲母	上古韻部
385	奠	堂練切	定	霰（開口四等）	定	真
	定	徒徑切	定	徑（開口四等）	定	耕

楚帛書甲6："炎帝乃命祝䖒（融）㠯（以）四神降，奠（定）三天塍（繩），思（使）敚（捊）奠（定）四亟（極）。"上博藏二《容成氏》28："天下之民居奠（定）。"奠，讀爲"定"。

頁碼	通假字	反切	中古聲母	中古韻	上古聲母	上古韻部
399	貞	陟盈切	知	清（開口三等）	端	耕
	真	職鄰切	章	真（開口三等）	章	真
	鼎	都挺切	端	迥（開口四等）	端	耕
	領	良郢切	來	靜（開口三等）	來	耕

包山簡269、270："馭（御）、右二貞（鼎）韅（？）虗（甲），皆昔軸（冑），紫綪（縢）。"又包山竹牘1："馭（御）、右二貞（鼎）韅（？）虗（甲），皆昔軸（冑），紫縢。"貞，同"鼎"，作爲量詞，讀爲"領"。其字曾侯乙簡作"真"。

頁碼	通假字	反切	中古聲母	中古韻	上古聲母	上古韻部
381	訇	呼宏切	曉	耕（合口二等）	曉	耕
	洵	相倫切	心	諄（合口三等）	心	真

上博藏一《詩論》22："《备（宛）丘》曰：'訇（洵）又（有）情'。"訇，《詩·陳風·宛丘》作"洵"。

頁碼	通假字	反切	中古聲母	中古韻	上古聲母	上古韻部
381	訇	呼宏切	曉	耕（合口二等）	曉	耕
	玄	胡涓切	匣	先（合口四等）	匣	真

第六章 支、錫、耕三部通假關係研究

郭店簡《唐虞之道》27："《吴（虞）時（詩）》曰：'大明不出，旮（萬）勿（物）暠（皆）旬（玄）。'"旬，讀爲"玄"，隱也。《説文》旬"又讀若玄"。

頁碼	通假字	反切	中古聲母	中古韻	上古聲母	上古韻部
399	貞	陟盈切	知	清（開口三等）	端	耕
	闐	徒年切	定	先（開口四等）	定	真
	鎮	陟刃切	知	震（開口三等）	端	真

郭店簡《老子》甲13："患（化）而雛（欲）复（作），酒（將）貞之昌（以）亡（無）名之斀（樸）。"貞，讀爲"正"，帛書乙本作"闐"，王本作"鎮"。

3. 耕—蒸

耕部與蒸部共通假8組，已在第一章第三節"蒸—耕"中列舉。

4. 耕—侵

耕部與侵部共通假5組。

頁碼	通假字	反切	中古聲母	中古韻	上古聲母	上古韻部
040	臨	力尋切	來	侵（開口三等）	來	侵
	酃	郎丁切	來	青（開口四等）	來	耕

包山簡53："臨昜之邕司馬李𤕫受甘（期）。"185："臨昜人宝賈。"臨，讀爲"酃"，楚簡"臨""霝"聲符相同。西漢長沙國有"酃縣"，東漢在長沙郡，《續漢志》劉昭注引《荊州記》："有酃湖，周廻三里。"《水經注·湘水》"臨承即故酃縣也"，楊守敬疏："酃縣在今清泉縣東十二里。"按其地望在今湖南衡陽市東。

頁碼	通假字	反切	中古聲母	中古韻	上古聲母	上古韻部
389	晶	子盈切	精	清（開口三等）	精	耕
	三	蘇甘切	心	談（開口一等）	心	侵

曾侯乙簡122："晶（參）真吳甲。"129："晶（參）嗎（馬）剢（漆）甲，黃紡之縢。"179："都牧之晶（參）匹駒。"信陽簡1—3："教箸（書）

晶歲（歲），教言三歲（歲）。"上博藏五《弟子問》14："夫二晶（三）子者。"晶，本義爲晶光，子盈切，歧讀爲"三"。上博藏三《周易·豐》52："晶（三）歲（歲）不覿。"50："九晶（三）：鳴（鴻）漸于陸（陸）。"上博藏三《周易》凡"三"皆作"晶"。

頁碼	通假字	反切	中古聲母	中古韻	上古聲母	上古韻部
402	淫	古靈切	見	青（開口四等）	見	耕
	淫	餘針切	餘	侵（開口三等）	餘	侵

郭店簡《唐虞之道》12："咎（皋）采（陶）內用五型（刑），出弋（式）兵革，辠（罪）淫（婬）羕（暴）□□∠。"郭店簡《緇衣》6："懂（謹）亞（惡）㠯（以）涑（御）民淫（淫），則民不貳（惑）。"淫，讀爲"婬"，上博藏一《緇衣》4、今本《緇衣》作"淫"。

頁碼	通假字	反切	中古聲母	中古韻	上古聲母	上古韻部
402	徑	古定切	見	徑（開口四等）	見	耕
	婬	餘針切	餘	侵（開口三等）	餘	侵

上博藏六《競公瘧》12："神見虐（吾）徑（婬）羕（暴）□。"徑，讀爲"婬"。

頁碼	通假字	反切	中古聲母	中古韻	上古聲母	上古韻部
401	㸒	餘針切	餘	侵（開口三等）	餘	侵
	徑	古定切	見	徑（開口四等）	見	耕

信陽簡 2—10、15："一少（小）鑊，㸒（徑）二芥（寸）；一鈕環，堯（繞）長六芥（寸）。泊（薄）組之塑（繃）。一青屛（琪）□之琤（璧），㸒（徑）四芥（寸）笍（開）芥（寸），專（博）一芥（寸）少（小）芥（寸），厚釱（一）芥（寸）。"㸒，讀爲"徑"。

5. 耕—文

耕部與文部共通假 5 組。

第六章　支、錫、耕三部通假關係研究

頁碼	通假字	反切	中古聲母	中古韻	上古聲母	上古韻部
365	鰥	古頑切	見	山（合口二等）	見	文
	敬	居慶切	見	映（開口三等）	見	耕

上博藏六《用曰》16："……鰥之身，流畣（文）惠武，雝（恭）弔（淑）㠯（以）成。"鰥，句例有闕，待考。晏昌貴讀爲"敬"。《尚書·呂刑》："哀敬折獄"，《漢書·于定國傳—贊》作"哀鰥哲獄"。

頁碼	通假字	反切	中古聲母	中古韻	上古聲母	上古韻部
379	歠	以芮切	餘	祭（合口三等）	餘	月
	夐	許縣切	曉	霰（合口四等）	曉	耕
	浚	私閏切	心	稕（合口三等）	心	文
	濬	私閏切	心	稕（合口三等）	心	文

上博藏三《周易·恆》28："初六：歠（浚）死（恆），貞凶，亡（無）卣（攸）利。"歠，帛本作"夐"，今本作"浚"。釋文："鄭作濬。"

頁碼	通假字	反切	中古聲母	中古韻	上古聲母	上古韻部
391	㲼	戶經切	匣	青（開口四等）	匣	耕
	釁	許覲切	曉	震（開口三等）	曉	文

上博藏四《昭王毀室》1："卲（昭）王爲室於死沮（沮、雎）之滸（滸），室既成，酒（將）袼（落）之。王戒（誡）邦大夫㠯（以）歆（飲）酉（酒）。既㲼（釁），条（落）之。"㲼，讀爲"釁"。

頁碼	通假字	反切	中古聲母	中古韻	上古聲母	上古韻部
395	回	古螢切	見	青（開口四等）	見	耕
	薰	許云切	曉	文（合口三等）	曉	文

上博藏三《周易·艮》49："九晶（三）：艮丌（其）瞳（限），剭（列）丌（其）衝（夤），礪（厲）回（薰）心。"回，帛本、今本作"薰"。

— 239 —

6. 耕—冬

耕部與冬部共通假 2 組，已在第二章第三節"冬—耕"中列舉。

7. 耕—陽

耕部與陽部共通假 1 組，已在第五章第三節"陽—耕"中列舉。

第七章 歌、月、元三部通假關係研究

第一節 歌部

在本書的研究範圍內，歌部通假共 289 組，其中同部通假 178 組，異部通假 111 組。在異部通假中，歌部與陰聲韻共通假 57 組，與入聲韻共通假 38 組，與陽聲韻通假 16 組。

7.1 歌部通假情況匯總表

通假類型			通假數量		
同部通假		歌—歌	178		
異部通假	陰聲韻	歌—魚	16	57	111
		歌—微	15		
		歌—支	14		
		歌—侯	5		
		歌—之	3		
		歌—幽	2		
		歌—宵	2		
	入聲韻	歌—月	10	38	
		歌—質	5		

(289)

續表

通假類型			通假數量		
異部通假	入聲韻	歌—覺	5	38	111	289
		歌—錫	5			
		歌—屋	4			
		歌—鐸	3			
		歌—物	2			
		歌—緝	1			
		歌—葉	1			
		歌—藥	1			
		歌—職	1			
	陽聲韻	歌—元	13	16		
		歌—侵	1			
		歌—蒸	1			
		歌—真	1			

一　歌部的同部通假

歌部同部通假 178 組。

坐銼	沙紗	我儀	我義	我俄	耓義	悉垔	悉儀	垔儀	蟲蛾	義儀
虘犧	義宜	宜儀	戲犧	犧犧	義鄒	邴鄒	羍犧	果菓	果戈	菓戈
渦淌	虘戲	迆地	陸饿	歧施	陸地	陸地	迻移	皶播	羅離	羅羅
邳播	贏贏	贏贏	禾和	訶呵	苛何	褐禍	絅阿	蘁苛	畸奇	奇錡
崎蹄	隋隨	憽惰	陸隨	坐座	垄坐	迻坐	瘞瘞	瘞座	筵笙	屖沙
屖紗	鄒沙	磨摩	珈加	訕嘉	毊禍	蕽蔦	迆怩	迆怩	迆化	柴化
騾驪	撝化	憑化	譌訛	皮疲	靴鞁	靴被	靴被	靴皮	離罹	靴皮
靴疲	波陂	坡坡	差嗟	適離	坐挫	銼挫	義犧	義犧	妥委	驟騧
它施	它陸	施陸	它蛇	它地	蛇地	它沱	沱池	沱弛	池弛	沱施
坨阤	迆它	駝馳	鉈匜	鉈巋	巋巋	番播	多侈	多簃	胗簃	迆施

第七章 歌、月、元三部通假關係研究

坨多	坨簃	多簃	嬴鎖	可何	可訶	可呵	波被	可阿	訶阿	呵阿
可苛	可奇	訶歌	柯綺	綺阿	昄差	伽加	訕賀	化䰙	䰙畸	琦柯
隓隋	陸隋	陸隨	陸墮	坐些	坐俀	坐郯	婎俀	婎郯	婎迻	俀郯
俀迻	郯迻	刬俀	陸隋	陸惰	敁疲	差左	差佐	鉇匜	鉇酏	化禍
佛蒍	佛蕿	迆過	㭟過	㤒過	迆禍	祡禍	訛過	譌撝	譌化	憑僞
盉蝸	盉化	蝸化	貤貨	皮彼	皮跛	皮頗	鞁綏	鞁綏	綏被	被陂
敁彼	膬瘥									

二 歌部的異部通假

歌部異部通假 111 組。

（一）歌部和其他陰聲韻通假

7.2 歌部和其他陰聲韻通假數量表

	魚部	微部	支部	侯部	之部	幽部	宵部	合計
歌部	16	15	14	5	3	2	2	57

1. 歌—魚

歌部與魚部共通假 16 組，已在第五章第一節"魚—歌"中列舉。

2. 歌—微

歌部與微部共通假 15 組。

頁碼	通假字	反切	中古聲母	中古韻	上古聲母	上古韻部
226	綏	息遺切	心	脂（合口三等）	心	微
	妥	他果切	透	果（合口一等）	透	歌

包山簡 270："一鐈，綏（緌）組之綏。"277："一覞（鞻），組綏。"綏，簡文又作"妥"。上引包山簡之"綏"分別爲鐈、鞻之把手。《説文》解綏從糸、從妥，朱駿聲《説文通訓定聲》認爲是會意，段玉裁注補字作"從糸，妥聲"。段氏補字不一定妥當，但據楚簡用例，綏爲形聲字應是正確的意見。

— 243 —

頁碼	通假字	反切	中古聲母	中古韻	上古聲母	上古韻部
226	綏	息遺切	心	脂（合口三等）	心	微
	緌	儒佳切	日	脂（合口三等）	日	歌

曾侯乙簡2："一繇（縣）簫（箙），泉（綠）魚，斂（緌）聶（攝），屯璊（繡）組之綏。"綏，應指箙緣邊下垂的部分，典籍亦作"緌"。

頁碼	通假字	反切	中古聲母	中古韻	上古聲母	上古韻部
227	羸	力爲切	來	支（合口三等）	來	歌
	纍	力追切	來	脂（合口三等）	來	微
	羸	力爲切	來	支（合口三等）	來	歌
	累	力委切	來	紙（合口三等）	來	微
	虆	力追切	來	脂（合口三等）	來	微

上博藏楚簡《從政》乙 2："不膚（附）濾羸（纍）亞（惡）。"羸，讀爲"纍"。上博藏三《周易·萃》44："气（汔）至，亦母（毋）虆（繘）荥，羸（羸）丌（其）缾（瓶），凶。"羸，帛本作"纍"，今本作"羸"，釋文："蜀才作累，鄭讀曰虆。"

頁碼	通假字	反切	中古聲母	中古韻	上古聲母	上古韻部
255	非	甫微切	幫	微（合口三等）	幫	微
	靡	文彼切	明	紙（開口三等）	明	歌

郭店簡《語叢四》1："非（靡）言不瞶（讎），非（靡）惪亡（無）返（復）。"非，讀爲"靡"。

頁碼	通假字	反切	中古聲母	中古韻	上古聲母	上古韻部
273	纍	力追切	來	脂（合口三等）	來	微
	臝	落戈切	來	戈（合口一等）	來	歌

包山簡269、270："一和臝鏖（甲），省軸，綠組之絥（縢）。"又包山竹牘1："一和臝鏖（甲），省軸（冑），綠組之（縢）。"臝，讀爲"纍"。《說文》："纍，綴得理也。"《國語·齊語》："諸侯甲不得解纍，兵不

解翳。"

頁碼	通假字	反切	中古聲母	中古韻	上古聲母	上古韻部
252	散	無非切	明	微（合口三等）	明	微
	朵	丁果切	端	果（合口一等）	端	歌

上博藏三《周易·頤》24："觀我散頤。"散，讀爲"美"。帛本作"掜"，阜《易》作"端"，今本作"朵"。釋文："京作揣。"或以爲"散"乃"敨"之誤，未妥，別有說。

頁碼	通假字	反切	中古聲母	中古韻	上古聲母	上古韻部
233	貨	—	—	—	—	歌
	譌	五禾切	疑	戈（合口一等）	疑	歌
	撝	許爲切	曉	支（合口三等）	曉	歌
	化	呼霸切	曉	禡（合口二等）	曉	歌
	揮	許歸切	曉	微（合口三等）	曉	微

上博藏三《周易·謙》12："六四：亡（無）不利，貨（撝）壓（謙）。"貨，帛本作"譌"，今本作"撝"。《漢上易傳》引子夏曰："撝謙，化謙也，言上下化其謙也。"引京房曰："上下皆通曰揮謙是也。"

3. 歌—支

歌部與支部共通假 14 組，已在第六章第一節"支—歌"中列舉。

4. 歌—侯

歌部與侯部共通假 5 組，已在第四章第一節"侯—歌"中列舉。

5. 歌—之

歌部與之部共通假 3 組，已在第一章第一節"之—歌"中列舉。

6. 歌—幽

歌部與幽部共通假 2 組，已在第二章第一節"幽—歌"中列舉。

7. 歌—宵

歌部與宵部共通假 2 組，已在第三章第一節"宵—歌"中列舉。

（二）歌部和入聲韻通假

7.3 歌部和入聲韻通假數量表

	月部	質部	覺部	錫部	屋部	鐸部	物部	緝部	葉部	藥部	職部	合計
歌部	10	5	5	5	4	3	2	1	1	1	1	38

1. 歌—月

歌部與月部共通假 10 組。

頁碼	通假字	反切	中古聲母	中古韻	上古聲母	上古韻部
303	害	胡蓋切	匣	泰（開口一等）	匣	月
	何	胡歌切	匣	歌（開口一等）	匣	歌
	曷	胡葛切	匣	曷（開口一等）	匣	月
	盍	胡臘切	匣	歌（開口一等）	匣	葉

郭店簡《成之聞之》33：“大禹（禹）曰：'余才（茲）氒（宅）天心'，害（盍）？此言也，言余之此而氒（宅）於天心也。”上博藏四《曹沫之陳》9、10：“君子昌（以）臤（賢）稱，害（曷）有弗得？昌（以）亡（無）道禹（稱），害（曷）又（有）弗遊（失）？”上博藏五《競建内之》1：“日之飤（食）也害（曷）爲？”害，讀爲“盍”或“何”或“曷”。

頁碼	通假字	反切	中古聲母	中古韻	上古聲母	上古韻部
306	絜	古屑切	見	屑（開口四等）	見	月
	掣	尺制切	昌	祭（開口三等）	昌	月
	猘	時制切	禪	祭（開口三等）	禪	月
	觢	時制切	禪	祭（開口三等）	禪	月
	挈	苦計切	溪	齊（開口四等）	溪	月
	觭	去奇切	溪	支（開口三等）	溪	歌
	攼	—			見	月

上博藏三《周易·睽》32、香港中大藏楚簡 1：“六晶（三）：見車遏，丌（其）牛攼（掣），丌（其）人天虞（且）劓（劓），亡（無）初又（有）

— 246 —

第七章　歌、月、元三部通假關係研究

冬（終）。"攸，帛本該字不清晰，阜本作"絜"，今本作"掣"，《説文》"觢"字下引《易》曰："其牛觢。"釋文引鄭作"挈"，子夏作"契"，荀作"觭"。

頁碼	通假字	反切	中古聲母	中古韻	上古聲母	上古韻部
223	腂	烏果切	影	果（合口一等）	影	歌
	栝	古活切	見	末（合口一等）	見	月
	桰	古活切	見	末（合口一等）	見	月

上博藏六 12："既出於口，則弗可悔，若矢之仐（免）於弦。用曰：聶（攝）亓（其）腂（栝），而不可返（復）。"腂，讀爲"栝"，字亦作"桰"，栝字上古音在月部見紐，果在歌部見紐，聲紐同，韻部爲陰入對轉。《莊子·齊物論》"發若機栝"，成玄英疏："機，弩牙也。栝，箭栝也。"

2. 歌—質

歌部與質部共通假 5 組。

頁碼	通假字	反切	中古聲母	中古韻	上古聲母	上古韻部
226	宜	魚羈切	疑	支（開口三等）	疑	歌
	一	於悉切	影	質（開口三等）	影	質
	弌	於悉切	影	質（開口三等）	影	質
	罷	奴代切	泥	代（開口一等）	泥	之

望山簡一 50："□瘧，又（有）見祟（崇），宜禱□□。"宜，同"一"。"宜禱"，又作"弌禱""罷禱"。

頁碼	通假字	反切	中古聲母	中古韻	上古聲母	上古韻部
271	閱	烏宏切	影	耕（開口二等）	影	歌
	閉	博計切	幫	霽（開口四等）	幫	質

郭店簡《老子》甲 27："閱亓（其）兌，賽亓（其）門。"閱，帛本《老子》甲 38、乙 192 上、王弼本與之相應的字作"閉"。包山簡 233："占之：

虘（恆）貞吉，少有慇（憂）於宮室、痛（蔽），目（以）亓（其）古（故）
敚（説）之：趩（舉）禱宮矣（后）土一粘，趩（舉）禱行一白犬、酉（酒）
飤（食），関於大門一白犬。"関，同"閉"。簡文"関"是以牲血禳除之禮，
蓋取禁閉"蠱畜"之義，經史稱爲"磔"。《史記・封禪書》："秦德公既
立，……作伏祠，磔狗邑四門，以禦蠱畜。"《禮記・月令》"大難旁磔"，
疏云："旁謂四方之門，皆披磔其牲以禳除陰氣。"《風俗通・祀典》："今
人殺白犬以血題門户，正月白犬血辟除不祥，取法於此也。"

頁碼	通假字	反切	中古聲母	中古韻	上古聲母	上古韻部
095	勒	盧則切	來	德（開口一等）	來	職
	釛	博拔切	幫	黠（合口二等）	幫	質
	扐	力質切	來	質（開口三等）	來	質
	鞠	古牙切	見	麻（開口二等）	見	歌

曾侯乙簡44："兩馬之彎，紫勒，屯敔霉（蒙）䍁（羽）。"66、80：
"兩馬之革彎，黃金之勒。"勒，簡文又作"釛""扐""鞠"。

3. 歌—覺

歌部與覺部共通假5組，已在第二章第二節"覺—歌"中列舉。

4. 歌—錫

歌部與錫部共通假5組，已在第六章第二節"錫—歌"中列舉。

5. 歌—屋

歌部與屋部共通假4組，已在第四章第二節"屋—歌"中列舉。

6. 歌—鐸

歌部與鐸部共通假3組，已在第五章第二節"鐸—歌"中列舉。

7. 歌—物

歌部與物部共通假2組。

頁碼	通假字	反切	中古聲母	中古韻	上古聲母	上古韻部
287	骨	古忽切	見	没（合口一等）	見	物
	過	古臥切	見	過（合口一等）	見	歌

第七章 歌、月、元三部通假關係研究

上博藏六《用曰》17："㚔（斂）之不骨（過），而廛（展）之亦不能韓（違）。"骨，讀爲"過"。

頁碼	通假字	反切	中古聲母	中古韻	上古聲母	上古韻部
287	骨	古忽切	見	没（合口一等）	見	物
	剮	古瓦切	見	馬（合口二等）	見	歌

包山簡152："歂飤（食）田疠（病）於責（債），骨（剮）償之。左馭（御）遊唇骨（剮）賈之，又（有）五節。"骨，讀爲"剮"，分解也。償，以財物相抵。"剮償之"，將食田分割用以抵債。

8. 歌—緝

歌部與緝部共通假1組。

頁碼	通假字	反切	中古聲母	中古韻	上古聲母	上古韻部
228	和	户戈切	匣	戈（合口一等）	匣	歌
	合	侯閣切	匣	合（開口一等）	匣	緝

包山簡269、270："一和嬴麌（甲），旹軸，綠組之綬（縢）。"又包山竹牘1："一和嬴麌（甲），旹軸（胄），綠組之（縢）。"和，讀爲"合"。

9. 歌—葉

歌部與葉部共通假1組。

頁碼	通假字	反切	中古聲母	中古韻	上古聲母	上古韻部
303	盍	胡臘切	匣	盍（開口一等）	匣	葉
	何	胡歌切	匣	歌（開口一等）	匣	歌
	害	胡蓋切	匣	泰（開口一等）	匣	月
	曷	胡葛切	匣	曷（開口一等）	匣	月

郭店簡《成之聞之》33："大墨（禹）曰：'余才（茲）宅（宅）天心'，害（盍）？此言也，言余之此而宅（宅）於天心也。"上博藏四《曹沫之陳》9、10："君子曰（以）臤（賢）稱，害（曷）有弗得？曰（以）亡（無）道禹（稱），害（曷）又（有）弗遊（失）？"上博藏

— 249 —

五《競建內之》1:"日之飤(食)也害(曷)爲?"害,讀爲"盍"或"何"或"曷"。

10. 歌—藥

歌部與藥部共通假1組,已在第三章第二節"藥—歌"中列舉。

11. 歌—職

歌部與職部共通假1組,已在第一章第二節"職—歌"中列舉。

(三)歌部和陽聲韻通假

7.4 歌部和陽聲韻通假數量表

	元部	侵部	蒸部	真部	合計
歌部	13	1	1	1	16

1. 歌—元

歌部與元部共通假13組。

頁碼	通假字	反切	中古聲母	中古韻	上古聲母	上古韻部
252	掇	都管切	端	緩(合口一等)	端	元
	端	多官切	端	桓(合口一等)	端	元
	朵	丁果切	端	果(合口一等)	端	歌
	楯	市緣切	禪	仙(合口三等)	禪	元
	散	無非切	明	微(合口三等)	明	微

上博藏三《周易·頤》24:"觀我敚頤。"敚,讀爲"朵"。帛本作"掇",阜《易》作"端",今本作"朵"。釋文:"京作楯。"或以爲"敚"乃"散"之誤,未妥,別有說。

頁碼	通假字	反切	中古聲母	中古韻	上古聲母	上古韻部
331	練	郎甸切	來	霰(開口四等)	來	元
	賀	胡簡切	匣	簡(開口一等)	匣	歌

郭店簡《五行》39:"柬(簡)之爲言猷(猶)練也,大而晏者也。"練,帛書《五行》204作"賀",乃異文。

第七章 歌、月、元三部通假關係研究

頁碼	通假字	反切	中古聲母	中古韻	上古聲母	上古韻部
338	担	多旱切	端	旱（開口一等）	端	元
	癉	丁可切	端	哿（開口一等）	端	歌
	瘝	多旱切	端	旱（開口一等）	端	元

郭店簡《緇衣》7："上帝板板，下民邜（卒）担（瘝）。"担，讀爲"癉""瘝"。今本作"瘝"。《詩·大雅·板》："上帝板板，下民卒癉。"癉，勞病也，沈本作瘝。

頁碼	通假字	反切	中古聲母	中古韻	上古聲母	上古韻部
339	戰	之膳切	章	線（開口三等）	章	元
	癉	丁可切	端	哿（開口一等）	端	歌

郭店簡《窮達以時》4："邵（呂）望（望）爲牂棗（萊）鴻（津），戰（癉）監門來地，行年七十而胥（屠）牛於朝訶（歌），譽（興）而爲天子帀（師），坦（遇）周文也。"戰，讀爲"癉"。《說文》："癉，勞病也。"《詩·大雅·板》"上帝板板，下民卒癉"，毛傳："癉，病也。"

頁碼	通假字	反切	中古聲母	中古韻	上古聲母	上古韻部
347	遠	雲阮切	匣	阮（合口三等）	匣	元
	蓮	韋委切	匣	紙（合口三等）	匣	歌

包山簡28："戠尹之鄢邑公遠忻、莫嚻（敖）遠覡。"193："易陵人遠從志。"遠，姓氏，經史作"蓮"。

頁碼	通假字	反切	中古聲母	中古韻	上古聲母	上古韻部
173	呵	虎何切	曉	歌（開口一等）	曉	歌
	焉	於幹切	影	仙（開口三等）	影	元

郭店簡《老子》甲8："夜虐（乎）奴（如）冬涉川。"虐，帛本作"呵"，王本作"焉"。

頁碼	通假字	反切	中古聲母	中古韻	上古聲母	上古韻部
222	戈	古禾切	見	戈（合口一等）	見	歌
	干	古寒切	見	寒（開口一等）	見	元
	戟	古寒切	見	寒（開口一等）	見	元

曾侯乙簡 3："二戲、戈，屯一翼之菩（翿）。" 6、20："二黃金之戲、二戈，紫縧，屯一翼之翿。" 15、17、27、30、34、37、40、83、84、91、97："二畫戲、二戈，屯一翼之翿。" 46："革戲、二戈，紫縧，屯一翼之翿。" 61："一旆，一戟，二戲、戈，屯翏羽翿。" 84："畫戲，齊紫之綳；二戈，紫縧，屯一翼之翿。" 戈，讀爲"干"。簡文凡戈頭之戈作"果"或"菓"，可知"戈"乃盾名，不是用"戈"字本義。《方言》卷九："盾自關而東或謂之戲，或謂之干，關西謂之盾。" 字通作"戟"，《説文》："戟，盾也。"

頁碼	通假字	反切	中古聲母	中古韻	上古聲母	上古韻部
338	瑞	是僞切	禪	寘（合口三等）	禪	歌
	偺	多官切	端	桓（合口一等）	端	元
	逗	徒候切	定	候（開口一等）	定	侯

包山簡 22："邵（鄔）司馬之州加公李瑞。" 李瑞，簡 30 作"李偺"、簡 24 作"李逗"。

頁碼	通假字	反切	中古聲母	中古韻	上古聲母	上古韻部
340	鄱	薄波切	並	戈（合口一等）	並	歌
	潘	普官切	滂	桓（合口一等）	滂	元

包山簡 153："西與鄱君䢼疆。" 154："王所舍新大廐㠯（以）㠯（笵）蘆之田，南與郯君埶疆，東與茈君埶疆，北與鄧易埶疆，西與鄱君埶疆。" 175："鄱君之右司馬。" 鄱，地名，字又作"潘"，楚相孫叔敖碑："必于潘國。"

第七章　歌、月、元三部通假關係研究

2. 歌—侵

歌部與侵部共通假 1 組。

頁碼	通假字	反切	中古聲母	中古韻	上古聲母	上古韻部
035	甚	常枕切	禪	侵（開口三等）	禪	侵
	可	枯我切	溪	歌（開口一等）	溪	歌

郭店簡《老子》甲 5：" 皋莫乎（重）虐（乎）甚欲。" 甚，《韓非子·解老》、帛書《老子》甲、乙作 " 可 "，楚簡 " 甚 " 字下部作反 " 可 " 形，《韓非子》、帛本 " 可 " 有可能是 " 甚 " 之壞字。

3. 歌—蒸

歌部與蒸部共通假 1 組，已在第一章第三節 " 蒸—歌 " 中列舉。

4. 歌—真

歌部與真部共通假 1 組。

頁碼	通假字	反切	中古聲母	中古韻	上古聲母	上古韻部
243	紃	直引切	澄	軫（開口三等）	定	真
	施	式支切	書	支（開口三等）	書	歌

上博藏五《季康子問於孔子》3："埶（執）民之中，紃（施）敩（教）於百眚（姓）。"紃，讀爲 " 施 "。

第二節　月部

在本書的研究範圍內，月部通假共 419 組，其中同部通假 236 組，異部通假 183 組。在異部通假中，月部與陰聲韻共通假 56 組，與入聲韻共通假 73 組，與陽聲韻通假 54 組。

7.5 月部通假情況匯總表

通假類型			通假數量			
同部通假		月—月	236			
異部通假	陰聲韻	月—歌	10	56	183	419
		月—幽	9			
		月—脂	8			
		月—之	8			
		月—宵	7			
		月—微	6			
		月—魚	5			
		月—支	3			
	入聲韻	月—物	19	73		
		月—葉	18			
		月—質	17			
		月—緝	7			
		月—職	4			
		月—屋	3			
		月—藥	2			
		月—錫	1			
		月—覺	1			
		月—鐸	1			
	陽聲韻	月—元	33	54		
		月—文	10			
		月—陽	4			
		月—真	4			
		月—耕	2			
		月—東	1			

第七章　歌、月、元三部通假關係研究

一　月部的同部通假

月部同部通假 236 組。

賴厲	渿泄	戩截	歠啜	栝桰	衛鄲	衛壓	鄲壓	筮逝	筮噬	鬜獺
敝弊	帗幣	帗敝	帗弊	幣弊	蠞鱉	痛蔽	岀蚎	脺臊	殻設	拽曳
繸帶	大軑	太泰	欽軑	説悦	兌奪	敓奪	敓兌	祝説	垸兌	毆瘄
毆瘄	瘄疴	敏會	敏繪	沫澮	毳竁	毳臊	竁臊	戾列	霍脆	霈霍
霈毳	蔑沫	戝敗	礪厲	礪礪	俐痢	蠆蠆	滿厲	滿勵	砅濿	砅厲
濿厲	害曷	㦱割	㦱害	韋害	鐍轄	鐍鎋	鐍韋	轄鎋	憲害	轄韋
鎋韋	夬決	夬抉	決抉	夬玦	忲快	忲缺	快缺	介祄	斧介	疥瘡
疥介	疥砎	疥扴	介砎	介扴	敗戝	砎扴	鬍犎	世貰	戝敗	箸筮
督筮	箨笁	箨笁	鄶蔡	埶執	埶藝	執藝	褺褻	歲歲	汱滅	烕滅
卤契	折製	折制	折裂	裂制	繲帶	裂製	歠愒	薛蓺	剠脆	傑桀
滐竭	列毆	寽拶	發廢	叕登	叕伐	友拔	沫茉	果拔	靈霅	帯施
毕厥	邲越	話話	舌舌	澈殺	伐敗	伐閥	戲戲	戲伐	戲伐	筏戲
戮伐	佼伐	秣沫	秣蔑	燥蔑	剌烈	剌列	戾厲	褅壓	炎衛	慧快
筭聽	敞蔽	袡敝	柰敞	柰祝	敞祝	敞悦	嚴櫠	絶轡	翻沫	大泰	大太
兌説	兌悦	兌脱	敓説	敓悦	敓柰	敓脱	敓税	逝垸	劇翻	逝兌
逝脱	奪説	毆劇	厠列	戾瀕	厲瀕	冽瀕	貝敗	貝敗	秣劇	秣翻
敚噲	蔑劇	劇沬	蠆褅	割害	割會	夬缺	玦缺	恭慧	恭決	絜挈
絜挈	絜挈	絜挈	掣挈	掣挈	掣挈	挈挈	挈挈	葛褐	遏愒	遏曳
愒曳	憏察	埶設	埶熱	熱設	埶勢	埶褻	威滅	折哲	折枿	悊誓
癹發	癹廢	發叕	伐撥	撥叕	叕廢	蔑翻	犖叕	犖伐	友被	芨沫
芨茉	沛旆	末旆	沫劇	毕關	闕厥	諳話	戲撥	戲撥	戾冽	厲冽
旆市	韍市	韍旆	月朏							

二　月部的異部通假

月部異部通假 183 組。

(一)月部和陰聲韻通假

7.6　月部和陰聲韻通假數量表

	歌部	幽部	脂部	之部	宵部	微部	魚部	支部	合計
月部	10	9	8	8	7	6	5	3	56

1. 月—歌

月部與歌部共通假 10 組，已在第七章第一節"歌—月"中列舉。

2. 月—幽

月部與幽部共通假 9 組，已在第二章第一節"幽—月"中列舉。

3. 月—脂

月部與脂部共通假 8 組。

頁碼	通假字	反切	中古聲母	中古韻	上古聲母	上古韻部
219	劓	魚器切	疑	至（開口三等）	疑	脂
	齞	五結切	疑	屑（開口四等）	疑	月
	劓	牛例切	疑	祭（開口三等）	疑	月

上博藏三《周易‧睽》32、香港中大藏楚簡 1："六晶（三）：見車遏，丌（其）牛攸（掣），丌（其）人天虘（且）劓（劓），亡（無）初又（有）冬（終）。"劓，原簡字形不清晰，此參考摹本暫定，或直接隸作"劓"。今本作"劓"，釋文引王肅作"齞"，《説文》引《易》作"劓"。

頁碼	通假字	反切	中古聲母	中古韻	上古聲母	上古韻部
312	劓	牛例切	疑	祭（開口三等）	疑	月
	貳	而至切	日	至（開口三等）	日	脂
	齞	五結切	疑	屑（開口四等）	疑	月

上博藏三《周易‧困》43："困于萆（葛）藟，于劓□。"劓，帛本作"貳"，今本作"齞"。《儀禮‧特牲饋食禮》"闑西閾外"，武威漢簡《儀禮》甲本"闑"作"槷"。

— 256 —

第七章　歌、月、元三部通假關係研究

頁碼	通假字	反切	中古聲母	中古韻	上古聲母	上古韻部
309	藝	魚祭切	疑	祭（開口三等）	疑	月
	邇	兒氏切	日	紙（開口三等）	日	脂
	褻	私列切	心	薛（開口三等）	心	月

郭店簡《緇衣》21："邦家之不寍（寧）也，則大臣不台（治），而藝（褻）臣忻（託）也。"藝，今本《禮記·緇衣》作"邇"。疑簡文"藝"讀爲"褻"，《禮記·檀弓下》"君之褻臣也"，鄭注："褻，嬖也。"

頁碼	通假字	反切	中古聲母	中古韻	上古聲母	上古韻部
299	敗	薄邁切	並	夬（開口二等）	並	月
	美	無鄙切	明	旨（開口三等）	明	脂

上博藏二《民之父母》9："亓（其）才（在）諆（語）也，敗（美）矣！厷（宏）矣！大矣！"《禮記·孔子閒居》作："言則大矣，美矣，盛矣。"或以爲簡文"敗"讀爲"美"。

頁碼	通假字	反切	中古聲母	中古韻	上古聲母	上古韻部
379	歠	以芮切	餘	祭（合口三等）	餘	月
	榰	章移切	章	支（開口三等）	章	脂
	振	章忍切	章	震（開口三等）	章	文
	震	章忍切	章	震（開口三等）	章	文

上博藏三《周易·恆》29："上六，歠死（恆），貞凶。"歠，帛本作"夐"，今本作"振"，《說文》："榰，柱砥。"引《易》："榰恆凶。"釋文引張璠作"震"。

4. 月—之

月部與之部共通假 8 組，已在第一章第一節"之—月"中列舉。

5. 月—宵

月部與宵部共通假 7 組，已在第三章第一節"宵—月"中列舉。

6. 月—微

月部與微部共通假 6 組。

頁碼	通假字	反切	中古聲母	中古韻	上古聲母	上古韻部
315	芾	方味切	幫	未（合口三等）	幫	月
	韋	雨非切	匣	微（合口三等）	匣	微
	蕡	附袁切	並	元（合口三等）	並	元
	沛	博蓋切	幫	泰（開口一等）	幫	月
	旆	蒲蓋切	並	泰（開口一等）	並	月

上博藏三《周易·豐》51："九晶（三）：豐丌（其）芾（沛），日中見茇（沫），折丌（其）右肱（肱），亡（無）咎。"帛本作"九三：豐其蕡，日中見芾。"今本作"九三：豐其沛，日中見沫。"釋文："沛，本或作旆，謂幡幔也。又普貝反。姚云：滂沛也。王廙豐蓋反，又補賴反，徐普蓋反。子夏作芾，傳云：小也。鄭、干作韋，云：祭祀之蔽膝。"

頁碼	通假字	反切	中古聲母	中古韻	上古聲母	上古韻部
256	衛	于歲切	匣	祭（合口三等）	匣	月
	緌	儒佳切	日	脂（合口三等）	日	微

包山簡263："一生（青）綪（綪）冕（冠），一玗（芋）綪（綪）冕，皆衛（緌）。"望山簡二10："□聯縢之軒（軒）勒（勒），丹組之裏，衛（緌）霝光之純。"衛，讀爲"緌"，系冠纓之飾。《禮記·內則》"冠緌纓"，鄭玄注："緌，纓之飾也。"《說文》："緌，系冠纓也。"蓋冠纓下垂部分可以結成各種式樣，稱爲"緌"。

頁碼	通假字	反切	中古聲母	中古韻	上古聲母	上古韻部
300	涂	古外切	見	泰（開口一等）	見	月
	澮	古外切	見	泰（開口一等）	見	月
	沫	呼內切	曉	隊（合口一等）	曉	微

信陽簡 2—08："二涂（沫）鑒，一洸（浣）鑒，一鈚，一斂壓（壺）。"

— 258 —

2—09："一算，亓（其）實：一洯（浣）帣（巾）。一渿（沬）帣（巾）。一禔臭之帣（巾）。"2—14："一渿（沬）之鯀（鈔）鼎，二銅（鉶），屯又（有）盍（蓋），二釪（盂），一渿（沬）盤，一柔（承）腏（燭）之鑒（盤）。"包山簡260："一渿（沬）□。"渿，同"澮"，讀爲"沬"，洒面也。字亦作"靧""頮"。《玉篇》："靧，音悔，洗面，與頮同。"

7. 月—魚

月部與魚部共通假5組，已在第五章第一節"魚—月"中列舉。

8. 月—支

月部與支部共通假3組，已在第六章第一節"支—月"中列舉。

（二）月部和其他入聲韻通假

7.7 月部和其他入聲韻通假數量表

	物部	葉部	質部	緝部	職部	屋部	藥部	錫部	覺部	鐸部	合計
月部	19	18	17	7	4	3	2	1	1	1	73

1. 月—物

月部與物部共通假19組。

頁碼	通假字	反切	中古聲母	中古韻	上古聲母	上古韻部
276	退	他內切	透	隊（合口一等）	透	物
	芮	而銳切	日	祭（合口三等）	日	月

郭店簡《老子》甲39："攻（功）述身退。"退，帛書乙、王本同，帛書甲作"芮"，《說文》"退"之古文從"內"聲。

頁碼	通假字	反切	中古聲母	中古韻	上古聲母	上古韻部
284	掘	渠勿切	群	物（合口三等）	群	物
	巌	姑衛切	見	祭（合口三等）	見	月
	橛	其月切	群	月（合口三等）	群	月

包山簡 266："木器：一柱梡（㭸），一㞕梡（㭸），一䊽梡（㭸），一剒（宰）梡（㭸）。"信陽簡 2—17、20、25、29："一梡（㭸）。"11："一酞梡（㭸），漆〔彤〕。"梡，讀爲"㭸"，如"聎"又作"瞷"，"刷"亦作"剔"，《荀子·禮論》"屈然"即"闕然"，《左傳》僖公二十五年"闕地下冰"即"掘地下冰"。《禮記·明堂位》"俎，有虞氏以梡，夏后氏以嶡，殷以椇，周以房俎"，又："俎用梡嶡"，疏："梡嶡者。兩代俎也。虞俎名梡，梡形四足如案，《禮圖》云：梡長二尺四寸，廣一尺二寸，高一尺，諸臣加雲氣，天子犧飾之。夏俎名嶡，嶡亦如梡而橫柱，四足中央加距也。"釋文"嶡"亦作"㭸"。

頁碼	通假字	反切	中古聲母	中古韻	上古聲母	上古韻部
315	巿	分勿切	幫	物（合口三等）	幫	物
	紱	分勿切	幫	物（合口三等）	幫	物
	紼	分物切	幫	物（合口三等）	幫	月

曾侯乙簡 125："一吳甲，紫巿之縢；紳唯韗，桐眙。"127："三真楚甲，紫巿之縢。"131："三嗎（匹）畫甲，玄巿之縢。"巿，簡文又作"枚"，讀爲"紱"，《玉篇》"紱"或作"紼"。《漢書·匈奴傳》"授單于印紱"，師古注："紱者，印之組也。"紫巿猶紫組。

頁碼	通假字	反切	中古聲母	中古韻	上古聲母	上古韻部
278	敓	徒活切	定	末（合口一等）	定	月
	祟	—			定	月
	奈	奴帶切	泥	泰（開口一等）	泥	月
	祝	舒芮切	書	祭（合口三等）	書	月
	崇	雖遂切	心	至（合口三等）	心	物

葛陵簡甲三 112："迡（遲）出。或爲君貞：㠯（以）亓（其）迡（遲）出之古（故），尚毋又（有）奈（祟）。嘉占之曰：無㢴（恆）奈（祟）。或爲君貞：㠯（以）亓（其）無㢴（恆）奈（祟）之古（故）▢。"甲三 184—

— 260 —

第七章 歌、月、元三部通假關係研究

2、185、222："或爲君貞：呂（以）亓（其）不良恚（解）瘳之古（故），尚毋又（有）柰（祟）。倉占之。"包山簡236："既腹心疾，呂（以）赴（上）愆（氣），不甘飤（食），舊（久）不瘥（瘥），尚速瘥（瘥），毋又（有）祟？占之：亙（恆）貞吉，疾難瘥（瘥）。"類似例又見 239、243、245、247等。柰，葛陵簡字形有省減，與包山簡"柰"應是一字之異，讀爲"祟"，神禍也。簡文多作"祡""敚""祝"等。

頁碼	通假字	反切	中古聲母	中古韻	上古聲母	上古韻部
298	敚[1]	徒活切	定	末（合口一等）	定	月
	柰	奴帶切	泥	泰（開口一等）	泥	月
	祟	雖遂切	心	至（合口三等）	心	物

葛陵簡甲一 5："又（有）敚見於卲（昭）王、獻〔獻〕惠〔王〕。"甲三 3："☐亡（無）咎。又（有）敚（祟），與鼁同敚（說），見於太☐。"敚，讀爲"祟"。柰，葛陵簡字形有省減，讀爲"祟"。

頁碼	通假字	反切	中古聲母	中古韻	上古聲母	上古韻部
314	沫	莫撥切	明	末（合口一等）	並	月
	茇	蒲撥切	並	末（合口一等）	並	月
	茉	彌葛切	明	曷（開口一等）	明	月
	昧	莫佩切	明	隊（合口一等）	明	物

上博藏三《周易·豐》51："九晶（三）：豐亓（其）芾（沛），日中見茇（沬），折亓（其）右拡（肱），亡（無）咎。"茇，帛本作"茉"，今本作"沬"。釋文："沬，徐武蓋反，又亡對反，微昧之光也。《字林》作昧，亡太反，云：斗杓後星。王肅云：音妹。鄭作昧。服虔云：日中而昏也。《子夏傳》云：昧，星之小者。馬同。"

---

[1] 敚祟二字通假前文已計，此處不計入總數。

◆◇◆ **戰國楚簡帛韻部親疏關係研究**

頁碼	通假字	反切	中古聲母	中古韻	上古聲母	上古韻部
317	蔑	莫結切	明	屑（開口四等）	明	月
	穢	莫結切	明	屑（開口四等）	明	月
	蔑	——			明	月
	敗	——			明	月
	劌	居衛切	見	祭（合口三等）	見	月
	翽	呼會切	曉	泰（合口一等）	曉	月
	沫[①]	莫撥切	明	末（合口一等）	明	月
	昧	莫佩切	明	隊（合口一等）	明	物

上博藏四《曹沫之陳》2 背："敓（曹）蔑（沫）之戟（陣）。"蔑，人名用字，簡文又作"穢""敗""蔑"，敓蔑，《左傳·莊公十年》《國語·魯語上》作"曹劌"，《呂氏春秋·貴信》作曹翽《戰國策·燕策》《史記·魯世家》《史記·刺客列傳》作"曹沫"，《史記·魯仲連鄒陽列傳》索隱作"曹昧"。

2. 月—葉

月部與葉部共通假 18 組。

頁碼	通假字	反切	中古聲母	中古韻	上古聲母	上古韻部
056	灋	方乏切	幫	乏（合口三等）	幫	葉
	廢	方肺切	幫	廢（合口三等）	幫	月

包山簡 16："僅（僕）裝（勞）倌頸事痸（將）灋（廢）。"18："宋弜灋（廢）亓（其）官事。"上博藏二《昔者君老》3："譽（興）敓（燉）灋（廢）亞（惡）。"上博藏五《季康子問於孔子》："先人之所灋（廢）勿迋（起）。"上博藏五《三德》14、19："坪（卑）寢（牆）勿增，灋（廢）人勿墼（興）。"上博藏六《天子建州》甲 4："古（故）亡（無）豊（禮）大灋（廢），亡（無）義大󰀀。"灋，讀爲"廢"。郭店簡《緇衣》9："古

[①] 沫昧二字通假前文已計，此處不計入總數。

第七章 歌、月、元三部通假關係研究

（故）心呂（以）體瀘（廢）。"瀘，讀爲"廢"。馬王堆《十大經·成法》119下："滑（猾）民將生，年（佞）辯用知（智），不可法（廢）組（沮）。"瀘亦讀爲"廢"。

頁碼	通假字	反切	中古聲母	中古韻	上古聲母	上古韻部
303	害	胡蓋切	匣	泰（開口一等）	匣	月
	盇	胡臘切	匣	盇（開口一等）	匣	葉
	曷	胡葛切	匣	曷（開口一等）	匣	月
	何	胡歌切	匣	歌（開口一等）	匣	歌

郭店簡《成之聞之》33："大翏（禹）曰：'余才（茲）乇（宅）天心'，害（盇）？此言也，言余之此而乇（宅）於天心也。"上博藏四《曹沫之陳》9、10："君子呂（以）臤（賢）稱，害（曷）有弗得？呂（以）亡（無）道禹（稱），害（曷）又（有）弗遊（失）？"上博藏五《競建内之》1："日之飤（食）也害（曷）爲？"害，讀爲"盇"或"何"或"曷"。

頁碼	通假字	反切	中古聲母	中古韻	上古聲母	上古韻部
306	蓋	古太切	見	泰（開口一等）	見	葉
	褐	胡葛切	匣	曷（開口一等）	匣	月

郭店簡《窮達以時》3："邵（皐）繇（陶）衣胎（枲）蓋（褐）。"蓋，讀爲"褐"。

頁碼	通假字	反切	中古聲母	中古韻	上古聲母	上古韻部
306	遏	烏葛切	影	曷（開口一等）	影	月
	渫	私列切	心	薛（開口三等）	心	葉
	愶	訖黠切	見	黠（開口二等）	見	月
	曳	餘制切	餘	祭（開口三等）	餘	月

上博藏三《周易·睽》32："六三，見車遏。"遏，帛書《周易》作"愶"，阜陽漢簡《周易》作"渫"，今本作"曳"。

— 263 —

戰國楚簡帛韻部親疏關係研究

頁碼	通假字	反切	中古聲母	中古韻	上古聲母	上古韻部
307	世	舒制切	書	祭（開口三等）	書	月
	殜	直葉切	澄	葉（開口三等）	定	葉
	偞	與涉切	餘	葉（開口三等）	餘	葉
	跲	舒制切	書	祭（開口三等）	書	月

郭店簡《唐虞之道》3："北（必）正丌（其）丌（其）身，肰（然）后（後）正世，聖道備歟（矣）。"7："禋（禪）之流，世亡（無）忎（隱）直（德）。"20："上直（德）則天下又（有）君而世明。"世，簡文又作"殜""偞""跲"。葛陵簡乙四 27："☐☐疾，丕（恒）由（使）郵亥敓（說）於五殜（世）☐。"109："就禱三殜之殤。"上博藏二《子羔》1："昔者而弗殜也。善與善相受（授）也。"上博藏四《曹沫之陳》64、65："昔之明王之记（起）於天下者，各吕（以）丌（其）殜（世），吕（以）及丌（其）身。"上博藏五《季康子問於孔子》23："才（哉）逡（後）之殜（世）比亂，邦相懷（壞）毇（毀）。"上博藏五《姑成家父》6："爲此殜（世）也從事，可（何）吕（以）女（如）是丌（其）疾與才（哉）？"8："唯（雖）不豈（當）殜（世），句（苟）義，毋舊（久），立死可（何）毇（傷）（哉）！"上博藏五《鬼神之明》2："昔者堯舜（舜）禹（禹）湯悳（仁）義聖智，天下灋之。此吕（以）貴爲天子，賃（富）又（有）天下，長年又（有）譽（譽），逡（後）殜（世）遂之。"上博藏六《天下建州》乙1："凡天子七殜（世），邦君五殜（世），大夫三殜（世），士二殜（世）。"殜，讀爲"世"。

頁碼	通假字	反切	中古聲母	中古韻	上古聲母	上古韻部
307	䚢	徒協切	定	帖（開口四等）	定	葉
	貰	舒制切	書	祭（開口三等）	書	月

包山簡 138："大䚢連敔。"164："沨易䚢尹鄗（宛）余。"175："郚于䚢尹肰。"䚢，從視，枼聲，讀爲"貰"，《說文》："貰，貸也，從貝，世聲。""大貰尹"是管貰貸的官員。

— 264 —

第七章 歌、月、元三部通假關係研究

頁碼	通假字	反切	中古聲母	中古韻	上古聲母	上古韻部
310	褋	徒協切	定	帖（開口四等）	定	葉
	藝	魚祭切	疑	祭（開口三等）	疑	月

上博藏四《相邦之道》3："（汆）庶）□寠（勸）於四枳（肢）之褋（藝），昌（以）備軍遬（旅）☒"褋，讀爲"藝"。

頁碼	通假字	反切	中古聲母	中古韻	上古聲母	上古韻部
309	褋	徒協切	定	帖（開口四等）	定	葉
	褻	私列切	心	薛（開口三等）	心	月
	鮮	相然切	心	仙（開口三等）	心	元

上博藏二《容成氏》21："璺（禹）肤（然）句（後）訂（始）行昌（以）魯（儉）；衣不褋（鮮）敉（美），飲（食）不童（重）味。"褋，同"褻"，讀爲"鮮"。

頁碼	通假字	反切	中古聲母	中古韻	上古聲母	上古韻部
300	檜	古外切	見	泰（合口一等）	見	月
	柙	胡甲切	匣	狎（開口二等）	匣	葉
	袷	古沓切	見	合（開口一等）	見	緝

仰天湖簡20："黃邗（中）之矢八，又（有）檜（栝）。"檜，讀爲"柗"或"柙"，《說文》："柗，劍柙也"。《廣雅·釋詁》"柗，劍削也"，王念孫疏證："柙亦柗也。《玉篇》引《莊子·刻意篇》'有干越之劍者，柙而藏之'，今本作'柙'。"或以爲讀爲"栝"。《集韻》："栝，一曰矢栝，築弦處。"

頁碼	通假字	反切	中古聲母	中古韻	上古聲母	上古韻部
303	害	胡蓋切	匣	泰（開口一等）	匣	月
	蓋	古太切	見	泰（開口一等）	見	葉

上博藏一《詩論》7："'裏（懷）尔聚（明）悳（德）"，害（蓋）城（成）胃（謂）之也。"害，讀爲"蓋"。上博藏四《柬大王泊旱》

— 265 —

13、15："君王攸（修）郢高（郊），方若肰（然）里，君王母（毋）敢𢦏（載）害（蓋）羿，梪（相）屍、中余（舍）與五連少（小）子及龍（寵）臣皆逗，母（毋）敢埶（執）築（藻）𥳑（箟）。"害，讀爲"蓋"。害（蓋）羿，據文義是指禦風塵之物，與下文"築（藻）𥳑（箟）"類，然有等級差別。

頁碼	通假字	反切	中古聲母	中古韻	上古聲母	上古韻部
304	箟	胡瞎切	匣	鎋（開口二等）	匣	月
	蓋	古太切	見	泰（開口一等）	見	葉
	箹	古胡切	見	模（開口一等）	見	魚

望山簡二 12："一紫箹，觟膚之裏，肻（絹）緅之純，白金之䢼（笵）鈞（銚）。"天星觀簡："紡箹。"箹，簡文又作"𥭝""箹"，讀爲"蓋"。

頁碼	通假字	反切	中古聲母	中古韻	上古聲母	上古韻部
304	割	古達切	見	曷（開口一等）	見	月
	蓋	古太切	見	泰（開口一等）	見	葉

上博藏二《昔者君老》3："君子曰：子眚（省），割（蓋）憙（喜）於内，不見（顯）於外。"

3. 月—質

月部與質部共通假 17 組。

頁碼	通假字	反切	中古聲母	中古韻	上古聲母	上古韻部
266	悸	其季切	群	至（合口三等）	群	質
	快	苦夬切	溪	夬（合口二等）	溪	月

上博藏三《周易·艮》48："六二：艮丌（其）足，不陞（拯）丌（其）陵（隨）。丌（其）心不悸。"悸，讀爲"快"。帛本、今本作"快"。

第七章　歌、月、元三部通假關係研究

頁碼	通假字	反切	中古聲母	中古韻	上古聲母	上古韻部
268	利	力至切	來	至（開口三等）	來	質
	厲	力制切	來	祭（開口三等）	來	月

上博藏四《曹沫之陳》18："城章（郭）必攸（修），緅（組）虔（甲）利兵，必又（有）戰心昌（以）獸（守），所昌（以）爲倀（長）也。"51上："緅（組）虔（甲）利兵，明日牀（將）戰。"利兵，使兵器鋒利，或作"厲兵"，《管子·五行》："組甲厲兵"。

頁碼	通假字	反切	中古聲母	中古韻	上古聲母	上古韻部
281	至	脂利切	章	至（開口三等）	章	質
	制	征例切	來	祭（開口三等）	來	月

上博藏二《容成氏》50、53："至（制）約者（諸）矦。"至，讀爲"制"。

頁碼	通假字	反切	中古聲母	中古韻	上古聲母	上古韻部
288	日	人質切	日	質（開口三等）	日	質
	曰	王伐切	匣	月（合口三等）	匣	月

郭店簡《緇衣》10："《君䆞（牙）》員（云）：日屠（暑）雨，少（小）民隹（惟）日怨。晉冬旨（耆）滄，少（小）民亦隹（惟）日怨。"日，上博藏一《緇衣》6同，後二例"日"，今本作"曰"，乃異文。

頁碼	通假字	反切	中古聲母	中古韻	上古聲母	上古韻部
289	逸	夷質切	餘	質（開口三等）	餘	質
	抴	羊列切	餘	薛（開口三等）	餘	月
	曳	餘制切	餘	祭（開口三等）	餘	月

上博藏三《周易·未濟》58："逸（曳）丌（其）輪。"逸，原簡字形與三體石經《多士》"逸"之字形同。帛本作"抴"，今本作"曳"。

頁碼	通假字	反切	中古聲母	中古韻	上古聲母	上古韻部
290	結	古屑切	見	屑（開口四等）	見	質
	介	古拜切	見	怪（開口二等）	見	月
	袺	古黠切	見	黠（開口二等）	見	質

仰天湖簡 29："一結衣。"結，信陽簡 2—13 作"介"，典籍作"袺"。《詩·周南·芣苢》"采采芣苢，薄言袺之"，《毛傳》："袺，執衽也。"釋文："袺音結。"所謂"執衽"即將衣衽結於帶上。信陽簡 2—13："一紅介（袺）之留衣，帛裏。"介，讀爲"袺"，其字仰天湖簡 29 作"結"。

頁碼	通假字	反切	中古聲母	中古韻	上古聲母	上古韻部
290	卪	子結切	精	屑（開口四等）	精	質
	絕	情雪切	從	薛（合口三等）	從	月
	輟	陟劣切	知	薛（合口三等）	端	月

郭店簡《老子》乙 16："子孫昌（以）丌（其）祭祀不卪（絕）。"卪，字與上博藏二《子羔》1"恳（肥）"字所從卪同形，讀爲"絕"。帛本乙作"絕"，王本作"輟"。

頁碼	通假字	反切	中古聲母	中古韻	上古聲母	上古韻部
309	希	羊至切	餘	至（開口三等）	餘	質
	殺	所八切	山	鎋（開口二等）	山	月

郭店簡《唐虞之道》7："孝之希（殺），㤅（愛）天下之民。"《語叢三》40："㤅（愛）罤（親）則亓（其）希（殺）㤅（愛）人。"希，讀爲"殺"。郭店簡《語叢一》103："豊（禮）不同，不寕（豐）不希（殺）。"希，典籍作"殺"。《禮記·禮運》："故禮之不同也，不豐也，不殺也。"

第七章　歌、月、元三部通假關係研究

頁碼	通假字	反切	中古聲母	中古韻	上古聲母	上古韻部
262	繼	古詣切	見	霽（開口四等）	見	質
	絶	情雪切	從	薛（合口三等）	從	月

上博藏六《用曰》6："繼（絶）原（源）流溮（澌），亓（其）古（胡）能不沽（涸）。"繼，讀爲"絶"。

頁碼	通假字	反切	中古聲母	中古韻	上古聲母	上古韻部
311	𢇍	古詣切	見	霽（開口四等）	見	質
	絶	情雪切	從	薛（合口三等）	從	月

曾侯乙簡80："鞁（緻）紳，𢇍（絶）組。"99："一𢇍（絶）聶（攝）。"115："縧鞁（䪌），𢇍（絶）組。"119："一輦（乘）迻（路）車，𢇍（絶）靷（禑）。"𢇍，"絶"之古文。

頁碼	通假字	反切	中古聲母	中古韻	上古聲母	上古韻部
259	篲	祥歲切	邪	祭（合口三等）	邪	月
	䚽	徐醉切	邪	至（合口三等）	邪	月
	䚽	此芮切	清	祭（合口三等）	清	質

曾侯乙簡6："二旆，屯八翼之翿，亓（其）旂（旗），䪷（翠）首。"9："二旆，屯九翼之翿，䪷（翠）絑，白旄之首，䪷（翠）頸，䪷（翠）篲，紫羊須之繱。"篲，讀爲"䚽"，《廣韻》："䚽，囊組名，或作䚽。"

頁碼	通假字	反切	中古聲母	中古韻	上古聲母	上古韻部
312	孑	居列切	見	薛（開口三等）	見	月
	節	子結切	精	屑（開口四等）	精	質

包山簡122："孑執場賈。"又："孑執雇女返，加工臧申、里公利奓返孑，言胃（謂）女返既走於前，孑弗返（及）。"孑，讀爲"節"，字又作"𥯤"。

— 269 —

頁碼	通假字	反切	中古聲母	中古韻	上古聲母	上古韻部
317	殺	所八切	山	黠（開口二等）	山	月
	繼	古詣切	見	霽（開口四等）	見	質

郭店簡《五行》33："忑（愛）父，亓（其）殺忑（愛）人，悬（仁）也。"殺，帛書《五行》192行作"繼"，254行作"殺"。

4. 月—緝

月部與緝部共通假7組。

頁碼	通假字	反切	中古聲母	中古韻	上古聲母	上古韻部
044	靮	他達切	透	曷（開口一等）	透	月
	執	之入切	章	緝（開口三等）	章	緝
	埶	脂利切	章	至（開口三等）	章	緝

包山簡120："下鄹（蔡）訟靮（執）事人昜（陽）成（城）公枽（瞿）罩。"122："子靮（執）場賈。"又："子靮（執）雇女返。"又："子靮（執）競（景）不割（害）。"靮，簡文又作"埶"，同"執"。

頁碼	通假字	反切	中古聲母	中古韻	上古聲母	上古韻部
300	會	黃外切	匣	泰（合口一等）	匣	月
	合	侯閤切	匣	合（開口一等）	匣	緝

包山簡259："一會（合）甈（歡）之觴（觴）。"郭店簡《語叢一》36："易，所昌（以）會（合）天術（道）人術（道）也。"會，讀爲"合"。楚帛書丙篇姑月："可昌（以）聚眾，會者（諸）侯。"會，合也。《呂氏春秋·季夏紀》："不可以合諸侯。"郭店簡《老子》甲19："天壑（地）相會也，昌（以）逾甘雾（露）。"會，帛本甲、乙，王本作"合"。

頁碼	通假字	反切	中古聲母	中古韻	上古聲母	上古韻部
300	斂	黃外切	匣	泰（合口一等）	匣	月
	合	侯閤切	匣	合（開口一等）	匣	緝

第七章 歌、月、元三部通假關係研究

信陽簡 2—25："二斂（合）豆。"斂豆，又作"會桓"，讀爲"合豆"，即有蓋豆。

頁碼	通假字	反切	中古聲母	中古韻	上古聲母	上古韻部
300	斂	黃外切	匣	泰（合口一等）	匣	月
	繪	黃外切	匣	泰（合口一等）	匣	月
	袷	古洽切	見	洽（開口二等）	見	緝

信陽簡 2—13："一友齊緧之斂（袷），帛裹，組緣（緫）。"斂，簡文又作"繪"，讀爲"袷"。

頁碼	通假字	反切	中古聲母	中古韻	上古聲母	上古韻部
300	檜	古外切	見	泰（合口一等）	見	月
	拾	古沓切	見	合（開口一等）	見	緝
	柙	胡甲切	匣	狎（開口二等）	匣	葉

仰天湖簡 20："黃邶（中）之矢八，又（有）檜（栝）。"檜，讀爲"拾"或"柙"，《説文》："拾，劍柙也。"《廣雅·釋詁》"拾，劍削也"，王念孫疏證："柙亦拾也。《玉篇》引《莊子·刻意篇》'有干越之劍者，拾而藏之'，今本作'柙'。"或以爲讀爲"栝"。《集韻》："栝，一曰矢栝，築弦處。"

5. 月—職

月部與職部共通假 4 組，已在第一章第二節"職—月"中列舉。

6. 月—屋

月部與屋部共通假 3 組，已在第四章第二節"屋—月"中列舉。

7. 月—藥

月部與藥部共通假 2 組，已在第三章第二節"藥—月"中列舉。

8. 月—錫

月部與錫部共通假 1 組，已在第六章第二節"錫—月"中列舉。

9. 月—覺

月部與覺部共通假 1 組，已在第二章第二節"覺—月"中列舉。

10. 月—鐸

月部與鐸部共通假 1 組，已在第五章第二節"鐸—月"中列舉。

（三）月部和陽聲韻通假

7.8　月部和陽聲韻通假數量表

	元部	文部	陽部	真部	耕部	東部	合計
月部	33	10	4	4	2	1	54

1. 月—元

月部與元部共通假 33 組。

頁碼	通假字	反切	中古聲母	中古韻	上古聲母	上古韻部
091	鳶	與專切	餘	仙（合口三等）	餘	元
	說	失爇切	書	薛（合口三等）	書	月

上博藏五《競建內之》4："高宗命仸（傅）鳶（說）量之㠯（以）……"鳶，讀爲"說"，仸鳶，人名，殷高宗賢相，經史作"傅說。"

頁碼	通假字	反切	中古聲母	中古韻	上古聲母	上古韻部
301	萬	無販切	明	願（合口三等）	明	元
	厲	力制切	來	祭（開口三等）	來	月

上博藏五《鬼神之明》2："汲（及）桀受（紂）學（幽）萬（厲），焚聖人，殺訐（諫）者，惻（賊）百眚（姓），䛊（亂）邦豪（家）。"萬，讀爲"厲"，謂周厲王。

頁碼	通假字	反切	中古聲母	中古韻	上古聲母	上古韻部
301	萬	無販切	明	願（合口三等）	明	元
	勵	力制切	來	祭（開口三等）	來	月
	蕙	無販切	明	願（合口三等）	明	元

第七章 歌、月、元三部通假關係研究

上博藏二《容成氏》43："亓（其）政紿（治）而不賞，官而不篆（爵），無萬（勵）於民，而紿（治）䛳（亂）不□。"上博藏四《逸詩·交交鳴鳥》1："鈘（豈）嫩（美）是好，隹（唯）心是萬（勵）。"萬，讀爲"勵"。郭店簡《性自命出》10："凡眚（性），或鲅（動）之，或逆之，或交之，或萬（勵）之，或出之，或羕（養）之，或長之。"11："萬（勵）眚（性）者，宜（義）也。"萬，讀爲"勵"，字又作"蕙"。

頁碼	通假字	反切	中古聲母	中古韻	上古聲母	上古韻部
302	購	無販切	明	願（合口三等）	明	元
	賴	落蓋切	來	泰（開口一等）	來	月
	訣	—			定	月

郭店簡《緇衣》13："一人又（有）慶，蓳（萬）民購（賴）之。"購，上博藏一《緇衣》作"訣"，今本作"賴"。

頁碼	通假字	反切	中古聲母	中古韻	上古聲母	上古韻部
302	蕙	無販切	明	願（合口三等）	明	元
	賴	落蓋切	來	泰（開口一等）	來	月

上博藏四《柬大王泊旱》16："三日，大雨，邦蕙（賴）之。"蕙，讀爲"賴"。

頁碼	通假字	反切	中古聲母	中古韻	上古聲母	上古韻部
315	蘋	附袁切	並	元（合口三等）	並	元
	沛	普蓋切	滂	泰（開口一等）	滂	月
	旆	蒲蓋切	並	泰（開口一等）	並	月
	芾	方味切	幫	未（合口三等）	幫	月
	韋	雨非切	匣	微（合口三等）	匣	微

上博藏三《周易·豐》51："九晶（三）：豐亓（其）芾（沛），日中見茇（沫），折亓（其）右拔（肱），亡（無）咎。"帛本作"九三：豐其蘋，日中見茉。"今本作"九三：豐其沛，日中見沫。"釋文："沛，本

— 273 —

或作帗，謂幡幔也。又普貝反。姚云：滂沛也。王廣豐蓋反，又補賴反，徐普蓋反。子夏作芾，傳云：小也。鄭、干作韍，云：祭祀之蔽膝。"

頁碼	通假字	反切	中古聲母	中古韻	上古聲母	上古韻部
317	㪠	所八切	山	黠（開口二等）	山	月
	焊	呼旱切	曉	旱（開口一等）	曉	元
	殺	所八切	山	黠（開口二等）	山	月

郭店簡《性自命出》30："哭之敱（動）心也，㵾（浸）㪠，丌（其）刺（烈）䜌（變）䜌（變）女（如）也，蒸（感）肰（然）㠯（以）終。" 㪠，讀爲"殺"。上博藏一《性情論》18作"焊"，乃異文。

頁碼	通假字	反切	中古聲母	中古韻	上古聲母	上古韻部
328	然	如延切	日	仙（開口三等）	日	元
	炅	古迥切	見	迥（合口四等）	見	支
	熱	如列切	日	薛（開口三等）	日	月

望山簡一43："☐既倉（滄）然（熱），㠯（以）☐。"郭店簡《太一生水》3："四時㞢（復）〔相〕補（輔）也，是㠯（以）城（成）倉（滄）然（熱）。倉（滄）然（熱）㞢（復）相補（輔）也，是㠯（以）城（成）溼（濕）澡（燥）。"4："溼澡（燥）者，倉（滄）然（熱）之所生也。倉（滄）然（熱）者，四時〔之所生也〕。"然，讀爲"熱"。郭店簡《老子》乙15："喿（躁）勝（勝）蒼，青（静）勝（勝）然（熱）。"然，帛本甲作"炅"，乙殘，王本作"熱"。

頁碼	通假字	反切	中古聲母	中古韻	上古聲母	上古韻部
339	組	丈莧切	澄	襇（開口二等）	定	元
	靼	當割切	端	曷（開口一等）	端	月

仰天湖簡10："一邸（越）鍺鐕（劍），生（青）絇，紹組，鼠肮，☐☐，促（疏）羅之繡（帶），促（疏）羅縋（繢）之緅。"靼，柔革也。

第七章 歌、月、元三部通假關係研究

頁碼	通假字	反切	中古聲母	中古韻	上古聲母	上古韻部
344	卞	皮變切	並	線（合口三等）	並	元
	別	皮列切	並	薛（開口三等）	並	月

郭店簡《六德》33："男女卞（別）生言，父子新（親）生言。"39："男女不卞（別），父子不新（親）。"卞，讀爲"別"。

頁碼	通假字	反切	中古聲母	中古韻	上古聲母	上古韻部
344	支	卑連切	幫	仙（開口三等）	幫	元
	別	皮列切	並	薛（開口三等）	並	月

郭店簡《成之聞之》32："分爲夫婦之支（別）。"支，讀爲"別"。

頁碼	通假字	反切	中古聲母	中古韻	上古聲母	上古韻部
302	濿	力制切	來	祭（開口三等）	來	月
	蔓	無販切	明	願（合口三等）	明	元

包山簡 256："濿（蔓）叾（菡）一罢（罍）。"濿，讀爲"蔓"。

頁碼	通假字	反切	中古聲母	中古韻	上古聲母	上古韻部
302	濿	力制切	來	祭（開口三等）	來	月
	漫	莫半切	明	換（合口一等）	明	元

楚帛書甲 3："山陵不斌，乃命山川四海（海），寞（熱）燰（氣）寒燰（氣），目（以）爲亓（其）斌（疏），目（以）涉山陵、瀧汨凼（洰）濿（漫）。"上博藏四《昭王毀室》5："王遲（徙）凥（處）於坪濿（漫），窣（卒）目（以）歆（飲）酉（酒）於坪濿（漫）"濿，讀爲"漫"。《石鼓文》"濿濿又（有）鯊"，鄭樵注："濿即漫。"

頁碼	通假字	反切	中古聲母	中古韻	上古聲母	上古韻部
310	褻	私列切	心	薛（開口三等）	心	月
	鮮	相然切	心	仙（開口三等）	心	元
	褺	徒協切	定	帖（開口四等）	定	葉

上博藏二《容成氏》21："甼（禹）肰（然）句（後）訂（始）行弖（以）
酓（儉）；衣不褺（鮮）敚（美），飤（食）不童（重）味。"褺，同"褻"，
讀爲"鮮"。

頁碼	通假字	反切	中古聲母	中古韻	上古聲母	上古韻部
317	敚	——			明	月
	蔑	——			明	月
	蔑	莫結切	明	屑（開口四等）	明	月
	穢	莫結切	明	屑（開口四等）	明	月
	蔓	無販切	明	願（合口三等）	明	元
	劌	居衛切	見	祭（合口三等）	見	月
	翽	呼會切	曉	泰（合口一等）	曉	月
	沫	莫撥切	明	末（合口一等）	明	月
	昧	莫佩切	明	隊（合口一等）	明	物

上博藏四《曹沫之陳》2 背："敀（曹）蔑（沫）之戝（陣）。"蔑，
人名用字，簡文又作"穢""敚""蔓"，敀蔑，《左傳·莊公十年》《國
語·魯語上》作"曹劌"，《吕氏春秋·貴信》作"曹翽"，《戰國策·齊
策》《戰國策·燕策》《史記·魯世家》《史記·刺客列傳》作"曹沫"，《史
記·魯仲連鄒陽列傳》索隱作"曹昧"。

頁碼	通假字	反切	中古聲母	中古韻	上古聲母	上古韻部
331	鱤	古晏切	見	諫（開口二等）	見	月
	淵	烏玄切	影	先（合口四等）	影	真
	干	古寒切	見	寒（開口一等）	見	元

上博藏三《周易·漸》50："鳿（鴻）漸（漸）于鱤。"鱤，帛本作
"淵"，今本作"干"。《詩·小雅·斯干》"秩秩斯干"，毛傳："干，
澗也。"

第七章 歌、月、元三部通假關係研究

頁碼	通假字	反切	中古聲母	中古韻	上古聲母	上古韻部
332	訐	居竭切	見	月（開口三等）	見	月
	蹇	丘言切	溪	元（開口三等）	溪	元
	寋	居偃切	見	阮（開口三等）	見	元
	謇	九輦切	見	獮（開口三等）	見	元
	寋	——			見	元

上博藏三《周易·蹇》35："訐，利西南，不利東北。"36："迊（往）訐（蹇）來（來）碩，吉。"訐，帛本作"蹇"、今本作"蹇"，《衆經音義》十引作"謇"。又35："六二：王臣訐訐（蹇蹇），非今之古（故）。"訐訐，石經作"蹇蹇"，漢《衛尉衡方碑》作"謇謇王臣"。王逸《離騷》注、《後漢書·楊震傳》注、《三國志·陳羣傳》注、《文選·辨亡論》注皆引作"謇謇"。

頁碼	通假字	反切	中古聲母	中古韻	上古聲母	上古韻部
332	訐	居竭切	見	月（開口三等）	見	月
	衍	以淺切	餘	獮（開口三等）	餘	元

上博藏四《采風曲目》1："宮訐。"2："訐商。"3："訐徵。"4："訐羽。"訐，曾侯乙鐘銘作"遣"，讀爲"衍"。

頁碼	通假字	反切	中古聲母	中古韻	上古聲母	上古韻部
332	訐	居竭切	見	月（開口三等）	見	月
	諫	古晏切	見	諫（開口二等）	見	元

上博藏五《競建内之》7："近臣不訐（諫），遠者不方（謗），則攸（修）者（諸）向（鄉）。"《鮑叔牙與隰朋之諫》5："覉（屬）臣唯（雖）欲訐（諫），或不得見。"上博藏五《鬼神之明》2："返（及）桀受（紂）學（幽）萬（厲），焚聖人，殺訐（諫）者，惻（賊）百眚（姓），䑃（亂）邦豪（家）。"訐，讀爲"諫"。

2. 月—文

月部與文部共通假 10 組。

頁碼	通假字	反切	中古聲母	中古韻	上古聲母	上古韻部
362	晨	植鄰切	禪	真（開口三等）	禪	文
	曟	黃外切	匣	泰（合口一等）	匣	月
	辰	植鄰切	禪	真（開口三等）	禪	文

楚帛書甲7："母（毋）思（使）百神風雨晨（辰）褘（緯）䢯（亂）乍（作）。"乙9："四晨（辰）堯羊。"晨，讀爲"辰"。《說文》："辰，房星，天時也。"《左傳》昭公七年："公曰：'何謂六物？'對曰：'歲時日月星辰是謂也。'公曰：'多語寡人辰而莫同，何謂辰？'對曰：'日月之會是謂辰。故以配日。'"杜注："一歲日月十二會，所會謂之辰。"日月相會之"辰"又作"曟"，《說文》："曟，日月合宿爲曟。"

頁碼	通假字	反切	中古聲母	中古韻	上古聲母	上古韻部
379	濬	私閏切	心	稕（合口三等）	心	文
	歠	以芮切	餘	祭（合口三等）	餘	月

郭店簡《性自命出》31："樂之敧（動）心也，濬深臧（鬱）舀（陶），丌（其）刺（烈）則流女（如）也㠯（以）悲，條（悠）肰（然）㠯（以）思。"濬，通也，今所謂溝通。簡文又作"歠"。包山簡165："邶異之人周歠。"170、183："鄴（蔡）歠。"歠，人名。楚帛書甲6："曰非九天則大㪯（矣），則母（毋）敢歠（濬）天需（靈）。"上博藏六《用曰》18："记（紀）事乍（作）志（詩），歠（濬）亓（其）又（有）申（忠）成（誠）。"歠，讀爲"濬"，通也。

頁碼	通假字	反切	中古聲母	中古韻	上古聲母	上古韻部
298	逆	舒芮切	書	祭（合口三等）	書	月
	垗	徒外切	定	泰（合口一等）	定	月
	兌	杜外切	定	泰（開口一等）	定	月
	閔	莫困切	明	慁（合口一等）	明	文

郭店簡《老子》甲27："閔丌（其）逆，賽丌（其）門。"又乙13：

第七章　歌、月、元三部通假關係研究

"閟（閉）丌（其）門，賽（塞）丌（其）逸（兌）。"逸，帛書甲本作"悶"（闇），乙本作"坑"，王本作"兌"。悶乃異文。

頁碼	通假字	反切	中古聲母	中古韻	上古聲母	上古韻部
301	拜	博怪切	幫	怪（開口二等）	幫	月
	幩	符分切	並	文（合口三等）	並	文

包山簡272："臼鼣（鑣）；紫拜；需（靈）光結幀（項）。"276："臼鼣（鑣）；紫拜；需（靈）光之童（幢）；需（靈）光結幀（項）。"拜，讀爲"幩"，《說文》："幩，馬纏鑣扇汗也，從巾賁聲，《詩》曰：朱幩儦儦。"

頁碼	通假字	反切	中古聲母	中古韻	上古聲母	上古韻部
379	歠	以芮切	餘	祭（合口三等）	餘	月
	振	章刃切	章	震（開口三等）	章	文
	震	章刃切	章	震（開口三等）	章	文
	榰	章移切	章	支（開口三等）	章	脂

上博藏三《周易·恆》29："上六，歠死（恆），貞凶。"歠，帛本作"夐"，今本作"振"，《説文》："榰，柱砥。"引《易》："榰恆凶。"釋文引張璠作"震"。

頁碼	通假字	反切	中古聲母	中古韻	上古聲母	上古韻部
379	歠	以芮切	餘	祭（合口三等）	餘	月
	浚	私閏切	心	稕（合口三等）	心	文
	敻	許縣切	曉	霰（合口四等）	曉	真
	濬	私閏切	心	稕（合口三等）	心	文

上博藏三《周易·恆》28："初六：歠（浚）死（恆），貞凶，亡（無）卣（攸）利。"歠，帛本作"夐"，今本作"浚"。釋文："鄭作濬。"

3. 月—陽

月部與陽部共通假4組，已在第五章第三節"陽—月"中列舉。

— 279 —

4. 月—真

月部與真部共通假 4 組。

頁碼	通假字	反切	中古聲母	中古韻	上古聲母	上古韻部
331	閒	古晏切	見	諫（開口二等）	見	月
	淵	烏玄切	影	先（合口四等）	影	真
	干	古寒切	見	寒（開口一等）	見	元

上博藏三《周易·漸》50："鳿（鴻）漸（漸）于閒。"閒，帛本作"淵"，今本作"干"。《詩·小雅·斯干》"秩秩斯干"，毛傳："干，澗也。"

頁碼	通假字	反切	中古聲母	中古韻	上古聲母	上古韻部
379	浚	私閏切	心	稕（合口三等）	心	文
	濬	私閏切	心	稕（合口三等）	心	真
	夐	許縣切	曉	霰（合口四等）	曉	真
	叡	以芮切	餘	祭（合口三等）	餘	月

上博藏三《周易·恆》28："初六：叡（浚）亙（恆），貞凶，亡（無）卣（攸）利。"叡，帛本作"夐"，今本作"浚"。釋文："鄭作濬。"

頁碼	通假字	反切	中古聲母	中古韻	上古聲母	上古韻部
385	天	他前切	透	先（開口四等）	透	真
	大	徒蓋切	定	泰（開口一等）	定	月

上博藏五《三德》15："聚（驟）敓（奪）民昔（時），天馅（饑）必坔（來）。"天，《呂氏春秋·上農》作"大"，乃異文。

5. 月—耕

月部與耕部共通假 2 組，已在第六章第三節"耕—月"中列舉。

6. 月—東

月部與東部共通假 1 組，已在第四章第三節"東—月"中列舉。

第三節 元部

在本書的研究範圍內，元部通假共 548 組，其中同部通假 378 組，異部通假 170 組。在異部通假中，元部與陰聲韻共通假 52 組，與入聲韻共通假 49 組，與陽聲韻通假 69 組。

7.9 元部通假情況匯總表

通假類型			通假數量		
同部通假		元─元	378		
異部通假	陰聲韻	元─歌	13	52	548
		元─侯	10		
		元─微	6		
		元─之	6		
		元─魚	6		
		元─脂	5		
		元─幽	3		
		元─支	3		
	入聲韻	元─月	33	49	
		元─葉	4		
		元─質	2		
		元─物	2		
		元─緝	2		
		元─藥	2		
		元─鐸	2		
		元─職	1		
		元─錫	1		

續表

通假類型			通假數量		
異部通假	陽聲韻	元—文	26	69	170	548
		元—耕	12			
		元—真	11			
		元—談	9			
		元—陽	5			
		元—侵	2			
		元—蒸	2			
		元—冬	1			
		元—東	1			

一 元部的同部通假

元部同部通假 378 組。

奠塓 干戔 掩端 曼晚 曼免 墓萬 蕙萬 萬蔓 安案 安鞍 安晏
郊鄢 鞍綏 鞍睾 綏睾 綏安 般奴 聲奴 鼙燕 偃筵 鄢燕 薎觀
觀奞 瞳奞 瞳觀 般聲 奞蘿 畔叛 雚觀 蕑蘆 蘆蘆 蘿莞 蘿莞
冕冠 悉愿 悉玩 宛怨 宛悁 悁怨 夗怨 宛宛 起逗 起桓 起轅
逗桓 泮判 難戀 鵺戀 難鵺 難難 盤槃 鵺難 廄顏 廄顏 廌雁
炭炭 產產 盤槃 反藩 陛阪 陛坂 阪坂 般磐 坂反 板版 返反
奴聲 韝豎 盤盤 繇縣 獻獻 原源 肤然 膳善 孟蚵 緩轅 楥諼
渙免 嬽嬽 關夗 閒關 夗閒 閔閼 閔夗 閔閒 鱔澗 鱔干 柬簡
柬諫 葉蘭 書建 見現 禪嬗 浣漫 干澗 竿干 塞謇 攼干 攼搴
攼捍 戎攼 迁干 圬孟 甗犴 甗犴 豻犴 旃幹 適甗 乾旃 斡幹
適遣 侃衍 侃譽 惌悆 帖絹 悁悁 悁意 悁悁 悁怨 意怨 悁宛
官倌 冊關 患梡 闇關 尚端 尚短 槌輨 塵產 旦丹 紉丹 旎廬
旦耶 兮万 担疸 晨祖 迟遣 迟轉 遷轉 埤禪 埤嬗 晚免 曼慢
蔓萬 縵慢 縵嫚 慢嫚 番繙 汱浣 芙莞 园圈 瘑卷 疾倦 羨換

— 282 —

第七章 歌、月、元三部通假關係研究

豢豢	覓弁	筭匪	繁煩	綿緜	面䩢	面湎	綠繁	鄔鄭	辨辯	骱散
埋專	剚斷	剚團	迺傳	徻傳	遠援	遠袁	還旋	鐶環	皇冕	冕免
延脡	戔賤	戔殘	戔踐	悛踐	原源	源泉	耑前	允冕	允免	
連輦	絲聯	逯聯	戀鸞	戀樂	繊聯	繊戀	巒樂	圝亂	孌亂	騈班
韉韉	戟濆	戟錄	濆錄	ㄑ畎	允免	允勉	免勉	允冕	允孚	孚免
孚勉	䩪鞭	孚鞭	令免	令勉	韓鞭	閑闌	閑班	闌班	庽全	掘揣
端揣	晏罕	軒寋	晏炭	晏衍	罕炭	罕衍	炭衍	萑勸	觀鸛	鑪鸛
觀勸	懽權	懽勸	前延	嚯觀	嚯勸	權歡	嚯勸	鏆權	宣起	宣逗
宣桓	難歎	鷄歎	前棧	延棧	戀歎	灘漢	反繙	反番	繙番	反輶
藩輶	陘般	陘磐	阪般	坂般	前延	阪磐	濆鍛	濆鍛	板飯	恆反
肤焉	然焉	愋寬	緩寬	見顯	莧莞	悬摆	登盌	鑪鸁	靚輨	緳輨
梘楎	寋塞	塞寋	釬圬	釬盂	衎汗	衎釬	軒鞍	邗干	衍衎	患邨
尚顥	尚段	湍掘	端輨	楎端	旦但	但邨	坦壇	組氈	單憚	畔泮
畔判	湶源	逛返	番反	繙反	洡盥	浣盥	疢譴	卷睠	倦睠	卷患
脣繊	綟絲	綟繁	綟煩	卞變	支便	支辨	支辯	攱辨	攱辯	攱便
靦面	羴粲	撰篡	剚轉	連傳	連轉	連遠	迺轉	還嬏	還憪	延脡
延棧	延棧	腿脡	腿耑	腿棧	脡耑	脡棧	耑棧	延筵	腿筵	戔淺
淺賤	戔剗	盞錢	坱殘	蓂原	蓂源	徯散	淺殘	淺盞	繊變	戀變
繊悁	班閑	班闌	戟灒	戟鍛	灒濆	灒錄	鋤耑	廛輶	令俛	安焉
案焉	鞍軒	綾軒	睘環	環還	睘嬏	嬏還	湍掘	湍揣	掘揣	揣揣
偑瑞	巽饌	巽撰	糞選							

二　元部的異部通假

元部異部通假 170 組。

（一）元部和陰聲韻通假

7.10　元部和陰聲韻通假數量表

	歌部	侯部	微部	之部	魚部	脂部	幽部	支部	合計
元部	13	10	6	6	6	5	3	3	52

— 283 —

1. 元—歌

元部與歌部共通假 13 組，已在第七章第一節"歌—元"中列舉。

2. 元—侯

元部與侯部共通假 10 組，已在第四章第一節"侯—元"中列舉。

3. 元—微

元部與微部共通假 6 組。

頁碼	通假字	反切	中古聲母	中古韻	上古聲母	上古韻部
252	散	無非切	明	微（合口三等）	明	微
	挩	都管切	端	緩（合口一等）	端	元
	朵	丁果切	端	果（合口一等）	端	歌
	端	多官切	端	桓（合口一等）	端	元
	椯	市緣切	禪	仙（合口三等）	禪	元

上博藏三《周易·頤》24："觀我散頤。"散，讀爲"朵"。帛本作"挩"，阜《易》作"端"，今本作"朵"。釋文："京作椯。"或以爲"散"乃"敊"之誤，未妥，別有說。

頁碼	通假字	反切	中古聲母	中古韻	上古聲母	上古韻部
358	朘	臧回切	精	灰（合口一等）	精	微
	全	疾緣切	從	仙（合口三等）	從	元

郭店簡《老子》甲 34："未智（知）牝戊（牡）之會（合）朘（朘）惹（怒）。"朘，字未詳，帛本乙作"朘"，王本作"全"，《說文》新附："朘，赤子陰也。"

頁碼	通假字	反切	中古聲母	中古韻	上古聲母	上古韻部
244	仚	許延切	曉	仙（開口三等）	曉	元
	危	魚爲切	疑	支（合口三等）	疑	微

郭店簡《六德》17："句（苟）淒（濟）夫人之善也，慈（勞）丌（其）矤（臧）忧（訨）之力弗敢單（憚）也，仚（危）丌（其）死弗敢惡（愛）

第七章　歌、月、元三部通假關係研究

也，吕（以）惠（忠）。"仚，同"危"。

頁碼	通假字	反切	中古聲母	中古韻	上古聲母	上古韻部
315	煩	附袁切	並	元（合口三等）	並	元
	韋	雨非切	匣	微（合口三等）	匣	微
	芾	方味切	幫	未（合口三等）	幫	月
	沛	普蓋切	滂	泰（開口一等）	滂	月
	旆	蒲蓋切	並	泰（開口一等）	並	月

上博藏三《周易·豐》51："九晶（三）：豐丌（其）芾（沛），日中見芨（沫），折丌（其）右拡（肱），亡（無）咎。"帛本作"九三：豐其煩，日中見茉。"今本作"九三：豐其沛，日中見沫。"釋文："沛，本或作旆，謂幡幔也。又普貝反。姚云：滂沛也。王廙豐蓋反，又補賴反。徐普蓋反。子夏作芾，傳云：小也。鄭、干作韋，云：祭祀之蔽膝。"

4. 元—之

元部與之部共通假 6 組，已在第一章第一節"之—元"中列舉。

5. 元—魚

元部與魚部共通假 6 組，已在第五章第一節"魚—元"中列舉。

6. 元—脂

元部與脂部共通假 5 組。

頁碼	通假字	反切	中古聲母	中古韻	上古聲母	上古韻部
279	視	承矢切	禪	旨（開口三等）	禪	脂
	見	古電切	見	霰（開口四等）	見	元

郭店簡《語叢三》13："自視丌（其）所能，員（損）。自視亓（其）所不族（足），嗌（益）。"視，典籍或作"見"。《大戴禮·文王官人》："見其所不足，曰日益者也。"

頁碼	通假字	反切	中古聲母	中古韻	上古聲母	上古韻部
327	釴	以脂切	餘	脂（開口三等）	餘	脂
	鏇	辝戀切	邪	線（合口三等）	邪	元

包山簡 168："佸戲（列）黃瘵人聖（廖）釴（鏇）。"釴，讀爲"鏇"。

頁碼	通假字	反切	中古聲母	中古韻	上古聲母	上古韻部
330	脋	康禮切	溪	薺（開口四等）	溪	脂
	肩	古賢切	見	先（開口四等）	見	元

葛陵簡乙四 61："吕（以）亓（其）脋怀（背）疾☐。"脋，讀爲"肩"。上博藏五《君子爲禮》7："䫉（頸）而秀，脋（肩）毋雙（廢）、毋侗（聳）。"《新書·容經》："臂不搖掉，肩不上下。"

頁碼	通假字	反切	中古聲母	中古韻	上古聲母	上古韻部
283	次	夕連切	邪	仙（開口三等）	邪	元
	茨	疾資切	從	脂（開口三等）	從	脂
	資	即夷切	精	脂（開口三等）	精	脂

上博藏三《周易·旅》53："遴（旅）既苓（次），裹（懷）亓（其）次（資）。"次，從"次"省聲，讀爲"資"，帛本作"茨"，今本作"資"。

7. 元—幽

元部與幽部共通假 3 組，已在第二章第一節"幽—元"中列舉。

8. 元—支

元部與支部共通假 3 組，已在第六章第一節"支—元"中列舉。

（二）元部和入聲韻通假

7.11 元部和入聲韻通假關係表

	月部	葉部	質部	物部	緝部	藥部	鐸部	職部	錫部	合計
元部	33	4	2	2	2	2	2	1	1	49

1. 元—月

元部與月部共通假 33 組，已在第七章第二節"月—元"中列舉。

第七章　歌、月、元三部通假關係研究

2. 元—葉

元部與葉部共通假 4 組。

頁碼	通假字	反切	中古聲母	中古韻	上古聲母	上古韻部
239	臶	作甸切	精	霰（開口四等）	精	元
	灋	方乏切	幫	乏（合口三等）	幫	葉
	全	疾緣切	從	仙（合口三等）	從	元

上博藏一《緇衣》5："古（故）心㠯（以）豊（體）臶（存），君㠯（以）〔民〕亡。"臶，讀爲"存"。郭店簡《緇衣》8 作"灋"，今本作"全"，乃異文。

頁碼	通假字	反切	中古聲母	中古韻	上古聲母	上古韻部
309	褋	徒協切	定	帖（開口四等）	定	葉
	褻	私列切	心	薛（開口三等）	心	月
	鮮	相然切	心	仙（開口三等）	心	元

上博藏二《容成氏》21："黿（禹）肰（然）句（後）㠯（始）行㠯（以）會（儉）；衣不褋（鮮）敓（美），飤（食）不童（重）味。"褋，同"褻"，讀爲"鮮"。

頁碼	通假字	反切	中古聲母	中古韻	上古聲母	上古韻部
054	奲	力延切	來	仙（開口三等）	來	元
	攝	書涉切	書	葉（開口三等）	書	葉
	囚	女洽切	泥	洽（開口二等）	泥	緝

包山簡 186："䠱易敏（令）奲（攝）。"奲，同"攝"。郭店簡《緇衣》45："倻（朋）酓（友）卣奲（攝），奲（攝）㠯（以）悁（威）義（儀）。"奲，簡文又作"囚"，今本《緇衣》《詩·大雅·既醉》作"攝"。

3. 元—質

元部與質部共通假 2 組。

頁碼	通假字	反切	中古聲母	中古韻	上古聲母	上古韻部
289	失	式質切	書	質（開口三等）	書	質
	遠	雲阮切	匣	阮（合口三等）	匣	元

郭店簡《老子》丙11："爲之者敗之，執之者遊之。"遊，各本作"失"，惟郭店簡《老子》甲10"爲之者敗之，執之者遠之"，遠、"遊"異文。

頁碼	通假字	反切	中古聲母	中古韻	上古聲母	上古韻部
090	鳶	與專切	餘	仙（合口三等）	餘	元
	蟋	息七切	心	質（開口三等）	心	質

楚帛書丙篇欿月："曰欿。鳶（蟋）率（蟀）□得，昌（以）匿不見。月才（在）□□，不可昌（以）亯（享）祀，凶。"鳶率，讀爲"蟋蟀"，上博藏一《詩論》27作"七率"，《詩·唐風》作"蟋蟀"。《詩·豳風·七月》"五月斯螽動股，六月莎雞振羽，七月在野，八月在宇，九月在戶，十月蟋蟀入我牀下"，鄭箋："自七月在野至十月入我牀下，皆謂蟋蟀也。"帛書丙篇欿月即夏曆五月，《呂氏春秋·季夏紀》："蟋蟀居宇。"與帛書所記有近一月之差，此乃楚南物候早於北方故也。

4. 元—物

元部與物部共通假2組。

頁碼	通假字	反切	中古聲母	中古韻	上古聲母	上古韻部
317	萬	無販切	明	願（合口三等）	明	元
	昧	莫佩切	明	隊（合口一等）	明	物
	蔑	—	—	—	明	月
	蠛	—	—	—	明	月
	蔑	莫結切	明	屑（開口四等）	明	月
	櫗	莫結切	明	屑（開口四等）	明	月
	劂	居衛切	見	祭（合口三等）	見	月
	翽	呼會切	曉	泰（合口一等）	曉	月
	沫	莫撥切	明	末（合口一等）	明	月

第七章 歌、月、元三部通假關係研究

上博藏四《曹沫之陳》2背："敿（曹）蔑（沫）之戰（陣）。"蔑，人名用字，簡文又作"穢""歔""堇"，敿蔑，《左傳·莊公十年》《國語·魯語上》作"曹劌"，《呂氏春秋·貴信》作"曹翽"，《戰國策·燕策》《史記·魯世家》《史記·刺客列傳》作"曹沫"，《史記·魯仲連鄒陽列傳》索隱作"曹昧"。

頁碼	通假字	反切	中古聲母	中古韻	上古聲母	上古韻部
347	還	戶關切	匣	刪（合口二等）	匣	元
	率	所律切	山	術（合口三等）	山	物

郭店簡《成之聞之》38："不還大頤（夏）。"還，今本《尚書·康誥》作"率"，乃異文。

5. 元—緝

元部與緝部共通假2組。

頁碼	通假字	反切	中古聲母	中古韻	上古聲母	上古韻部
054	図	女洽切	泥	洽（開口二等）	泥	緝
	奧	力延切	來	仙（開口三等）	來	元
	攝	書涉切	書	葉（開口三等）	書	葉

上博藏一《緇衣》23："俚（朋）좀（友）卤（攸）図（攝），図（攝）目（以）威義（儀）。"包山簡186："鹽易敏（令）奧（攝）。"奧，同"攝"。郭店簡《緇衣》45："俚（朋）좀（友）卤奧（攝），奧（攝）目（以）悢（威）義（儀）。"奧，簡文又作"図"，今本《緇衣》《詩·大雅·既醉》作"攝"。

頁碼	通假字	反切	中古聲母	中古韻	上古聲母	上古韻部
310	㡺	徒協切	定	帖（開口四等）	定	緝
	鮮	相然切	心	仙（開口三等）	心	元
	褻	私列切	心	薛（開口三等）	書	葉

上博藏二《容成氏》21："垔（禹）肰（然）句（後）訂（始）行目

— 289 —

（以）僉（儉）；衣不褻（鮮）散（美），飤（食）不童（重）味。"褻，同"襲"，讀爲"鮮"。

6. 元—藥

元部與藥部共通假 2 組，已在第三章第二節"藥—元"中列舉。

7. 元—鐸

元部與鐸部共通假 2 組，已在第五章第二節"鐸—元"中列舉。

8. 元—職

元部與職部共通假 1 組，已在第一章第二節"職—元"中列舉。

9. 元—錫

元部與錫部共通假 1 組，已在第六章第二節"錫—元"中列舉。

（三）元部和其他陽聲韻通假

7.12　元部和其他陽聲韻通假數量表

	文部	耕部	真部	談部	陽部	侵部	蒸部	冬部	東部	合計
元部	26	12	11	9	5	2	2	1	1	69

1. 元—文

元部與文部共通假 26 組。

頁碼	通假字	反切	中古聲母	中古韻	上古聲母	上古韻部
023	豚	徒渾切	定	魂（合口一等）	定	文
	豢	胡慣切	匣	諫（合口二等）	匣	元

包山簡 227："罌（舉）禱鯢（蝕）太一全狶（豚）。"240："罌（舉）禱卲（昭）王戠（特）牛，饋之；罌（舉）禱文坪夜（夜）君子良、郚公子春、司馬子音、鄝（蔡）公子家各（特）狶（豚），饋之。"狶，讀爲"豚"，小豕也。《禮記·曲禮》："豚曰腯肥。"簡文記同一祀禮，字多作"豢"，應分別作解。

— 290 —

第七章　歌、月、元三部通假關係研究

頁碼	通假字	反切	中古聲母	中古韻	上古聲母	上古韻部
346	巽	蘇困切	心	慁（合口一等）	心	文
	選	思兖切	心	獮（合口三等）	心	元

上博藏三《中弓》23："夫行，巽華學（學）杏（本）也。"巽，讀爲"選"，馬王堆漢墓帛書《老子》甲後佚書416行"材巽海內之眾"，巽亦讀爲"選"。

頁碼	通假字	反切	中古聲母	中古韻	上古聲母	上古韻部
355	焚	符分切	並	文（合口三等）	並	文
	煩	附袁切	並	元（合口三等）	並	元

上博藏五《三德》10："毋焚（煩）姑謰（嫂），毋恥父鯢（兄）。"焚，讀爲"煩"。

頁碼	通假字	反切	中古聲母	中古韻	上古聲母	上古韻部
358	夐	子寸切	精	慁（合口一等）	精	文
	臾	子寸切	精	慁（合口一等）	精	文
	爨	七亂切	清	換（合口一等）	清	元

郭店簡《語叢二》44："名，娄（數）也。邀（由）夐（爨）鯨（本）生。"夐，同"臾"，讀爲"爨"。

頁碼	通假字	反切	中古聲母	中古韻	上古聲母	上古韻部
360	懂	巨斤切	群	欣（開口三等）	群	文
	難	那干切	泥	寒（開口一等）	泥	元

郭店簡《窮達以時》2："句（苟）又（有）亓（其）殊（胙），可（何）懂（難）之又（有）才（哉）。"懂，聲符與"難"之聲符相近，簡文用爲"難"。

頁碼	通假字	反切	中古聲母	中古韻	上古聲母	上古韻部
363	愻	蘇困切	心	慁（合口一等）	心	文
	悉	逵春切	群	綫（合口三等）	群	元

— 291 —

續表

頁碼	通假字	反切	中古聲母	中古韻	上古聲母	上古韻部
363	孫	思渾切	心	魂（合口一等）	心	文
	遜	蘇困切	心	慁（合口一等）	心	文

郭店簡《緇衣》26："共（恭）吕（以）位（涖）之，則民又（有）愻心。"愻，上博藏一《緇衣》13作"忩"，今本作"孫"。愻字典籍或作"遜"。

頁碼	通假字	反切	中古聲母	中古韻	上古聲母	上古韻部
364	韜	土刀切	透	豪（開口一等）	透	幽
	紃	詳遵切	邪	諄（合口三等）	邪	文
	軘	丑倫切	徹	諄（合口三等）	透	文
	篆	持兗切	澄	獮（合口三等）	定	元

曾侯乙簡3："韜韜，䘸紳貽，豻（犴）首之霏，豻（犴）䩥，削顯（韅）、䩞。"10："斂衡⻖（軛），韜韜，鞙（䋲）顯（韅）䩞。"15："韜韜，顯（韅）䩞貽，紫黃紡之繜，䘸紳，䶊（貂）首之霏（蒙），鍂貽，鞁（鞍）、䩛、貽。"17："韜韜，顯（韅）䩞貽，紫黃紡之繜，䘸紳，脓（虎）首之霏（蒙），鞁䩛，鍂貽。"韜，簡文又作"紃"，讀爲"軘"，經傳亦作"篆"。《說文》："軘，車約也，從車川聲。《周禮》曰：孤乘夏軘。"《周禮·春官·巾車》"服車五乘，孤乘夏篆"，篆，故書作"緣"，鄭眾注："夏，赤也⋯⋯夏篆，轂有約也。"鄭玄注："夏篆，五彩畫轂約也。"《詩·小雅·采芑》"約軝錯衡"，毛傳："軝，長轂之軝也，朱而約之。"疏："《輪人》云：'容轂必直，陳篆必正。'注云：'容者，治轂爲之形容也。篆轂，約也。'蓋以皮纏之，而上加以朱漆也。"

頁碼	通假字	反切	中古聲母	中古韻	上古聲母	上古韻部
368	䢅	之閏切	章	稕（合口三等）	章	文
	䝨	姑泫切	見	銑（合口四等）	見	元
	䀩	姑泫切	見	銑（合口四等）	見	元
	旬	詳遵切	邪	諄（合口三等）	邪	真

第七章　歌、月、元三部通假關係研究

上博藏二《子羔》8："采（由）者（諸）甽（畎）畮（晦）之中。" 甽，"〈"之古文，篆文作"甽"。簡文又作"旬"，《容成氏》14："吕（以）三從銮（舜）於旬（畎）畮（晦）之中。"

頁碼	通假字	反切	中古聲母	中古韻	上古聲母	上古韻部
023	籑	士戀切	崇	仙（開口三等）	崇	元
	寸	倉困切	清	魂（合口一等）	清	文

信陽簡 2—10："一小鐶，坓（徑）二籑（寸）；一鈕環，堯（繞）長六籑（寸）。"又："一青□□之璧，坓（徑）四籑（寸）笏籑（寸）。"又 2—15："專（博）一小籑（寸），厚釱（一）籑（寸）。"籑，讀爲"寸"。

頁碼	通假字	反切	中古聲母	中古韻	上古聲母	上古韻部
023	籑	士戀切	崇	仙（開口三等）	崇	元
	遜	蘇困切	心	魂（合口一等）	心	文

上博藏二《昔者君老》1："太子前之母俤（弟），母俤（弟）籑（遜）退，前之大（太）子，再三。肰（然）旬（後）竝聖（聽）之。"籑，讀爲"遜"。

頁碼	通假字	反切	中古聲母	中古韻	上古聲母	上古韻部
239	廌	宅買切	澄	佳（開口二等）	澄	元
	薦	作旬切	精	霰（開口四等）	精	文

包山簡 265："二蠱廌之鼎。"葛陵簡甲三 80："八月甲戌之日廌（薦）之。" 111："廌（薦）太一犙，綏（嬰）之目（以）絀玉，旅（祈）之。既成，紅（攻）逾而厭（厭）之。"上博藏四《曹沫之陳》42："父兒（兄）不廌（薦）。"上博藏五《季康子問於孔子》16 "□之必敬，女（如）賓（賓）客之事也。君曰：廌（薦）豊（禮）……" 廌，讀急"薦"。簡文又作"薦"。上博藏六《天子建州》甲 8（又乙 7）："天子鵠（？）燹（氣），邦君飤（食）嘗，大夫承廌（薦），士受余（舍）。"廌（薦），或謂讀爲"餕"。《易·豫》"殷薦之上帝"，釋文："本或作廌，獸名耳，非。"

《説文通訓定聲》："此借薦爲荐，鷹、薦又形近而誤。"楚簡鷹之讀爲薦其例既多，知《易·豫》"薦"一本作"鷹"，亦應是通假關係。

頁碼	通假字	反切	中古聲母	中古韻	上古聲母	上古韻部
239	鷹	作甸切	精	霰（開口四等）	精	元
	存	徂尊切	從	魂（合口一等）	從	文

郭店簡《成之聞之》5："是古（故）亡虖（乎）亓（其）身而鷹（存）唐（乎）亓（其）訶（辭），唯（雖）毛（厚）其命，民弗從之悕（矣）。" 9："唯（雖）肰（然），亓（其）鷹（存）也不毛（厚），亓（其）重也弗多悕（矣）。"《語叢四》9："者（諸）矦（侯）之門，義士之所鷹（存）。"上博藏四《曹沫之陳》14："三（代）之戟（陣）皆鷹（存）。" 41："可呂（以）有矞（治）邦，《周等（志）》是鷹（存）。"鷹，讀爲"存"。上博藏二《容成氏》48："豐、喬（鎬）不備（服），文王乃記（起）帀（師）呂（以）鄉（嚮）豐、喬（鎬），三鼓而進之，三鼓而退之，曰：'虞（吾）所智（知）多鷹（存）：一人爲亡（無）道，百眚（姓）亓（其）可（何）皋？'豐、喬（鎬）之民餌（聞）之，乃隆（降）文王。"鷹，整理者讀爲"盡"。應讀爲"存"，《爾雅·釋詁》："存，察也。"《漢書·文帝紀》"存問長老"，注："存，省視也。"

頁碼	通假字	反切	中古聲母	中古韻	上古聲母	上古韻部
278	掾	以絹切	餘	線（合口三等）	餘	元
	遯	徒困切	定	慁（合口一等）	定	文
	遂	杜本切	定	混（合口一等）	定	文
	遁	徒困切	定	慁（合口一等）	定	文

上博藏三《周易·遯》30："掾（遯），卿（亨），少（小）利貞。初六：掾（遯）亓（其）尾礪（厲）。"又："九晶（三）：係掾（遯），又（有）疾礪（厲），畜臣妾，吉。九四：好掾（遯）。" 31："九五，嘉掾（遯），吉。上九：肥掾（遯），亡（無）不利。"掾，帛本作"掾"或"椽"，今

第七章 歌、月、元三部通假關係研究

本作"遯"，釋文"字又作遂，又作遁"，阜陽漢簡本作"椽"，王家臺秦簡《歸藏》作"遂"。

頁碼	通假字	反切	中古聲母	中古韻	上古聲母	上古韻部
302	礪	力制切	來	祭（開口三等）	來	元
	溫	烏渾切	影	魂（合口一等）	影	文

上博藏三《易·夬》38："九晶（三）：藏（壯）于頄，又（有）凶。君子夬夬，蜀（獨）行遇雨，女（如）霑又（有）礪，亡（無）咎。""女（如）霑又（有）礪"，今本作"若濡有慍"。礪、溫異文。

頁碼	通假字	反切	中古聲母	中古韻	上古聲母	上古韻部
339	畔	薄半切	並	換（合口一等）	並	元
	貧	符巾切	並	真（開口三等）	並	文

郭店簡《老子》甲30："夫天多异（忌）韋（諱），而民爾（彌）畔（貧）。"畔，帛本甲、乙，王本作"貧"。

頁碼	通假字	反切	中古聲母	中古韻	上古聲母	上古韻部
371	孚	亡辨切	明	獮（開口三等）	明	元
	芥	亡辨切	明	獮（開口三等）	明	元
	遯	徒困切	定	慁（合口一等）	定	文

郭店簡《緇衣》24："眚（教）之昌（以）正（政），齊之昌（以）坓（刑），則民又（有）孚（免）心。"孚，上博藏一《緇衣》13作"芥"，今本作"遯"，乃異文。

頁碼	通假字	反切	中古聲母	中古韻	上古聲母	上古韻部
371	孚	亡辨切	明	獮（開口三等）	明	元
	鞔	母官切	明	桓（合口一等）	明	元
	懣	莫困切	明	慁（合口一等）	明	文

望山簡一9："既瘥，昌（以）孚（懣）心，不內（入）飤（食）。"

38："☐㠯（以）心𡊨（懣），不能飤（食），㠯（以）聚（驟）欶（欠），足骨疾☐。"𡊨，簡文又作"孪""㤿""瘙"，讀爲"鞔"，懣也。《吕氏春秋·重己》"胃充則中大鞔"，高誘註："鞔讀曰懣，不勝食气，爲懣病也。"亦有可能讀爲心煩之"悗"，金代李杲《脾胃論》："致使心亂而煩，病名曰悗，悗者，心惑而煩亂不安也。"

2. 元—耕

元部與耕部共通假12組，已在第六章第三節"耕—元"中列舉。

3. 元—真

元部與真部共通假11組。

頁碼	通假字	反切	中古聲母	中古韻	上古聲母	上古韻部
331	𩑚	古晏切	見	諫（開口二等）	見	月
	淵	烏玄切	影	先（合口四等）	影	真
	干	古寒切	見	寒（開口一等）	見	元

上博藏三《周易·漸》50："鳿（鴻）漸（漸）于𩑚。"𩑚，帛本作"淵"，今本作"干"。《詩·小雅·斯干》"秩秩斯干"，毛傳："干，澗也。"

頁碼	通假字	反切	中古聲母	中古韻	上古聲母	上古韻部
380	晋	即刃切	精	震（開口三等）	精	真
	薦	作甸切	精	霰（開口四等）	精	元

望山簡二23："革鞁，豚僉（篋）晋（薦），皆絵（錦）純，丹厚緂之裏，黄支（編）組之繢（繩）。"晋，讀爲"薦"，薦席也。

頁碼	通假字	反切	中古聲母	中古韻	上古聲母	上古韻部
381	旬	詳遵切	邪	諄（合口三等）	邪	真
	畎	姑泫切	見	銑（合口四等）	見	元
	甽	姑泫切	見	銑（合口四等）	見	元
	〈	姑泫切	見	銑（合口四等）	見	元

第七章　歌、月、元三部通假關係研究

上博藏二《子羔》8："采（由）者（諸）甽（畎）畮（晦）之中。"甽，"〈"之古文，篆文作"甽"。簡文又作"旬"，《容成氏》14："吕（以）三從𢆷（舜）於旬（畎）畮（晦）之中。"

頁碼	通假字	反切	中古聲母	中古韻	上古聲母	上古韻部
383	泯	武盡切	明	軫（開口三等）	明	真
	涸	彌兗切	明	獮（開口三等）	明	元

上博藏六《用曰》19："又（有）泯泯之不達，而督（散）亓（其）甚章（彰）。"泯泯，猶"涸涸"。《書·吕刑》"泯泯棼棼"，《漢書·序傳》《論衡·寒溫》作"涸涸紛紛"。

頁碼	通假字	反切	中古聲母	中古韻	上古聲母	上古韻部
240	瀳	則前切	精	先（開口四等）	精	元
	津	將鄰切	精	真（開口三等）	精	真

郭店簡《窮達以時》4："邵（呂）望（望）爲牂垞（萊）瀳（津）。"瀳，讀爲"津"。來瀳，萊河渡口。上博藏二《容成氏》51："戊午之日，涉於孟瀳（津）。"孟瀳，《史記·周本紀》作"盟津"。

頁碼	通假字	反切	中古聲母	中古韻	上古聲母	上古韻部
344	支	卑連切	幫	仙（開口三等）	幫	元
	偏	芳連切	滂	仙（開口三等）	滂	真

上博藏六《慎子曰恭儉》2："共（恭）吕（以）爲體（禮），□莫支（偏）干；信吕（以）爲言，莫支（偏）干。"支，讀爲"偏"，頗也。郭店簡《老子》丙8："是吕（以）支（偏）㨃（將）軍居左，上㨃（將）軍居右。"支，帛書甲本作"便"，乙本、王本作"偏"。

頁碼	通假字	反切	中古聲母	中古韻	上古聲母	上古韻部
344	纏	房連切	並	仙（開口三等）	並	元
	編	布玄切	幫	先（開口四等）	幫	真

望山簡二 2："黃金組之續（繩）三十。"又 8："黃金組之繻，組續（繩）。" 9："金組之童。" 10："黃金（編）且（組）之寶（繩）八□。" 23："肯（絹）緅聊（聯）絲（縢）之安（鞍），黃金（編）組之續（繩），啄紳，魚鞁（皮）之冢。革鞁，啄俀（筵）晉（薦），皆綸（錦）純，丹厚緅之裏，黃金（編）組之續（繩）。"金，簡文字形同《說文》"鞭"之古文，此讀爲"緶"或"編"。《說文》"緶，交枲也"，段注："謂以枲二股交辮之，交絲爲辮，交枲爲緶。"

頁碼	通假字	反切	中古聲母	中古韻	上古聲母	上古韻部
349	羨	疾緣切	從	仙（合口三等）	從	元
	淵	烏玄切	影	先（合口四等）	影	真

郭店簡《性自命出》47："又（有）丌（其）爲人之羨（淵）女（如）也，弗柂（輔）不足。"羨，讀爲"淵"。

頁碼	通假字	反切	中古聲母	中古韻	上古聲母	上古韻部
380	槧	子賤切	精	線（開口三等）	精	元
	晉	即刃切	精	震（開口三等）	精	真

葛陵簡甲三："□槧（楷）里一□。" 224："□某槧（楷）冬御釱受十臣又二赤。"零 11："大槧（楷）里人禱□。"零 525："赤，某槧（楷）里□。"槧，同"楷"，讀爲"晉"。

4. 元―談

元部與談部共通假 9 組。

頁碼	通假字	反切	中古聲母	中古韻	上古聲母	上古韻部
053	贛	古送切	見	送（開口一等）	見	冬
	坎	苦感切	溪	感（開口一等）	溪	談
	侃	空旱切	溪	旱（開口一等）	溪	元

上博藏六《用曰》17："曼曼柬柬，兀（其）頌（容）之怍。贛（坎）贛（坎）噲（嚴）噲（嚴），兀（其）自視之泊。"贛贛，猶"坎坎"、"侃

第七章　歌、月、元三部通假關係研究

侃"。20："又（有）贛（坎）贛（坎）之紷（谿），又（有）縸縸之口。"贛贛，猶"坎坎"。

頁碼	通假字	反切	中古聲母	中古韻	上古聲母	上古韻部
053	斬	側減切	莊	豏（開口二等）	莊	談
	斷	徒管切	定	緩（合口一等）	定	元

郭店簡《六德》31："門内之紷（治），紉穿（掩）宜（義），門外之紷（治），宜（義）斬紉。"斬，字又作"斷"，《禮記·喪服四制》："門内之治，恩掩義，門外之治，義斷恩。"

頁碼	通假字	反切	中古聲母	中古韻	上古聲母	上古韻部
053	漸	慈染切	從	琰（開口三等）	從	談
	建	居万切	見	願（開口三等）	見	元

包山簡249："又（有）縈（祟），見於鑑（絕）無逡（後）者與漸（建）木立。吕（以）丌（其）古（故）敓（説）之。"250："命攻解於漸木立，虞（且）遷（徙）兀（其）尻（處）而桓（樹）之。"漸木，或與"建木"有聯繫。《山海經·海内南經》："有木，其狀如牛，引之有皮，若纓黄蛇。其葉如羅，其實如欒，其木若蓲，其名曰建木。"《淮南子·地形》："漸木在都廣，衆帝所自上下，日中無景，呼而無響，蓋天地之中也。"

頁碼	通假字	反切	中古聲母	中古韻	上古聲母	上古韻部
334	歆	于禁切	餘	沁（開口三等）	餘	談
	愆	去乾切	溪	仙（開口三等）	溪	元

上博藏一《性情論》27："身谷（欲）靑（静）而毋蹇（愆）。"蹇，字從辛聲，讀爲"愆"，過也。簡文又作"歆"。

頁碼	通假字	反切	中古聲母	中古韻	上古聲母	上古韻部
334	歆	于禁切	餘	沁（開口三等）	餘	談
	羨	似面切	邪	線（開口三等）	邪	元

— 299 —

上博藏三《彭祖》2"畲（余）告女（汝）人綸（倫）曰：戒之毋喬（驕），訢（慎）冬（終）保衺（勞）。大笙（匡）之叒（逝），懇（難）易欽（羨）欲。"欽，讀爲"羨"，羨欲，貪欲也。懇易欽欲，難改變貪欲。

頁碼	通假字	反切	中古聲母	中古韻	上古聲母	上古韻部
334	欽	于禁切	餘	沁（開口三等）	餘	談
	侃	空旱切	溪	旱（開口一等）	溪	元
	衎	空旱切	溪	旱（開口一等）	溪	元

上博藏楚簡《從政》乙4："欽（侃）慙（敏）而共（恭）孫（遜），畜（教）之纏（勸）也。"欽，讀爲"侃"，《說文》："侃，剛直也。""侃侃"猶"衎衎"，《漢書·張敞傳·贊》"張敞衎衎，履忠進言"，師古注："衎衎，彊敏之貌也。"

頁碼	通假字	反切	中古聲母	中古韻	上古聲母	上古韻部
330	轅	虛願切	曉	願（開口三等）	曉	元
	銜	戶監切	匣	銜（開口二等）	匣	談

望山簡二22："□□轅鐶。"轅，讀爲"銜"。

頁碼	通假字	反切	中古聲母	中古韻	上古聲母	上古韻部
335	絹	吉掾切	見	線（合口三等）	見	元
	厭	於豔切	影	豔（開口三等）	影	談

信陽簡2—13："二紡絹（厭），帛裹，組緣（緣）。"2—15："一紡帛（冒）與絹（厭），紫裹，組緣（緣）。"絹，讀爲"厭"，包山簡作"纚"。

5. 元—陽

元部與陽部共通假5組，已在第五章第三節"陽—元"中列舉。

6. 元—侵

元部與侵部共通假2組。

第七章 歌、月、元三部通假關係研究

頁碼	通假字	反切	中古聲母	中古韻	上古聲母	上古韻部
036	音	於金切	影	侵（開口三等）	影	侵
	言	語軒切	疑	元（開口三等）	疑	元

郭店簡《成之聞之》29："《君奭》曰：'壞（襄）我二人，毋又（有）侌（合）才（哉）音。'害（盍）?道不說（悅）之訽（辭）也。"音，今本《書·君奭》作"言"，乃異文。

頁碼	通假字	反切	中古聲母	中古韻	上古聲母	上古韻部
338	但	徒旱切	定	寒（開口一等）	定	元
	潭	徒含切	定	覃（開口一等）	定	侵

上博藏六《用曰》20："又（有）但（潭）之深，而又（有）弔（淑）之涉（淺）。"但，凡國棟讀爲"潭"，《漢書·賈誼傳》"橫江湖之鱣鯨"，顏注："鱣，字或作鱏。"

7. 元—蒸

元部與蒸部共通假 1 組，已在第一章第三節 "蒸—元" 中列舉。

8. 元—冬

元部與冬部共通假 1 組，已在第二章第三節 "冬—元" 中列舉。

9. 元—東

元部與東部共通假 1 組，已在第四章第三節 "東—元" 中列舉。

第八章 脂、質、真三部通假關係研究

第一節 脂部

在本書的研究範圍內，脂部通假共 244 組，其中同部通假 141 組，異部通假 103 組。在異部通假中，脂部與陰聲韻共通假 44 組，與入聲韻共通假 39 組，與陽聲韻通假 20 組。

8.1 脂部通假情況匯總表

通假類型			通假數量		
同部通假		脂—脂	141		
異部通假	陰聲韻	脂—微	18	44	103
		脂—之	12		
		脂—魚	9		
		脂—支	3		
		脂—宵	1		
		脂—侯	1		
	入聲韻	脂—質	18	39	
		脂—月	8		
		脂—職	6		

244

第八章　脂、質、真三部通假關係研究

續表

通假類型			通假數量		
異部通假		脂—物	3	39	244
		脂—錫	2		
		脂—緝	1		
		脂—鐸	1		
	陽聲韻	脂—元	5	103	
		脂—文	4		
		脂—真	4		
		脂—陽	2	20	
		脂—東	2		
		脂—侵	2		
		脂—耕	1		

一　脂部的同部通假

脂部同部通假 141 組。

娣弟	階机	膍貔	媄美	遲迡	犀夷	犀夷	彊夷	彊彝	几机	弍貳
齊臍	齊懠	齊鄌	薺茨	齏資	臍盜	緀郪	緀萋	緀組	趴欪	利梨
利黎	縷趑	縷趍	郪萋	郪趑	郪趍	萋趍	萋趍	趑趍	濟齌	紙咫
遅遲	追遲	祇紙	弟悌	弟俤	扺鑈	第弟	豊禮	豐禮	秅懟	莉黎
匕飭	朼飭	朼匕	扺欄	祂妣	比比	旨指	耆祁	鴶稽	頡稽	指恉
旨恉	菅蓍	柅扺	柅尼	柅欄	柅鑈	扺尼	貳二	姝姊	尼欄	尼鑈
欄鑈	迡尼	坭泥	皆偕	偕皆	堦階	尸鳲	巨夷	追迨	追夷	屖遲
眱瞴	殹嫛	殹繄	欧殹	跋殹	視眂	貳貳	厶私	夃死	尔爾	迡遝
娣夷	夷弟	遲犀	遲尼	彊弟	齊濟	妻齊	淒棲	淒濟	淒齌	西夷
犀弟	迷遴	西遲	豐體	體禮	匕比	比杁	比飭	釚釚	啟比	毘箆
茨資	旨示	示指	旨耆	旨祁	旨嗜	旨稽	旨詣	柅梯	梯朼	梯尼
梯欄	膩貳	梯鑈	尼尸	尼鳲	遲夷	尸屍	尸夷	屍夷	鐵矢	樨睽

視示　眡示　弌臙　死伊　洉伊　普泥　爾彌　鈙墼　弌二

二　脂部的異部通假

脂部異部通假 103 組。

（一）脂部和其他陰聲韻通假

8.2　脂部和其他陰聲韻通假數量表

	微部	之部	魚部	支部	宵部	侯部	合計
脂部	18	12	9	3	1	1	44

1. 脂—微

脂部與微部共通假 18 組。

頁碼	通假字	反切	中古聲母	中古韻	上古聲母	上古韻部
252	岜	無非切	明	微（開口三等）	明	微
	美	無鄙切	明	旨（開口三等）	明	脂

上博藏一《詩論》16："見丌（其）岜（美）必谷（欲）反丌（其）本。"21："《文王》虘（吾）岜（美）之。"上博藏四《采風曲目》2："牆（將）岜（美）人。"岜，讀爲"美"。郭店簡《老子》乙四："唯與可，相去幾可（何）？"岜（美）與亞（惡），相去可（何）若？岜，帛本甲、乙，王本作"美"。

頁碼	通假字	反切	中古聲母	中古韻	上古聲母	上古韻部
252	散	無非切	明	微（合口三等）	明	微
	美	無鄙切	明	旨（開口三等）	明	脂

郭店簡《唐虞之道》17："渌（求）虐（乎）大人之興，散（美）也。"上博藏二《昔者君老》3："興散（美）瀘（廢）亞（惡）。"散，讀爲"美"。九店簡 56—35："生子，男必散（美）於人。"散，睡虎地秦簡《日書》919 作"美"。

第八章 脂、質、真三部通假關係研究

頁碼	通假字	反切	中古聲母	中古韻	上古聲母	上古韻部
252	敚	無非切	明	微（合口三等）	明	微
	媚	明祕切	明	至（開口三等）	明	脂

九店簡56—20："敚於戌。"56—24："凡敚日，利㠯（以）家（嫁）女，見人，珮（佩）玉。"敚，睡虎地秦簡《日書》732作"媚"，898作"嬴"。"嬴"乃異文，或爲"媚"字之誤。

頁碼	通假字	反切	中古聲母	中古韻	上古聲母	上古韻部
252	頯	無非切	明	微（開口三等）	明	微
	媺	無鄙切	明	旨（開口三等）	明	微
	美	無鄙切	明	脂（開口三等）	明	脂

郭店簡《六德》26："頯（美）此多也。"《語叢一》15："又（有）頯（美）又（有）膳（善）。"頯，讀爲"美"。上博藏一《緇衣》1：㝅（好）頯（美）女（如）㝅（好）紂（緇）衣，亞（惡）亞（惡）女（如）亞（惡）術（巷）白（伯）。"18："大丌（其）頯（美）而少（小）丌（其）亞（惡）。"頯，郭店簡《緇衣》1作"媺"，今本作"美"。

頁碼	通假字	反切	中古聲母	中古韻	上古聲母	上古韻部
257	偎	烏回切	影	灰（合口一等）	影	微
	夔	渠追切	群	脂（合口三等）	群	脂

郭店簡《唐虞之道》12："□豊（禮），偎（夔）守樂。"偎，讀爲"夔"。《禮記·樂記》："夔始製樂。"

頁碼	通假字	反切	中古聲母	中古韻	上古聲母	上古韻部
261	飻	居依切	見	微（開口三等）	見	微
	飢	居夷切	見	脂（開口三等）	見	脂
	饑	居依切	見	微（開口三等）	見	微

上博藏二《從政》甲19："飻（飢）滄而毋斂，從事而毋訩。"上博藏五《三德》15："聚（驟）奪（奪）民当（時），天飻（饑）必至（來）。"

— 305 —

餂，同"飢""饑"，《吕氏春秋·上農》作"饑"。

頁碼	通假字	反切	中古聲母	中古韻	上古聲母	上古韻部
262	騹	巨希切	群	微（開口三等）	群	微
	驥	几利切	見	至（合口三等）	見	脂

郭店簡《窮達以時》10："騹（驥）駬張山，騹（騏）空（驦）於舌來，非亡體（體）壯也。"騹，讀爲"驥"。

頁碼	通假字	反切	中古聲母	中古韻	上古聲母	上古韻部
264	啓	康禮切	溪	薺（開口四等）	溪	脂
	開	苦哀切	溪	咍（開口一等）	溪	微

郭店簡《老子》乙13："啓丌（其）逸（兑），賽（塞）丌（其）事，冬（終）身不楚。"啓，帛本甲、乙同，王本作"開"。上博藏三《周易·師》8："啓邦丞（承）豢（家），小人勿用。"帛本同，今本作"開"。"開"乃漢儒避諱改。

頁碼	通假字	反切	中古聲母	中古韻	上古聲母	上古韻部
264	脀	康禮切	溪	薺（開口四等）	溪	脂
	朏	符非切	並	微（合口三等）	並	微
	腓	符非切	並	微（合口三等）	並	微

上博藏三《周易·咸》26："六二：欽（咸）丌（其）脀，凶，尻（居）吉。"脀，聲符未詳，疑讀爲"脀"，其字帛本作"朏"，今本作"腓"，鄭玄注："腨腸也。"即小腿肚。《山海經·海外北經》"無脀之國。在長股東，爲人無脀"，郭璞注："音啓，或作綮。"又："脀，肥腸也。"肥腸即"腓腸"。《莊子·養生主》："枝經肯綮之未嘗。"又："九晶（三）：欽（咸）丌（其）脀（脀），墊（執）丌（其）陸（隨），吝。"脀，帛本作"朏"，今本作"股"，乃異文。

— 306 —

第八章　脂、質、真三部通假關係研究

頁碼	通假字	反切	中古聲母	中古韻	上古聲母	上古韻部
278	楑	求癸切	群	旨（合口三等）	群	脂
	睽	苦圭切	溪	齊（合口四等）	溪	脂
	乖	古懷切	見	皆（開口二等）	見	微
	瞿	權俱切	群	虞（合口三等）	群	魚
	諕	——			見	微

上博藏三《周易·睽》32："楑：少（小）事吉。"33："六四：楑（睽）弧（孤），遇元夫。"又："上九：楑（睽）弧，貰（負）奎（塗）。"楑，帛本作"乖"，今本作"睽"。卦名"睽"，傳本《歸藏》作"瞿"，秦簡《歸藏》作"瞿"，帛本《繫辭》作"諕"。

頁碼	通假字	反切	中古聲母	中古韻	上古聲母	上古韻部
281	黹	豬几切	知	旨（開口三等）	端	脂
	希	香衣切	曉	微（開口三等）	曉	微
	稀	香衣切	曉	微（開口三等）	曉	微

郭店簡《老子》乙12："大音黹（希）聖（聲）。"黹，原簡字形作"𢁘"，帛本乙179下、王本作"希"，傅奕本作"稀"。

2. 脂—之

脂部與之部共通假12組，已在第一章第一節"之—脂"中列舉。

3. 脂—魚

脂部與魚部共通假9組，已在第五章第一節"魚—脂"中列舉。

4. 脂—支

脂部與支部共通假3組，已在第六章第一節"支—脂"中列舉。

5. 脂—宵

脂部與宵部共通假1組，已在第三章第一節"宵—脂"中列舉。

6. 脂—侯

脂部與侯部共通假1組，已在第四章第一節"侯—脂"中列舉。

（二）脂部和入聲韻通假

8.3　脂部和入聲韻通假數量表

	質部	月部	職部	物部	錫部	緝部	鐸部	合計
脂部	18	8	6	3	2	1	1	39

1. 脂—質

脂部與質部共通假 18 組。

頁碼	通假字	反切	中古聲母	中古韻	上古聲母	上古韻部
270	柅	女履切	泥	旨（開口三等）	泥	脂
	梯	土雞切	透	齊（開口四等）	透	脂
	抳	女氏切	泥	紙（開口三等）	泥	脂
	昵	尼質切	泥	質（開口三等）	泥	質
	尼	女夷切	泥	脂（開口三等）	泥	脂
	檷	奴禮切	泥	薺（開口四等）	泥	脂
	鑈	奴禮切	泥	薺（開口四等）	泥	脂

上博藏三《周易·姤》40："繫于金柅。"柅，今本同，帛本作"梯"。釋文："《説文》作檷，云：絡絲跗也，讀若昵。《字林》音乃米反。王肅作抳，从手，子夏作鑈，蜀才作尼，止也。"

頁碼	通假字	反切	中古聲母	中古韻	上古聲母	上古韻部
276	巵	以脂切	餘	脂（開口三等）	餘	脂
	棣	特計切	定	霽（開口四等）	定	質
	逮	特計切	定	霽（開口四等）	定	質
	遲	直尼切	澄	脂（開口三等）	定	脂

上博藏二《民之父母》8："㮂（威）我（儀）巵（遲）巵（遲）。"今本《禮記·孔子閒居》《孔子家語·論禮》作"威儀逮逮。"《詩·邶風·柏舟》："威儀棣棣，不可選也。"11："亡（無）體（體）之豊（禮），㮂（威）我（儀）巵（遲）巵（遲）。"今本《禮記·孔子閒居》《孔子家

第八章 脂、質、真三部通假關係研究

語·論禮》作"無體之禮，威儀遲遲"。

頁碼	通假字	反切	中古聲母	中古韻	上古聲母	上古韻部
280	泗	息利切	心	至（開口三等）	心	質
	伊	於脂切	影	脂（開口三等）	影	脂

上博藏二《容成氏》37："乃立泗（伊）尹㠯（以）爲差（佐），泗（伊）尹既已受命，乃執兵欽（禁）癘（暴），羕（養）得（德）于民。"泗，讀爲"伊"。

頁碼	通假字	反切	中古聲母	中古韻	上古聲母	上古韻部
282	弌	而至切	日	至（開口三等）	日	脂
	膩	女利切	泥	至（開口三等）	泥	脂
	㴋	一結切	影	屑（開口四等）	影	質
	貳	而至切	日	至（開口三等）	日	脂

郭店簡《五行》48："上帝臨（臨）女（汝），毋弌（貳）尔（爾）心。"弌，帛本《五行》212 作"膩"，343、344 作"㴋"，今《詩·大雅·大明》作"貳"。

頁碼	通假字	反切	中古聲母	中古韻	上古聲母	上古韻部
290	即	子力切	精	職（開口三等）	精	質
	次	七四切	清	至（開口三等）	清	脂

郭店簡《成之聞之》17："智而比即（次），則民谷（欲）亓（其）智之述（遂）也。"《性自命出》27："亓（其）居即（次）也舊（久），亓（其）反善返（復）訫（始）也新（慎）。"上博藏二《容成氏》50："成惪（德）者，虐（吾）敓（說）而弋（代）之，亓（其）即（次），虐（吾）伐而弋（代）之。"即，讀爲"次"。

頁碼	通假字	反切	中古聲母	中古韻	上古聲母	上古韻部
291	佖	毗必切	並	質（開口三等）	並	質
	妣	補履切	幫	旨（開口三等）	幫	脂

上博藏五《三德》16："敚（奪）民旹（時）㠯（以）土攻（功），是胃（謂）頢（稽），不繼（絕）惡（憂）䘏（恤），必䘮（喪）亓（其）伦（粃）。"伦，《呂氏春秋·上農》作"粃"。《呂氏春秋·辯土》："先生者美米，後生者爲粃。"

頁碼	通假字	反切	中古聲母	中古韻	上古聲母	上古韻部
265	齊	徂奚切	從	齊（開口四等）	從	脂
	質	之日切	章	質（開口三等）	章	質

郭店簡《緇衣》38："古（故）君子多䎽（聞），齊而獸（守）之；多志，齊而新（親）之。"齊，上博藏一《緇衣》19同，今本作"質"。

頁碼	通假字	反切	中古聲母	中古韻	上古聲母	上古韻部
269	扴	卑履切	幫	旨（開口三等）	幫	脂
	必	卑吉切	幫	質（開口三等）	幫	質

郭店簡《唐虞之道》3："扴（必）正丌（其）身，肰（然）后（後）正世，聖道備歟（矣）。"郭店簡《語叢二》47："智（知）命者亡（毋）扴（必）。"扴，讀爲"必"。上博藏一《緇衣》20："句（苟）又（有）車，扴（必）見丌（其）轍。"扴，郭店簡《緇衣》、今本作"必"。

2. 脂—月

脂部與月部共通假 8 組，已在第七章第二節"月—脂"中列舉。

3. 脂—職

脂部與職部共通假 6 組，已在第一章第二節"脂—職"中列舉。

4. 脂—物

脂部與物部共通假 3 組。

頁碼	通假字	反切	中古聲母	中古韻	上古聲母	上古韻部
263	既	居豙切	見	未（開口三等）	見	物
	次	七四切	清	至（開口三等）	清	脂

第八章　脂、質、真三部通假關係研究

郭店簡《老子》丙1："大（太）上，下智（知）又（有）之。丌（其）即（次），新（親）譽之。丌（其）既（次），悁（畏）之。丌（其）即（次），炁（侮）之。"既，與"即"互文，並讀爲"次"，王本作"次"。

頁碼	通假字	反切	中古聲母	中古韻	上古聲母	上古韻部
268	称	力至切	來	至（開口三等）	來	物
	利	力至切	來	至（開口三等）	來	脂

九店簡56—13下："凡建日，大吉，称（利）吕（以）取（娶）妻。"14下："凡𢦏日，不称（利）吕（以）囗囗，不称（利）吕（以）爲張罔（網）。"称，"利"之古文。

頁碼	通假字	反切	中古聲母	中古韻	上古聲母	上古韻部
267	涕	他計切	透	霽（開口四等）	透	脂
	沸	方味切	幫	未（合口三等）	幫	物

郭店簡《五行》17："〔瞻望弗〕及（及），泲（泣）涕女（如）雨。"涕，今《詩·邶風·燕燕》同，帛書《五行》185作"沸"，"沸"乃"涕"之訛。

5. 脂—錫

脂部與錫部共通假2組，本書已在第六章第二節"錫—脂"中列舉。

6. 脂—緝

脂部與緝部共通假1組。

頁碼	通假字	反切	中古聲母	中古韻	上古聲母	上古韻部
272	帀	子荅切	精	合（開口一等）	精	緝
	師	疏夷切	山	脂（開口三等）	山	脂

曾侯乙簡177："少帀（師）之駟爲右驂。"210："少帀（師）兩馬。"包山簡226："大司馬悼（悼）愲（滑）逆（將）楚邦之帀（師）徒吕（以）救（救）䣕之歲（歲）。"楚帛書丙篇："不可出帀（師）。"上博藏六《用曰》18："婴嫛立帀（師）長，建殹（設）之政。"上博藏六《天子建州》

甲12："所不乎（學）於帀（師）者三：巠（強）行、忠（中）誉（敏）、信言，此所不乎（學）於帀（師）也。"帀，楚簡"師"字如是作。上博藏三《周易·師》7："帀（師）出吕（以）聿（律）。"帀，帛本、今本作"師"。

7. 脂—鐸

脂部與鐸部共通假1組，已在第五章第二節"鐸—脂"中列舉。

（三）脂部和陽聲韻通假

8.4　脂部和陽聲韻通假數量表

	元部	文部	真部	陽部	東部	侵部	耕部	合計
脂部	5	4	4	2	2	2	1	20

1. 脂—元

脂部與元部共通假5組，已在第七章第三節"元—脂"中列舉。

2. 脂—文

脂部與文部共通假4組。

頁碼	通假字	反切	中古聲母	中古韻	上古聲母	上古韻部
358	尹	余準切	餘	準（合口三等）	餘	文
	伊	於脂切	影	脂（開口三等）	影	脂

郭店簡《緇衣》5："《尹（伊）誥（誥）》員（云）：隹（惟）尹（伊）身（允、尹）及湯，咸又（有）一悳。"尹誥，讀爲"伊誥"。尹身（允），讀爲"伊尹"，今本作"伊躬"。

頁碼	通假字	反切	中古聲母	中古韻	上古聲母	上古韻部
379	振	章刃切	章	震（開口三等）	章	文
	榰	章移切	章	支（開口三等）	章	脂
	震	章刃切	章	震（開口三等）	章	文
	叡	以芮切	餘	祭（合口三等）	餘	月

上博藏三《周易·恆》29："上六，叡死（恆），貞凶。"叡，帛本作

第八章 脂、質、真三部通假關係研究

"夏"，今本作"振"，《說文》："栫，柱砥。"引《易》："栫恒凶。"釋文引張璠作"震"。

頁碼	通假字	反切	中古聲母	中古韻	上古聲母	上古韻部
270	迡	奴計切	泥	霽（開口四等）	泥	脂
	近	巨靳切	群	焮（開口三等）	群	文

上博藏二《民之父母》8："亡（無）備（服）之喪，可（何）志（詩）是迡。"迡，《禮記·孔子閒居》作"近"，迡、近義近。《韓非子·難三》"政在悅近而來遠"，《尸子》卷下"近"作"尼"。

3. 脂—真

脂部與真部共通假 4 組。

頁碼	通假字	反切	中古聲母	中古韻	上古聲母	上古韻部
274	虗	語巾切	疑	真（開口三等）	疑	真
	皆	古諧切	見	皆（開口二等）	見	脂

葛陵簡甲三 138："□既虗（皆）告虑（且）禱也。"郭店簡《語叢一》45："凡又（有）血氣（氣）者，虗（皆）又（有）意（喜）又（有）怒（怒），又（有）𢢉（慎）又（有）𢡺（莊）。"65："上下虗（皆）得亓（其）所之胃（謂）信。"上博藏二《子羔》9："叁（三）王者之乍（作）也，虗（皆）人子也。"上博藏四《昭王與龔之脾》10："由（使）邦人虗（皆）見之。"虗，同"皆"。

頁碼	通假字	反切	中古聲母	中古韻	上古聲母	上古韻部
274	瞽	語巾切	疑	真（開口三等）	疑	真
	皆	古諧切	見	皆（開口二等）	見	脂

葛陵簡零 452："□之日瞽（皆）告虑（且）禱之□。"瞽，同"皆"。

頁碼	通假字	反切	中古聲母	中古韻	上古聲母	上古韻部
252	娓	無鄙切	明	旨（開口三等）	明	脂

續表

頁碼	通假字	反切	中古聲母	中古韻	上古聲母	上古韻部
252	美	無鄙切	明	旨（開口三等）	明	脂
	賢	胡田切	匣	先（開口四等）	匣	真
	頹	無非切	明	微（開口三等）	明	微

郭店簡《緇衣》1："好娧（美）女（如）好茲（緇）衣，亞（惡）亞（惡）女（如）亞（惡）遾（巷）白（伯）。"娧，上博藏一《緇衣》1作"頹"，同"媺"，讀爲"美"。今本作"賢"，乃異文。郭店簡《緇衣》35："古（故）君子賸（顧）言而行，㠯（以）成其信，則民不能大其娧（美）而少（小）其亞（惡）。"娧，上博藏一《緇衣》18作"頹"，今本作"美"。

4. 脂—陽

脂部與陽部共通假2組，已在第五章第三節"陽—脂"中列舉。

5. 脂—東

脂部與東部共通假2組，已在第四章第三節"東—脂"中列舉。

6. 脂—侵

脂部與侵部共通假2組。

頁碼	通假字	反切	中古聲母	中古韻	上古聲母	上古韻部
039	鈢	斯氏切	心	紙（開口三等）	心	脂
	禁	居蔭切	見	沁（開口三等）	見	侵
	枲	斯氏切	心	紙（開口三等）	心	脂

包山簡266："二鈢（禁）。"鈢，字從木，金聲；簡文又作"枲"，下形上聲，並讀爲"禁"。出土實物有禁二件。

7. 脂—耕

脂部與耕部共通假1組，已在第六章第三節"耕—脂"中列舉。

第二節 質部

在本書的研究範圍內，質部通假共 153 組，其中同部通假 72 組，異部通假 81 組。在異部通假中，質部與陰聲韻共通假 36 組，與入聲韻共通假 36 組，與陽聲韻通假 9 組。

8.5 質部通假情況匯總表

通假類型			通假數量		
同部通假		質—質	72		
異部通假	陰聲韻	質—脂	18	36	153
		質—歌	5		
		質—幽	4		
		質—支	4		
		質—之	3		
		質—侯	1		
		質—微	1		
	入聲韻	質—月	17	36	
		質—職	9		
		質—錫	4		
		質—物	3		
		質—緝	1		
		質—覺	1		
		質—鐸	1		
	陽聲韻	質—陽	4	9	
		質—元	2		
		質—東	2		
		質—真	1		

一　質部的同部通假

質部同部通假 72 組。

一弌	惠蕙	蟄輊	弃棄	睿密	棣逮	三四	桎梏	祂瑟	磊經	憸窒
憸憤	憸躓	窒憤	窒躓	憤躓	卹恤	栗慄	懿瑟	牆逸	結祮	劄漆
黐劄	即節	椰櫛	椰即	訟謐	訟密	閟閉	睿蜜	睿密	睿窨	窨密
希肆	釛軏	綽畢	隶逮	悸諄	輊摯	至致	至銍	經實	實磊	銍桎
憲鑽	憲質	憸洫	憸咥	洫窒	洫憤	洫咥	洫躓	窒咥	憤咥	咥躓
卹血	恤血	輊摯	七蟋	即櫛	蟄摯	駁匹	佖匹	荎鮅	畢密	畢畢
袟經	袟實	袟磊	實經	叀惠						

二　質部的異部通假

質部異部通假 81 組。

（一）質部和陰聲韻通假

8.6　質部和陰聲韻通假數量表

	脂部	歌部	幽部	支部	之部	侯部	微部	合計
質部	18	5	4	4	3	1	1	36

1. 質—脂

質部與脂部共通假 18 組，已在第八章第一節"脂—質"中列舉。

2. 質—歌

質部與歌部共通假 5 組，已在第七章第一節"歌—質"中列舉。

3. 質—幽

質部與幽部共通假 4 組，已在第二章第一節"幽—質"中列舉。

4. 質—支

質部與支部共通假 4 組，已在第六章第一節"支—質"中列舉。

5. 質—之

質部與之部共通假 3 組，已在第一章第一節"之—質"中列舉。

第八章 脂、質、真三部通假關係研究

6. 質—侯

質部與侯部共通假 1 組，已在第四章第一節"侯—質"中列舉。

7. 質—微

質部與微部共通假 1 組。

頁碼	通假字	反切	中古聲母	中古韻	上古聲母	上古韻部
280	詒	荒內切	曉	隊（合口一等）	曉	微
	計	古詣切	見	霽（開口四等）	見	質

上博藏五《三德》7："凡飤（食）猷（飲）無量詒（計），是胃（謂）滔皇。"詒，讀爲"計"。

（二）質部和其他入聲韻通假

8.7 質部和其他入聲韻通假數量表

	月部	職部	錫部	物部	緝部	覺部	鐸部	合計
質部	17	9	4	3	1	1	1	36

1. 質—月

質部與月部共通假 17 組，已在第七章第二節"月—質"中列舉。

2. 質—職

質部與職部共通假 9 組，已在第一章第二節"職—質"中列舉。

3. 質—錫

質部與錫部共通假 4 組，已在第六章第二節"錫—質"中列舉。

4. 質—物

質部與物部共通假 3 組。

頁碼	通假字	反切	中古聲母	中古韻	上古聲母	上古韻部
262	譈	土綬切	透	綬（合口一等）	透	質
	仡	魚迄切	疑	迄（開口三等）	疑	物

葛陵簡甲三 31："□亓（其）䌛曰：氏（是）日未兌，大言譈譈，□

言惢惢，若組若結，冬（終）目（以）□□。"讇讇，讀爲"仡仡"。《廣韻·釋訓》："仡仡。武也。"《漢書·揚雄傳》"金人仡仡其承鐘虡兮"，師古注："仡仡，勇健貌。"《莊子·齊物論》"大言炎炎，小言詹詹"，成玄英疏："炎炎，猛烈也。詹詹，詞費也。"仡仡，炎炎義近。

頁碼	通假字	反切	中古聲母	中古韻	上古聲母	上古韻部
290	即	子力切	精	職（開口三等）	精	質
	既	居豙切	見	未（開口三等）	見	物
	次	七四次	清	至（開口三等）	清	脂

郭店簡《老子》丙3："大（太）上，下智（知）又（有）之。丌（其）即（次），新（親）譽之。丌（其）既（次），悁（畏）之。丌（其）即（次），炁（侮）之。"即，與"既"互文，並讀爲"次"，帛本、王本作"次"。

頁碼	通假字	反切	中古聲母	中古韻	上古聲母	上古韻部
313	弼	房密切	並	質（開口三等）	並	質
	第	分勿切	幫	物（合口三等）	幫	物

曾侯乙簡1："䐴輪，弼，鑾（鞎），珮賠，書□，斂靭。"4："冃（冒）鑣（轄），革紂，弼，鑾（鞎），珮賠。"13："弼，鑾（鞎）。"26："鄮（翟）輪，革紳，弼，珮賠，畫䈁，斂靭，獢綏。"117："白金（錦）之弼。"弼，讀爲"第"。《爾雅·釋器》："輿革前謂之鞎，後謂之第。"

5. 質—緝

質部與緝部共通假1組。

頁碼	通假字	反切	中古聲母	中古韻	上古聲母	上古韻部
044	汲	居立切	見	緝（開口三等）	見	緝
	繘	餘律切	餘	術（合口三等）	餘	質

上博藏三《周易·井》44："气（汔）至，亦母（毋）䡠（繘）㐄，贏（羸）丌（其）缾（瓶），凶。"䡠，字未詳，帛本作"汲"，今本作"繘"。釋文："繘，音橘，徐又居密反。鄭云：綆也。《方言》云：關西謂綆爲繘。

郭璞云：汲水索也。"

6. 質—覺

質部與覺部共通假 1 組，已在第二章第二節"覺—質"中列舉。

7. 質—鐸

質部與鐸部共通假 1 組，已在第五章第二節"鐸—質"中列舉。

（三）質部和陽聲韻通假

8.8 質部和陽聲韻通假數量表

	陽部	元部	東部	真部	合計
質部	4	2	2	1	19

1. 質—陽

質部與陽部共通假 4 組，已在第五章第三節"陽—質"中列舉。

2. 質—元

質部與元部共通假 2 組，已在第七章第三節"元—質"中列舉。

3. 質—東

質部與東部共通假 2 組，已在第四章第三節"東—質"中列舉。

4. 質—真

質部與真部共通假 1 組。

頁碼	通假字	反切	中古聲母	中古韻	上古聲母	上古韻部
380	晉	即刃切	精	震（開口三等）	精	真
	至	脂利切	章	至（開口三等）	章	質

郭店簡《緇衣》10："《君𦥑（牙）》員（云）：日㞾（暑）雨，少（小）民隹（惟）日㤪（怨）。晉冬旨（耆）滄，少（小）民亦隹（惟）日㤪（怨）。"晉，今本作"資"，鄭注："'資'當作'至'，齊魯之語聲之誤也。"

第三節 真部

在本書的研究範圍內，真部通假共 180 組，其中同部通假 93 組，異部通假 87 組。在異部通假中，真部與陰聲韻共通假 11 組，與入聲韻共通假 11 組，與陽聲韻通假 65 組。

8.9 真部通假情況匯總表

通假類型			通假數量		
同部通假		真—真	93		
異部通假	陰聲韻	真—脂	4	11	
		真—微	3		
		真—之	2		
		真—支	1		
		真—歌	1		
	入聲韻	真—月	4	11	87
		真—鐸	3		
		真—質	1		
		真—葉	1		
		真—職	1		
		真—屋	1		
	陽聲韻	真—文	36	65	
		真—元	11		
		真—耕	10		
		真—東	4		
		真—冬	3		
		真—陽	1		

全表總計：180

第八章 脂、質、真三部通假關係研究

一 真部的同部通假

真部同部通假 93 組。

叟聞	泯緡	泯崏	泯岷	緡崏	緡岷	崏岷	緡緡	詎慎	蟄塵	誣慎
抜慎	臤賢	緊堅	掔牽	忞仁	忞仁	紳申	紳紳	迪陳	鄰叟	繡紳
繡申	墜陳	新薪	親親	親親	緷袒	翠辮	詵㱏	尹津	晋縉	晋纝
縉纝	茵袒	鄰秦	鈞均	袀均	困淵	袒因	均均	鈞均	寅引	因袒
貝賓	賓濱	賓賓	瀕賓	敃鈫	敃田	鈫田	甸鈫	緷茵	緷因	茵因
痼因	禇袒	衛貪	衛臏	貪臏	屈淵	窒娠	填顛	顛奠	堅臤	掔賢
悐仁	忞身	申陳	紳靷	軸靷	緷陳	闉鎮	緷迪	戩陳	繡陳	新親
新翠	尹盡	晋搸	秦溱	勾鈞	均荀	臏腎	衛腎	胤腎	貪腎	民泯
臤堅	臤磬	磬堅	寍賓	兮賓						

二 真部的異部通假

真部異部通假 87 組。

（一）真部和陰聲韻通假

8.10 真部和陰聲韻通假數量表

	脂部	微部	之部	支部	歌部	合計
真部	4	3	2	1	1	11

1. 真—脂

真部與脂部共通假 4 組，已在第八章第一節"脂—真"中列舉。

2. 真—微

真部與微部共通假 3 組。

頁碼	通假字	反切	中古聲母	中古韻	上古聲母	上古韻部
252	顳	無非切	明	微（開口三等）	明	微
	賢	胡田切	匣	先（開口四等）	匣	真
	美	無鄙切	明	旨（開口三等）	明	脂

續表

頁碼	通假字	反切	中古聲母	中古韻	上古聲母	上古韻部
252	妝	無鄙切	明	旨（開口三等）	明	脂

郭店簡《緇衣》1："好妝（美）女（如）好茲（緇）衣，亞（惡）亞（惡）亞（惡）女（如）逨（巷）白（伯）。"妝，上博藏一《緇衣》1作"頿"，同"媺"，讀爲"美"。今本作"賢"，乃異文。郭店簡《緇衣》35："古（故）君子睧（顧）言而行，㠯（以）成其信，則民不能大其妝（美）而少（小）其亞（惡）。"妝，上博藏一《緇衣》18作"頿"，今本作"美"。

頁碼	通假字	反切	中古聲母	中古韻	上古聲母	上古韻部
376	進	即刃切	精	震（開口三等）	精	真
	隼	思尹切	心	準（合口三等）	心	文
	誰	視佳切	禪	脂（合口三等）	禪	微
	推	他回切	透	灰（合口一等）	透	微

郭店簡《老子》甲4："天下樂進而弗詀（厭）。"進，帛書甲作"隼"，乙作"誰"，王本作"推"。

3. 真—之

真部與之部共通假2組，已在第一章第一節"之—真"中列舉。

4. 真—支

真部與支部共通假1組，已在第六章第一節"支—真"中列舉。

5. 真—歌

真部與歌部共通假1組，已在第七章第一節"歌—真"中列舉。

（二）真部和入聲韻通假

8.11 真部和入聲韻通假數量表

	月部	鐸部	質部	葉部	職部	屋部	合計
真部	4	3	1	1	1	1	11

第八章　脂、質、真三部通假關係研究

1. 真—月

真部與月部共通假 4 組,已在第七章第二節"月—真"中列舉。

2. 真—鐸

真部與鐸部共通假 3 組,已在第五章第二節"鐸—真"中列舉。

3. 真—質

真部與質部共通假 1 組,已在第八章第二節"質—真"中列舉。

4. 真—葉

真部與葉部共通假 1 組。

頁碼	通假字	反切	中古聲母	中古韻	上古聲母	上古韻部
380	晉	即刃切	精	震（開口三等）	精	真
	銍	止而切	章	之（開口三等）	章	之
	葉	與涉切	餘	葉（開口三等）	餘	葉

郭店簡《緇衣》22:"晉公之顧（顧）命員（云）。"晉,上博藏一《緇衣》12 作"銍",今本作"葉",乃異文。

5. 真—職

真部與職部共通假 1 組,已在第一章第二節"職—真"中列舉。

6. 真—屋

真部與屋部共通假 1 組,已在第四章第二節"屋—真"中列舉。

（三）真部和其他陽聲韻通假

8.12　真部和其他陽聲韻通假數量表

	文部	元部	耕部	東部	冬部	陽部	合計
真部	36	11	10	4	3	1	65

1. 真—文

真部與文部共通假 36 組。

頁碼	通假字	反切	中古聲母	中古韻	上古聲母	上古韻部
354	吝	良刃切	來	震（開口三等）	來	文

續表

頁碼	通假字	反切	中古聲母	中古韻	上古聲母	上古韻部
354	愍	眉隕切	明	真（開口三等）	明	真
	閔	眉隕切	明	軫（開口三等）	明	文

上博藏二《容成氏》53："昌（以）告吝（閔）於天。"吝，讀爲"閔"，哀憐之義，字亦作"愍"。

頁碼	通假字	反切	中古聲母	中古韻	上古聲母	上古韻部
361	敬	居焮切	見	焮（開口三等）	見	文
	懂	巨斤切	群	欣（開口三等）	群	文
	謹	居隱切	見	隱（開口三等）	見	文
	慎	時刃切	禪	震（開口三等）	禪	真

上博藏一《緇衣》4："敬惡昌（以）虞（御）民婬，則民不惑。"敬，讀爲"謹"，郭店簡《緇衣》6作"懂"。今本《緇衣》作"慎"，乃異文。上博藏一《緇衣》17："則民訢（慎）於言而敬（謹）於行。"

頁碼	通假字	反切	中古聲母	中古韻	上古聲母	上古韻部
364	刃	而振切	日	震（開口三等）	日	文
	恩	烏痕切	影	痕（開口一等）	影	真

郭店簡《成之聞之》35："小人不向絰（逞）人於刃，君子不經（逞）人於豊（禮）。"刃，讀爲"恩"。

頁碼	通假字	反切	中古聲母	中古韻	上古聲母	上古韻部
364	紉	女鄰切	泥	真（開口三等）	泥	文
	恩	烏痕切	影	痕（開口一等）	影	真

郭店簡《六德》31："門內之綱（治），紉（恩）穿（掩）宜（義），門外之綱（治），宜（義）斬紉（恩）。"紉，讀爲"恩"，《禮記·喪服四制》"門內之治，恩揜義。門外之治，義斷恩。"

— 324 —

第八章 脂、質、真三部通假關係研究

頁碼	通假字	反切	中古聲母	中古韻	上古聲母	上古韻部
366	昏	呼昆切	曉	魂（合口一等）	曉	文
	泯	武盡切	明	軫（開口三等）	明	真
	緡	武巾切	明	真（開口三等）	明	真
	崏	武巾切	明	真（開口三等）	明	真
	蒙	莫紅切	明	東（合口一等）	明	東
	岷	武巾切	明	真（開口三等）	明	真

上博二《容成氏》38："记（起）帀（師）㠯（以）伐昏（泯）山是（氏），取（娶）亓（其）兩女瑤（琰）、䈞（婉）。"昏，讀爲"泯"，《左傳》昭公十一年作"緡"，《韓非子·難斯》作"崏"，《楚辭·天問》作"蒙"，《竹書紀年》作"岷"。

頁碼	通假字	反切	中古聲母	中古韻	上古聲母	上古韻部
368	屯	朱閏切	章	稕（合口三等）	章	文
	旬	詳遵切	邪	諄（合口三等）	邪	真
	〈	姑泫切	見	銑（合口四等）	見	元
	甽	姑泫切	見	銑（合口四等）	見	元

上博藏二《子羔》8："采（由）者（諸）屯（甽）畮（畝）之中。"屯，"〈"之古文，篆文作"甽"。簡文又作"旬"，《容成氏》14："㠯（以）三從䍃（舜）於旬（甽）畮（畝）之中。"

頁碼	通假字	反切	中古聲母	中古韻	上古聲母	上古韻部
374	訢	許斤切	曉	欣（開口三等）	曉	文
	神	食鄰切	船	真（開口三等）	船	真

上博藏二《容成氏》1："訢（神）戎（農）是（氏）。"訢，讀爲"神"。

頁碼	通假字	反切	中古聲母	中古韻	上古聲母	上古韻部
374	訢	許斤切	曉	欣（開口三等）	曉	文
	塵	直珍切	澄	真（開口三等）	定	真
	塵	直珍切	澄	真（開口三等）	定	真

◆◇◆ 戰國楚簡帛韻部親疏關係研究

郭店簡《老子》甲27："和亓（其）光，迵（同）亓（其）斨（塵）。"斨，帛本甲作"壟"，乙、王本作"塵"。

頁碼	通假字	反切	中古聲母	中古韻	上古聲母	上古韻部
379	浚	私閏切	心	稕（合口三等）	心	文
	濬	私閏切	心	稕（合口三等）	心	真
	敻	許縣切	曉	霰（合口四等）	曉	真
	歠	以芮切	餘	祭（合口三等）	餘	月

上博藏三《周易·恆》28："初六：歠（浚）亙（恆），貞凶，亡（無）卣（攸）利。"歠，帛本作"敻"，今本作"浚"。釋文："鄭作濬。"

頁碼	通假字	反切	中古聲母	中古韻	上古聲母	上古韻部
379	訜	式忍切	書	軫（開口三等）	書	文
	歆	式忍切	書	軫（開口三等）	書	真
	吲	式忍切	書	軫（開口三等）	書	文
	哂	式忍切	書	軫（開口三等）	書	文

上博藏楚簡《相邦之道》4："贛（貢）曰：'虐（吾）子之含（答）也可（何）女（如）?'孔子曰："女（如）訜（哂）。"訜，同"哂"，《說文》作"歆"，亦作"吲"。《論語·先進》："夫子哂之。"哂，笑也。

頁碼	通假字	反切	中古聲母	中古韻	上古聲母	上古韻部
379	訜	式忍切	書	軫（開口三等）	書	文
	訊	息晉切	心	震（開口三等）	心	真

上博藏五《姑成家父》1："姑（苦）成家父事敕（屬）公，爲士官，行正（政）訜（迅）弲（強），目（以）見亞（惡）於敕（屬）公。"訜，"訊"之古文。

頁碼	通假字	反切	中古聲母	中古韻	上古聲母	上古韻部
354	粦	力珍切	來	真（開口三等）	來	真
	吝	良刃切	來	震（開口三等）	來	文

第八章　脂、質、真三部通假關係研究

續表

頁碼	通假字	反切	中古聲母	中古韻	上古聲母	上古韻部
354	閵	良刃切	來	震（開口三等）	來	真

九店簡 56—25："結日，俴（作）事不果，㠯（以）祭，哭（吝）。"哭，讀爲"吝"，睡虎地秦簡《日書》731 作"閵"，《周易·繫辭》："悔吝者，言乎其小疵也。"上博藏三《周易·蒙》1："六四：困尨（蒙），吝。"《咸》26："九晶（三）：欽（咸）亓（其）脊（脀），埶（執）丌（其）陸（墮），吝。"《姤》41："上九：敂（姤）丌（其）角，吝，亡（無）咎。"吝，今本同，帛本作"閵"。

頁碼	通假字	反切	中古聲母	中古韻	上古聲母	上古韻部
354	隣	力珍切	來	真（開口三等）	來	真
	隱	於謹切	影	隱（開口三等）	影	文
	㥯	——			來	文

上博藏一《詩論》1："䎽（詩）亡（無）隣（隱）志，樂亡（無）隣（隱）情，文亡（無）隣（隱）言。"隣，簡文又作"㥯"，讀爲"隱"。

頁碼	通假字	反切	中古聲母	中古韻	上古聲母	上古韻部
366	緡	武巾切	明	真（開口三等）	明	文
	緍	武巾切	明	真（開口三等）	明	真
	綸	力迍切	來	諄（合口三等）	來	文

郭店簡《緇衣》29："王言女（如）絲，亓（其）出女（如）緡（綸）。"上博藏一《緇衣》15："王言女（如）絲，亓（其）出女（如）緍（綸）。"緡，同"緍"，今本作"綸"。

頁碼	通假字	反切	中古聲母	中古韻	上古聲母	上古韻部
367	閏	如順切	日	稕（合口三等）	日	真
	門	莫奔切	明	魂（合口一等）	明	文

上博藏二《容成氏》38："立爲玉閏（門）。"閏，讀爲"門"。《太

— 327 —

平御覽》八十二引《竹書紀年》："桀傾宮,飾瑤臺,作瓊室,立玉門。"

頁碼	通假字	反切	中古聲母	中古韻	上古聲母	上古韻部
374	訒	時刃切	禪	震（開口三等）	禪	文
	訢	許斤切	曉	欣（開口三等）	曉	文
	慎	時刃切	禪	震（開口三等）	禪	真

上博藏一《詩論》28："《牆（牆）又（有）薺（茨）》訒（慎）窨（密）而不智（知）言。"上博藏四《曹沫之陳》48："不可不訒（慎）。"上博藏四《曹沫之陳》60下："□訒（慎）㠯（以）戒,如洒（將）弗克,毋冒㠯（以）迨（陷）,必迖（過）前攻。"訒,簡文又作"訢",讀為"慎"。郭店簡《五行》16："君子訒（慎）亓（其）蜀（獨）也。"訒,帛書《五行》184作"慎"。

頁碼	通假字	反切	中古聲母	中古韻	上古聲母	上古韻部
376	進	即刃切	精	震（開口三等）	精	真
	隼	思尹切	心	準（合口三等）	心	文
	誰	視佳切	禪	脂（合口三等）	禪	微
	推	他回切	透	灰（合口一等）	透	微

郭店簡《老子》甲4："天下樂進而弗詀（厭）。"進,帛書甲作"隼",乙作"誰",王本作"推"。

頁碼	通假字	反切	中古聲母	中古韻	上古聲母	上古韻部
377	㰦	失人切	書	真（開口三等）	書	真
	吞	吐根切	透	痕（開口一等）	透	文

上博藏二《子羔》11："遊於央（瑤）臺（臺）之上,又（有）嫢𥃦（銜）卵而階（措）者（諸）丌（其）前,取而㰦之。"㰦,讀為"吞"。

頁碼	通假字	反切	中古聲母	中古韻	上古聲母	上古韻部
380	建	則前切	精	先（合口四等）	精	真
	近	巨靳切	群	焮（開口三等）	群	文

第八章 脂、質、真三部通假關係研究

上博藏二《容成氏》19："是吕（以）建（近）者敓（悅）絑（治）而遠者自至。"建，讀爲"近"。

頁碼	通假字	反切	中古聲母	中古韻	上古聲母	上古韻部
382	恩	烏痕切	影	痕（開口一等）	影	真
	昷	烏渾切	影	魂（合口一等）	影	文
	温	烏渾切	影	魂（合口一等）	影	文

郭店簡《五行》13："惖（仁）之思也清，清則諽（察），諽（察）則安，安則恩（温），恩（温）則兑（説），兑（説）則臺（戚），臺（戚）則新（親）。"32："顔色忪（容）伀（貌）恩（温），叓（變）也。"恩，讀爲"昷"，帛書《五行》181、249作"温"。《説文》"昷，仁也"，段注："凡云温和、温柔、温暖，皆當作此字，温行而昷廢矣。"

頁碼	通假字	反切	中古聲母	中古韻	上古聲母	上古韻部
382	恩	烏痕切	影	痕（開口一等）	影	真
	愠	於問切	影	問（合口三等）	影	文

上博藏五《姑成家父》9："公恩（愠），無告，告弜（強）門大夫。"恩，讀爲"愠"，怒也。

2. 真—元

真部與元部共通假11組，已在第七章第三節"元—真"中列舉。

3. 真—耕

真部與耕部共通假11組，已在第六章第三節"耕—真"中列舉。

4. 真—東

真部與東部共通假4組，已在第四章第三節"東—真"中列舉。

5. 真—冬

真部與冬部共通假3組，已在第二章第三節"冬—真"中列舉。

6. 真—陽

真部與陽部共通假1組，已在第五章第三節"陽—真"中列舉。

第九章 微、物、文三部通假關係研究

第一節 微部

在本書的研究範圍內，微部通假共 226 組，其中同部通假 122 組，異部通假 104 組。在異部通假中，微部與陰聲韻共通假 47 組，與入聲韻共通假 29 組，與陽聲韻通假 28 組。

9.1 微部通假情況匯總表

通假類型			通假數量		
同部通假		微—微	122		
異部通假	陰聲韻	微—脂	18	47	226
		微—歌	15		
		微—之	6		
		微—支	5		
		微—魚	3		104
	入聲韻	微—物	18	29	
		微—月	6		
		微—緝	2		
		微—屋	2		

— 330 —

第九章　微、物、文三部通假關係研究

續表

通假類型			通假數量			
異部通假	陽聲韻	微—質	1	29	104	226
		微—文	12			
		微—元	6			
		微—東	4	28		
		微—真	3			
		微—耕	1			
		微—蒸	1			
		微—侵	1			

一　微部的同部通假

微部同部通假 122 組。

肥腓	纍累	纍藁	累藁	崀微	敳微	豈愷	凱愷	肥悲	悲翡
遺貴	褢懷	懷褢	懷壞	瀙淮	愳懷	飛騑	飛蜚	非匪	韋違	餽餲
韋闈	韋簞	韋韋	簞韋	韋回	緯幃	韙韋	委威	幃幃	逢貴	潰績
貴歸	畏威	愄畏	愄威	愄愄	愄威	禩畏	愳畏	磑嵬	回圍	皇毀
毀毀	肞毀	燬毀	虫虺	衣依	袞依	愁哀	恣哀	恣依	依哀	餡饑
幾機	幾鐵	脛腓	逢歸	歸歸	朢朱	朢郝	朱郝	纍蘊	壐靁	壐雷
靁雷	霝雷	靁壘	坎枚	唯惟	維唯	隹堆	雕推	推椎	鞱頷	鬼歸
視鬼	皐罪	希稀	銈塊	綏繼	綏綏	危委	剴豈	剴敳	皷豈	愷皷
皷凱	褢歸	儂懷	歸餲	遺餲	飛翡	非微	韋緄	韋諱	韋畏	禕緯
幾微	幾豈	幾凱	佳惟	佳唯	佳維	佳誰	佳雖	唯雖	唯椎	維椎
脽推	雕椎	裵衰	誰推	餲貴	餲歸	餲遺	貴餲	歸遺	逢餲	崀娓
敳娓										

二　微部的異部通假

微部異部通假 104 組。

— 331 —

◆◇◆ 戰國楚簡帛韻部親疏關係研究

（一）微部和其他陰聲韻通假

9.2　微部和其他陰聲韻通假數量表

	脂部	歌部	之部	支部	魚部	合計
微部	18	15	6	5	3	47

1. 微—脂

微部與脂部共通假 18 組，已在第八章第一節"脂—微"中列舉。

2. 微—歌

微部與歌部共通假 15 組，已在第七章第一節"歌—微"列舉。

3. 微—之

微部與之部共通假 6 組，已在第一章第一節"之—微"中列舉。

4. 微—支

微部與支部共通假 5 組，已在第六章第一節"支—微"中列舉。

5. 微—魚

微部與魚部共通假 3 組，已在第五章第一節"魚—微"中列舉。

（二）微部和入聲韻通假

9.3　微部和入聲韻通假數量表

	物部	月部	緝部	屋部	質部	合計
微部	18	6	2	2	1	29

1. 微—物

微部與物部共通假 18 組。

頁碼	通假字	反切	中古聲母	中古韻	上古聲母	上古韻部
258	胃	于貴切	匣	未（合口三等）	匣	物
	煨	烏恢切	影	灰（合口一等）	影	微
	喟	丘愧切	溪	至（合口三等）	溪	物

郭店簡《性自命出》26："羕（詠）思而斁（動）心，胃（喟）女（如）也。"煨，讀爲"喟"，字又作"胃"。

— 332 —

第九章 微、物、文三部通假關係研究

頁碼	通假字	反切	中古聲母	中古韻	上古聲母	上古韻部
259	虫	許偉切	曉	尾（合口三等）	曉	微
	蝟	于貴切	匣	未（合口三等）	匣	物
	虺	許偉切	曉	尾（合口三等）	曉	微

郭店簡《老子》甲33："蟲（蜂）蠆虫（虺）它（蛇）弗蠚（螫）。"虫，帛本乙同，甲作"蝟"，王本作"虺"。

頁碼	通假字	反切	中古聲母	中古韻	上古聲母	上古韻部
274	殨	胡對切	匣	隊（合口一等）	匣	微
	潰	胡對切	匣	隊（合口一等）	匣	物
	貴	居胃切	見	未（合口三等）	見	微

上博藏五《鮑叔牙與隰朋之諫》6："含（今）豎（豎）刁（刁）佖（匹）夫而欲智（知）蘁（萬）乗（乘）之邦而貴尹。元（其）為求（災）也深矣。惕（易）予（牙）人之與屠（煮）而飤（食）人，元（其）為不惡（仁）厚矣。"貴尹，或以為讀為"殨朘"或"潰朘"，指豎刁自宮之事。

頁碼	通假字	反切	中古聲母	中古韻	上古聲母	上古韻部
277	繸	徐醉切	邪	至（合口三等）	邪	物
	繼	徐醉切	邪	至（合口三等）	邪	物
	綏	息遺切	心	脂（合口三等）	心	微

信陽簡2—4："一乘良輈，二乘繸逗（？）輨。"信陽簡2—7："一繻緅衣，錦緅之夾，純蕙，組繸，弁纘。"信陽簡2—19："錦□□□□□之緣（繼），裯、若（席）皆緅裯，綿裏，劻□之緣（繼）。"緣，同"繼"，望山簡作"綏"。

頁碼	通假字	反切	中古聲母	中古韻	上古聲母	上古韻部
284	卒	臧沒切	精	沒（合口一等）	精	物
	衣	於希切	影	微（開口三等）	影	微

九店簡56—20："秌（利）㠯（以）折（製）卒（衣）裳（裳）。"仰

天湖簡2："中君之一綻卒（衣），緽（繢）純，紃（綺）縞之繡（綿）。"6："□馬之綻卒（衣），繪（錦）純繪（錦）繡（綿）。"39："□□之虡（甲）卒（衣）☐。"郭店簡《窮達以時》3："卲（皋）繇（陶）卒（衣）胎（枲）蓋（褐）。"上博藏一《詩論》10："《緣卒（衣）》之思。"上博藏二《從政》甲7："三折（制）：時（持）行、視上、卒（衣）飤（食）。"卒，歧讀爲"衣"。

頁碼	通假字	反切	中古聲母	中古韻	上古聲母	上古韻部
285	誶	蘇内切	心	隊（合口一等）	心	物
	祈	渠希切	群	微（開口三等）	群	微

上博藏一《詩論》9："《誶（祈）父》之責，亦又（有）㠯（以）也。"誶父，今《詩·小雅》篇名作"祈父"。

頁碼	通假字	反切	中古聲母	中古韻	上古聲母	上古韻部
285	崒	子聿切	精	術（合口三等）	精	物
	依	於希切	影	微（開口三等）	影	微

上博藏四《内豊》8："君子曰：考（孝）子，父母又（有）疾，冕（冠）不介，行不頌，不崒（依）立，不庶語。時昧，𢓊（功）、縈（縈）、行、祝於五祀。"崒，歧讀爲"依"。

頁碼	通假字	反切	中古聲母	中古韻	上古聲母	上古韻部
255	非	甫微切	幫	微（合口三等）	幫	微
	匪	府尾切	幫	尾（合口三等）	幫	微
	弗	分勿切	幫	物（合口三等）	幫	物

郭店簡《緇衣》7："非亓（其）止之，共唯王恭。"今本《詩·小雅·巧言》作"匪其止共，惟王之卬"。26："非甬（用）䚔。"今本《緇衣》作"苗民匪用命"。今本《尚書·呂刑》作"苗民弗用靈"。

— 334 —

第九章　微、物、文三部通假關係研究

頁碼	通假字	反切	中古聲母	中古韻	上古聲母	上古韻部
274	繢	胡對切	匣	隊（合口一等）	匣	微
	潰	胡對切	匣	隊（合口一等）	匣	微
	類	力遂切	來	至（合口三等）	來	物
	纇	盧對切	來	隊（合口一等）	來	物

郭店簡《老子》乙 10："是㠯（以）建言又（有）之：明道女（如）孛（費），迡（遲）道女（如）繢（潰），〔進〕道若退。"繢，讀爲"潰"，謂比及於道者，尚未能行於道之中，時潰其道而旁逸也。其字帛本乙作"類"，王本作"纇"。

頁碼	通假字	反切	中古聲母	中古韻	上古聲母	上古韻部
275	椎	直追切	澄	脂（合口三等）	定	微
	墜	直類切	澄	至（合口三等）	定	物

上博藏三《彭祖》4："既只（跂）於天，或（又）椎（墜）於淵。"椎，讀爲"墜"。

2. 微—月

微部與月部共通假 6 組，已在第七章第二節"月—微"部分列舉。

3. 微—緝

微部與緝部共通假 2 組。

頁碼	通假字	反切	中古聲母	中古韻	上古聲母	上古韻部
043	偮	側立切	莊	緝（開口三等）	莊	緝
	緝	七入切	清	緝（開口三等）	清	緝
	幾	居依切	見	微（開口三等）	見	微

郭店簡《緇衣》34："於偮（緝）逗（熙）敬耑（止）。"偮，今本作"緝"，上博藏一《緇衣》17 作"幾"。

4. 微—屋

微部與屋部共通假 2 組，已在第四章第二節"屋—微"中列舉。

5. 微—質

微部與質部共通假 1 組,已在第八章第二節"質—微"中列舉。

(三)微部和陽聲韻通假

9.4 微部和陽聲韻通假數量表

	文部	元部	東部	真部	耕部	蒸部	侵部	合計
微部	12	6	4	3	1	1	1	28

1. 微—文

微部與文部共通假 12 組。

頁碼	通假字	反切	中古聲母	中古韻	上古聲母	上古韻部
275	腪	徒渾切	定	魂(合口一等)	定	文
	脽	視佳切	禪	脂(合口三等)	禪	微
	推	他回切	透	灰(合口一等)	透	微

上博藏四《昭王與龔之脽》5、6:"卲(昭)王迡(適)逃(珧)珤(寶),龏(龔)之脽(推)䮃(馭)王。"7、8:"龏(龔)之脽(推)被(披)之,亓(其)袣(襟)見,䍐(往)逃(珧)珤(寶)。王命龏(龔)之脽(推)毋見。"腪,同"脽",讀爲"推",古有介之推,顏之推等人名。

頁碼	通假字	反切	中古聲母	中古韻	上古聲母	上古韻部
358	尹	余準切	餘	準(合口三等)	餘	文
	朘	臧回切	精	灰(合口一等)	精	微

上博藏五《鮑叔牙與隰朋之諫》6:"含(今)룋(豎)迊(刁)怭(匹)夫而欲智(知)萬(萬)䢃(乘)之邦而貴尹。亓(其)爲忒(災)也深矣。惕(易)舀(牙)人之與者(煮)而飤(食)人,亓(其)爲不悬(仁)厚矣。"貴尹,或以爲讀爲"殰朘"或"潰朘",指豎刁自宮之事。

第九章　微、物、文三部通假關係研究

頁碼	通假字	反切	中古聲母	中古韻	上古聲母	上古韻部
362	縳	祖昆切	精	魂（合口一等）	精	文
	褌	許韋切	曉	微（開口三等）	曉	微
	綪	——			昌	文

仰天湖簡 2："中君之一綎卒（衣），緷（繢）純，絅（綺）縞之綪（縳）。"6："□馬之綎卒（衣），絵（錦）純，絵（錦）綪（縳）。"綪，讀爲"縳"，《說文》"縳，薉貉中女子無絝，以帛爲脛空，用絮補核，名曰縳衣，狀如襜褕。"《史記·司馬相如傳》："相如身自著犢鼻褌。"褌亦下裙也。

頁碼	通假字	反切	中古聲母	中古韻	上古聲母	上古韻部
368	川	昌緣切	昌	仙（合口三等）	昌	文
	水	式軌切	書	旨（合口三等）	書	微

郭店簡《老子》甲 8："夜（豫）唐（乎）奴（如）冬涉川。"川，王本同。帛本甲殘，乙作"水"，乃異文。

頁碼	通假字	反切	中古聲母	中古韻	上古聲母	上古韻部
376	隼	思尹切	心	準（合口三等）	心	文
	誰	視佳切	禪	脂（合口三等）	禪	微
	推	他回切	透	灰（合口一等）	透	微
	進	即刃切	精	震（開口三等）	精	真

郭店簡《老子》甲 4："天下樂進而弗詀（厭）。"進，帛書甲作"隼"，乙作"誰"，王本作"推"。

頁碼	通假字	反切	中古聲母	中古韻	上古聲母	上古韻部
256	湋	于鬼切	匣	尾（合口三等）	匣	微
	混	胡本切	匣	混（合口一等）	匣	文
	渾	胡本切	匣	混（合口一等）	匣	文

上博藏二《容成氏》1："湋（混）丨（沌）是（氏）。"湋，讀爲"混"，

— 337 —

字又作"渾"。混沌氏，傳說時代帝王。

頁碼	通假字	反切	中古聲母	中古韻	上古聲母	上古韻部
275	隹	都回切	端	灰（合口一等）	端	微
	堆	都回切	端	灰（合口一等）	端	微
	隼	思尹切	心	準（合口三等）	心	文

望山簡二 13："隹翼（旌），白市，韗（翡）翠（翠）之首。"隹，同"堆"，讀爲"隼"。

2. 微—元

微部與元部共通假 6 組，已在第七章第三節"元—微"中列舉。

3. 微—東

微部與東部共通假 4 組，已在第四章第三節"東—微"中列舉。

4. 微—真

微部與真部共通假 3 組，已在第八章第三節"真—微"中列舉。

5. 微—耕

微部與耕部共通假 1 組，已在第六章第三節"耕—微"中列舉。

6. 微—蒸

微部與蒸部共通假 1 組，已在第一章第三節"蒸—微"中列舉。

7. 微—侵

微部與侵部共通假 1 組。

頁碼	通假字	反切	中古聲母	中古韻	上古聲母	上古韻部
041	厽	力委切	來	紙（合口三等）	來	微
	參	所今切	山	侵（開口三等）	山	侵

包山簡 12："子左尹命漾陵宮（邑）大夫詳（察）郚室人某（梅）瘇之典之在漾陵之厽（參）鈴。漾陵大宮（邑）痰、大駐尹市（師）、鄒（磅）公丁、士市（師）墨、士市（師）鄡慶吉啓漾陵之厽（參）鈴而才（在）之，某（梅）瘇才（在）漾陵之厽（參）鈴，閱（間）御之典匱。"郭店

簡《性自命出》15："衒（道）四述（術），唯人衒（道）爲可衒（道）也。亓（其）厽（三）述（術）者，衒（道）之而已。"《六德》44："凡君子所呂（以）立身大瀍（法）厽（三）。"45："厽（三）者迵（通），言行皆迵（通）；厽（三）者不迵（通），非言行也。"上博藏二《子羔》13："厽（三）王者之乍（作）也女（如）是。"厽，"參"之省形，今隸作"參"，讀爲"三"。簡文又作"晶"。厽鈢，三辨璽，即三合璽。上博藏一《緇衣》7："毚（禹）立厽（三）年。"厽，郭店簡《緇衣》12、今本作"三"。

第二節　物部

在本書的研究範圍內，物部通假共170組，其中同部通假84組，異部通假86組。在異部通假中，物部與陰聲韻共通假46組，與入聲韻共通假30組，與陽聲韻通假10組。

9.5　物部通假情況匯總表

通假類型				通假數量		
同部通假		物—物		84		
異部通假	陰聲韻	物—微	18	46	86	170
		物—幽	11			
		物—之	8			
		物—脂	3			
		物—魚	3			
		物—歌	2			
		物—侯	1			
	入聲韻	物—月	19	30		

續表

通假類型			通假數量		
異部通假	入聲韻	物—屋	3	30	170
		物—覺	3		
		物—質	3		
		物—緝	1		
		物—錫	1		
	陽聲韻	物—東	3	10	
		物—元	2		
		物—文	2		
		物—陽	2		
		物—蒸	1		

一　物部的同部通假

物部同部通假 84 組。

勿物　未味　寪寐　寪昧　妹寐　胃謂　菁謂　矞獝　気熂　気氣　濕洇
熂氣　熂妎　熂鰁　熂熂　熂气　妎鰁　妎气　妎氣　熂熂　鰁熂　鰁氣
熂气　熂氣　气氣　慦愛　慦僾　刉刏　臮既　悊愛　螁愛　類顡　㕁緣
緣繼　潒遂　翠翠　鼻翠　翠翠　屈詘　述術　釆卒　衛率　衛率　衛蟀
衛帥　弗弼　第第　㝱沒　膌骨　㭿弗　孛曹　罪峎　顡述　拂咈　弗咈
孛費　孛昧　曹費　曹昧　費昧　顡律　气汔　既氣　㮳暨　慦氣　顡類
詘紬　屈漚　漚詘　朮繼　述遂　炊燧　嘒萃　第弗　第弗　聿律　緋緋
㭿拂　㭿咈　拂弗　㭿拂　骨褐　㐌拙　昧沫

二　物部的異部通假

物部異部通假 86 組。

第九章 微、物、文三部通假關係研究

（一）物部和陰聲韻通假

9.6 物部和陰聲韻通假數量表

	微部	幽部	之部	脂部	魚部	歌部	侯部	合計
物部	18	11	8	3	3	2	1	46

1. 物—微

物部與微部共通假 18 組，已在第九章第一節"微—物"中列舉。

2. 物—幽

物部與幽部共通假 11 組，已在第二章第一節"幽—物"中列舉。

3. 物—之

物部與之部共通假 8 組，已在第一章第一節"之—物"中列舉。

4. 物—脂

物部與脂部共通假 3 組，已在第八章第一節"脂—物"中列舉。

5. 物—魚

物部與魚部共通假 3 組，已在第五章第一節"魚—物"中列舉。

6. 物—歌

物部與歌部共通假 2 組，已在第七章第一節"歌—物"中列舉。

7. 物—侯

物部與侯部共通假 1 組，已在第四章第一節"侯—物"中列舉。

（二）物部和其他入聲韻通假

9.7 物部和其他入聲韻通假數量表

	月部	屋部	覺部	質部	緝部	錫部	合計
物部	19	3	3	3	1	1	30

1. 物—月

物部與月部共通假 19 組，已在第七章第二節"月—物"中列舉。

2. 物—屋

物部與屋部共通假 3 組，已在第四章第二節"屋—物"中列舉。

3. 物—覺

物部與覺部共通假 3 組，已在第二章第二節 "覺—物" 中列舉。

4. 物—質

物部與質部共通假 3 組，已在第八章第二節 "質—物" 中列舉。

5. 物—緝

物部與緝部共通假 1 組。

頁碼	通假字	反切	中古聲母	中古韻	上古聲母	上古韻部
195	摯	脂利切	章	至（開口三等）	章	緝
	距	其呂切	群	語（開口三等）	群	魚
	歫	巨勿切	群	物（合口三等）	群	物

包山簡 153："〔晉（箳）蓙〕之田，南與郊君歫疆，東與薩君歫疆，北與鄝昜歫疆，西與鄀君歫疆。"歫，讀爲 "距"，簡文 154 作 "摯"。簡文四歫謂土地四至之所抵，歫疆猶今言接壤。

6. 物—錫

物部與錫部共通假 1 組，已在第六章第二節 "錫—物" 中列舉。

（三）物部和陽聲韻通假

9.8　物部和陽聲韻通假數量表

	東部	元部	文部	陽部	蒸部	合計
物部	3	2	2	2	1	10

1. 物—東

物部與東部共通假 3 組，已在第四章第三節 "東—物" 中列舉。

2. 物—元

物部與元部共通假 2 組，已在第七章第三節 "元—物" 中列舉。

3. 物—文

物部與文部共通假 2 組。

第九章　微、物、文三部通假關係研究

頁碼	通假字	反切	中古聲母	中古韻	上古聲母	上古韻部
285	誶	蘇内切	心	隊（合口一等）	心	物
	祈	渠希切	群	微（開口三等）	群	文

上博藏一《詩論》9："《誶（祈）父》之責，亦又（有）吕（以）也。"誶父，今《詩·小雅》篇名作"祈父"。

通假字	反切	中古聲母	中古韻	上古聲母	上古韻部
吝	良刃切	來	震（開口三等）	來	文
類	力遂切	來	至（合口三等）	來	物

上博藏二《容成氏》52："武王于是乎素冠弁以造吝（类）于天。"[1]

4. 物—陽

物部與陽部共通假 2 組，已在第五章第三節"陽—物"中列舉。

5. 物—蒸

物部與蒸部共通假 1 組，已在第一章第三節"蒸—物"中列舉。

第三節　文部

在本書的研究範圍内，文部通假共 325 組，其中同部通假 196 組，異部通假 129 組。在異部通假中，文部與陰聲韻共通假 31 組，與入聲韻共通假 16 組，與陽聲韻通假 82 組。

---

[1] 陳劍《上博楚簡〈容成氏〉與古史傳說》認爲"'類''吝'兩字上古音爲來母雙聲、韻部物文陽入對轉，中古又都是合口三等字，其可以相通從音理看沒有問題。"本書按此定"吝"與"類"通假。

— 343 —

9.9 文部通假情況匯總表

通假類型			通假數量		
同部通假		文—文	196		
異部通假	陰聲韻	文—微	12	31	325
		文—幽	8		
		文—之	7		
		文—脂	4		
	入聲韻	文—月	10	16	
		文—職	2		
		文—物	2		
		文—鐸	1		
		文—屋	1		
	陽聲韻	文—真	36	82	129
		文—元	26		
		文—冬	5		
		文—耕	5		
		文—陽	4		
		文—蒸	2		
		文—東	2		
		文—侵	2		

一　文部的同部通假

文部同部通假 196 組。

蚰昆　混渾　遜遂　遜遁　遂遯　文旻　閔惽　鵾鶤　焚贲　敘粉　貧豳
繽紛　奮奮　奮慉　慉奮　璊纁　雲員　雲祘　雲芸　祘芸　圂圓　邧鄖
昷溫　圓叵　允身　身尹　輴軘　臾臾　營殷　營營　忞隱　肎尹　羣羣
斤謹　𠀉近　惥忻　薦巾　董勤　鞻靳　縫巾　董筋　懂謹　懂懃　謹懃
診軫　振震　屯敦　郵佗　萅春　旹春　唇晨　唇辰　昬辰　晨辰　漳淳

第九章　微、物、文三部通假關係研究

惇惇	卷尊	隕隕	隮尊	孫遜	愻孫	愻遜	盝本	靷聲	聲靷	盾楯
侖倫	侖論	綸倫	輪綸	昆縄	縄輥	縄緄	昆輥	昆緄	輥緄	昷輼
熅輼	員耘	耘芸	敗損	昏閽	昏閽	昏婚	閽閣	閽婚	閣婚	昏昬
惛惛	惛昏	惛昏	聞聞	聞問	聞門	聲聞	牪奔	犇奔	奫餴	奫餴
饋餴	艮根	艮謹	根謹	謦報	先祧	訓愳	員圓	員芸	員衴	圓雲
圓芸	圓衴	員惲	員損	丨沌	順愳	訓順	蚰混	昆混	吝文	焚紛
紛分	紛斂	紛貧	紛幽	紛粉	斂繽	斂貧	斂幽	繽貧	繽幽	繽粉
貧粉	幽粉	朌畚	芬獖	悃昏	昏問	昏聞	餌昏	身夋	枕輴	枕輔
君郡	羣允	羣允	麋困	近忻	悐近	堇根	堇艱	塤隕	堇限	瘫韄
堇謹	懂巾	勲勤	屯純	屯沌	沌敦	邨頓	佂頓	地混	訢祈	苊菩
屑宸	蜃振	振辰	誫脈	誫臀	脈臀	屑脣	臯敦	埻惇	穌盝	穌本
刃恩	刎恩	釰刃	紛聲	盾幩	幩楯	紃軔	展殿	盝穌	艮狠	根狠
狠謹	川順	川忍	忍順	緇昏	笋尹	忻祈	忻沂	先选		

二　文部的異部通假

文部異部通假129組。

（一）文部和陰聲韻通假

9.10　文部和陰聲韻通假數量表

	微部	幽部	之部	脂部	合計
文部	12	8	7	4	31

1. 文—微

文部與微部共通假12組，已在第九章第一節"微—文"中列舉。

2. 文—幽

文部與幽部共通假8組，已在第二章第一節"幽—文"中列舉。

3. 文—之

文部與之部共通假7組，已在第一章第一節"之—文"中列舉。

4. 文—脂

文部與脂部共通假 4 組,已在第八章第一節"脂—文"中列舉。

(二)文部和入聲韻通假

9.11　文部和入聲韻通假數量表

	月部	職部	物部	鐸部	屋部	合計
文部	10	2	2	1	1	16

1. 文—月

文部與月部共通假 10 組,已在第七章第二節"月—文"中列舉。

2. 文—職

文部與職部共通假 2 組,已在第一章第二節"職—文"中列舉。

3. 文—物

文部與物部共通假 2 組,已在第九章第二節"物—文"中列舉。

4. 文—鐸

文部與鐸部共通假 1 組,已在第五章第二節"鐸—文"中列舉。

5. 文—屋

文部與屋部共通假 1 組,已在第四章第二節"屋—文"中列舉。

(三)文部和其他陽聲韻通假

9.12　文部和其他陽聲韻通假數量表

	真部	元部	冬部	耕部	陽部	蒸部	東部	侵部	合計
文部	36	26	5	5	4	2	2	2	82

1. 文—真

文部與真部共通假 36 組,已在第八章第三節"真—文"中列舉。

2. 文—元

文部與元部共通假 26 組,已在第七章第三節"元—文"中列舉。

3. 文—冬

文部與冬部共通假 5 組,已在第二章第三節"冬—文"中列舉。

第九章　微、物、文三部通假關係研究

4. 文—耕

文部與耕部共通假 5 組,已在第六章第三節"耕—文"中列舉。

5. 文—陽

文部與陽部共通假 4 組,已在第五章第三節"陽—文"中列舉。

6. 文—蒸

文部與蒸部共通假 2 組,已在第一章第三節"蒸—文"中列舉。

7. 文—東

文部與東部共通假 2 組,已在第四章第三節"東—文"中列舉。

8. 文—侵

文部與侵部共通假 2 組。

頁碼	通假字	反切	中古聲母	中古韻	上古聲母	上古韻部
360	堇	居隱切	見	隱（開口三等）	見	文
	淫	餘針切	餘	侵（開口三等）	餘	侵

上博藏二《容成氏》45："尃（溥）亦（夜）吕（以）爲堇（淫）。"堇,讀爲"淫"。

頁碼	通假字	反切	中古聲母	中古韻	上古聲母	上古韻部
014	箜	古送切	見	宋（合口一等）	見	侵
	筍	思尹切	心	準（合口三等）	心	文

包山簡 257："飤（食）室所㠯（以）飤（合?）筍：豖（豕）脊（脯）二筍,脩二筍,燹（烝）豬一筍,炱（炙）豬一筍,蜜（蜜）飴（酏）二筍,白飴（酏）二筍,爓（熬）鷄一筍,炱（炙）鷄一筍,爓（熬）魚二筍,栗二筍。"仰天湖簡 3："鐮（棗）筍一十二筍,皆又（有）繪（錦）縫（巾）。"信陽簡 2—6："筍四十又（有）四,少（小）筍十又（有）二,四糗筍,縫二豆筍,二笑（脯）筍。"筍,讀爲"箜",或謂讀爲"歆",出土實物爲竹笥。

第十章 緝、侵兩部通假關係研究

第一節 緝部

在本書的研究範圍內，緝部通假共 72 組，其中同部通假 38 組，異部通假 35 組。在異部通假中，緝部與陰聲韻共通假 9 組，與入聲韻共通假 19 組，與陽聲韻通假 7 組。

10.1 緝部通假情況匯總表

通假類型			通假數量		
同部通假		緝─緝	37		
異部通假	陰聲韻	緝─之	2	9	35	72
		緝─微	2			
		緝─脂	1			
		緝─幽	1			
		緝─宵	1			
		緝─歌	1			
		緝─魚	1			
	入聲韻	緝─月	7	19		
		緝─葉	6			

— 348 —

續表

通假類型			通假數量		
異部通假	入聲韻	緝—職	4	19	72
		緝—質	1		
		緝—物	1		
	陽聲韻	緝—元	2	7	
		緝—談	2		
		緝—東	2		
		緝—陽	1		
				35	

一 緝部的同部通假

緝部同部通假 37 組。

集寁 寁雜 葉集 氎襋 氎雜 襋雜 貪合 淫濕 陸隰 級急 級汲 級伋 汲伋 返及 坴及 坴汲 立涖 內納 內入 立位 泣位 涖位 立泣 泣涖 汲泣 皀揖 皀茸 皀輯 茸輯 偮緝 級隰 汲隰 伋隰 返急 倉合 倉答 答合

二 緝部的異部通假

緝部異部通假 35 組。

（一）緝部和陰聲韻通假

10.2 緝部和陰聲韻通假數量表

	之部	微部	脂部	幽部	宵部	歌部	魚部	合計
緝部	2	2	1	1	1	1	1	9

1. 緝—之

緝部與之部共通假 2 組，已在第一章第一節"之—緝"中列舉。

2. 緝—微

緝部與微部共通假 2 組，已在第九章第一節"微—緝"中列舉。

3. 緝—脂

緝部與脂部共通假 1 組，已在第八章第一節 "脂—緝" 中列舉。

4. 緝—幽

緝部與幽部共通假 1 組，已在第二章第一節 "幽—緝" 中列舉。

5. 緝—宵

緝部與宵部共通假 1 組，已在第三章第一節 "宵—緝" 中列舉。

6. 緝—歌

緝部與歌部共通假 1 組，已在第七章第一節 "歌—緝" 中列舉。

7. 緝—魚

緝部與魚部共通假 1 組，已在第五章第一節 "魚—緝" 中列舉。

（二）緝部和其他入聲韻通假

10.3　緝部和其他入聲韻通假數量表

	月部	葉部	職部	質部	物部	合計
緝部	7	6	4	1	1	19

1. 緝—月

緝部與月部共通假 7 組，已在第七章第二節 "月—緝" 中列舉。

2. 緝—葉

緝部與葉部共通假 6 組。

頁碼	通假字	反切	中古聲母	中古韻	上古聲母	上古韻部
056	夾	古洽切	見	洽（開口二等）	見	葉
	袷	侯夾切	匣	洽（開口二等）	匣	緝
	裌	古洽切	見	洽（開口二等）	見	葉

信陽簡 2—7："一繡緅衣，錦緅之夾，純薏，組緣，弁纊。" 夾，讀爲 "袷"，《說文》："袷，衣無絮，從衣合聲。" 異體作 "裌"。

頁碼	通假字	反切	中古聲母	中古韻	上古聲母	上古韻部
045	跙	陟良切	知	陽（開口三等）	端	陽

第十章　緝、侵兩部通假關係研究

續表

頁碼	通假字	反切	中古聲母	中古韻	上古聲母	上古韻部
045	接	即葉切	精	葉（開口三等）	精	葉
	埶	脂利切	章	至（開口三等）	章	緝

包山簡154："王所舍新大厩（以）晉（箮）蓙之田，南與郲君埶疆，東與茨君埶疆，北與鄝昜埶疆，西與鄙君埶疆。"埶，簡153作"𨛳"。執、接音近義通。《詩》"執競武王"，箋："持也。"《廣雅·釋詁三》："接，持也。"從執得聲之"瓡"字又作"跲"。知執疆即接疆，猶言接壤。

頁碼	通假字	反切	中古聲母	中古韻	上古聲母	上古韻部
045	軑	質入切	章	緝（開口三等）	章	緝
	箑	山洽切	山	洽（開口二等）	山	葉

上博藏四《柬大王泊旱》15："梪（相）厇、中佘（舍）與五連少（小）子及龍（寵）臣皆逗，母（毋）敢埶（執）篡（藻）軑（箑）。"軑，讀爲"箑"，"篡箑"即"藻箑"，五彩扇，爲翳日也。

頁碼	通假字	反切	中古聲母	中古韻	上古聲母	上古韻部
054	囚	女洽切	泥	洽（開口二等）	泥	緝
	攝	書涉切	書	葉（開口三等）	書	葉
	奧	力延切	來	仙（開口三等）	來	元

上博藏一《緇衣》23："𡈾（朋）洛（友）卣（攸）囚（攝），囚（攝）㠯（以）威義（儀）。"

頁碼	通假字	反切	中古聲母	中古韻	上古聲母	上古韻部
300	柕	古沓切	見	合（開口一等）	見	緝
	柙	胡甲切	匣	狎（開口二等）	匣	葉
	檜	古外切	見	泰（合口一等）	見	月

仰天湖簡20："黃邗（中）之矢八，又（有）檜（栝）。"檜，讀爲"柕"

— 351 —

或"柙",《說文》:"柙,劍柙也"。《廣雅·釋詁》"柗,劍削也",王念孫疏證:"柙亦柗也。《玉篇》引《莊子·刻意篇》'有干越之劍者,柙而藏之',今本作'押'。"或以爲讀爲"栝"。《集韻》:"栝,一曰矢栝,築弦處。"

3. 緝—職

緝部與職部共通假 4 組,已在第一章第二節"職—緝"中列舉。

4. 緝—質

緝部與質部共通假 1 組,已在第八章第二節"質—緝"中列舉。

5. 緝—物

緝部與物部共通假 1 組,已在第九章第二節"物—緝"中列舉。

(三)緝部和陽聲韻通假

10.4 緝部和陽聲韻通假數量表

	元部	談部	東部	陽部	合計
緝部	2	2	2	1	7

1. 緝—元

緝部與元部共通假 2 組,已在第七章第三節"元—緝"中列舉。

2. 緝—談

緝部與談部共通假 2 組。

頁碼	通假字	反切	中古聲母	中古韻	上古聲母	上古韻部
007	纏	—				東
	襲	似入切	邪	緝(開口三等)	邪	緝
	憲	盧東切	來	東(合口一等)	來	東
	淡	徒敢切	定	談(開口一等)	定	談
	憺	徒敢切	定	談(開口一等)	定	談

郭店簡《老子》丙7:"兵者,〔非君子之器,不〕得已而甬(用)之,銛纏爲上,弗娓(美)也。敦(美)之,是樂殺人。"纏,帛本甲作"襲",

— 352 —

乙作"慸"，王本作"淡"，傅奕本作"憺"。傅本不同。

3. 緝—東

緝部與東部共通假 2 組，已在第四章第三節 "東—緝" 中列舉。

4. 緝—陽

緝部與陽部共通假 1 組，已在第五章第三節 "陽—緝" 中列舉。

第二節 侵部

在本書的研究範圍內，侵部通假共 95 組，其中同部通假 62 組，異部通假 33 組。在異部通假中，侵部與陰聲韻共通假 5 組，與入聲韻共通假 2 組，與陽聲韻通假 26 組。

10.5 侵部通假情況匯總表

通假類型			通假數量		
同部通假		侵—侵	62		
異部通假	陰聲韻	侵—脂	2	5	33	95
		侵—歌	1		
		侵—魚	1		
		侵—微	1		
	入聲韻	侵—職	1	2	
		侵—錫	1		
	陽聲韻	侵—談	8	26	
		侵—蒸	6		
		侵—耕	5		
		侵—元	2		
		侵—冬	2		

續表

通假類型				通假數量		
異部通假	陽聲韻	侵—文	2	26	33	95
		侵—陽	1			

一 侵部的同部通假

侵部同部通假62組。

渰濈 戡侵 濈浸 渰浸 㱃痡 㱃寢 痡寢 癋寢 湛沈 篸篸 晉潛
楷枕 湛沉 念念 賠貪 含禽 肎禽 會陰 會鄰 鄰陰 會飲 歆飲
歆歆 歆飲 唅諴 暗瘖 袨襟 悇錦 咨林 臨斅 曑參 叄三 緎鍼
箴鍼 審湛 渰憎 戡浸 晉憎 湛沈 沈沉 戡甚 貢任 含今 念貪
貪忥 怠含 沈耽 貪含 會含 欽咸 欽禁 淦陰 唅暗 唅瘖 諴暗
諴瘖 綅錦 曑三 參叄 參三 緎箴 邻黔

二 侵部的異部通假

侵部異部通假33組。

（一）侵部和陰聲韻通假

10.6 侵部和陰聲韻通假數量表

	脂部	歌部	魚部	微部	合計
侵部	2	1	1	1	5

1. 侵—脂

侵部與脂部共通假2組，已在第八章第一節"脂—侵"中列舉。

2. 侵—歌

侵部與歌部共通假1組，已在第七章第一節"歌—侵"中列舉。

3. 侵—魚

侵部與魚部共通假1組，已在第五章第一節"魚—侵"中列舉。

4. 侵—微

侵部與微部共通假 1 組，已在第九章第一節 "微—侵" 中列舉。

（二）侵部和入聲韻通假

10.7　侵部和入聲韻通假數量表

	職部	錫部	合計
侵部	1	1	2

1. 侵—職

侵部與職部共通假 1 組，已在第一章第二節 "職—侵" 中列舉。

2. 侵—錫

侵部與錫部共通假 1 組，已在第六章第二節 "錫—侵" 中列舉。

（三）侵部和其他陽聲韻通假

10.8　侵部和其他陽聲韻通假數量表

	談部	蒸部	耕部	元部	冬部	文部	陽部	合計
侵部	8	6	5	2	2	2	1	26

1. 侵—談

侵部與談部共通假 8 組。

頁碼	通假字	反切	中古聲母	中古韻	上古聲母	上古韻部
035	詹	職廉切	章	鹽（開口三等）	章	談
	沈	式任切	書	寢（開口三等）	書	侵
	酖	——			透	侵

上博藏六《莊王既成》1："戒（莊）王既成亡（無）鐸（射），曰（以）昏（問）酖（沈）尹子桱（莖）。" 2："酖（沈）尹固訋（辭），王固昏（問），酖（沈）尹桱（莖）貪（答）。" 璽彙0001："王右酖（沈）鈢。" 上海博物館藏徐酓尹鉦："徐酓尹者故自作征（鉦）城（鍼）。" 酖，讀爲 "詹"。"詹尹"，屈原《卜居》："屈原既放，……往見太卜鄭詹尹曰：余有所疑，

原因先生決之。詹尹乃端策拂龜。"此與天星觀卜筮簡"酷尹"爲墓主卜問於神相合。

頁碼	通假字	反切	中古聲母	中古韻	上古聲母	上古韻部
048	僉	七廉切	清	鹽（開口三等）	清	談
	憯	七感切	清	感（開口一等）	清	侵

郭店簡《老子》甲 5："咎莫僉（憯）唇（乎）谷（欲）得。"僉，讀爲"憯"，帛本甲、乙作"憯"。王本作"大"，乃異文。

頁碼	通假字	反切	中古聲母	中古韻	上古聲母	上古韻部
242	讒	士咸切	崇	咸（開口二等）	崇	談
	簪	作含切	精	覃（開口一等）	精	侵
	螫	施隻切	書	昔（開口三等）	書	錫

上博藏三《周易·豫》14："九四：猷余（豫），大又（有）得。母（毋）疑（疑），塱（朋）欰（盍）螫（簪）。"螫，帛本作"讒"，今本作"簪"。

頁碼	通假字	反切	中古聲母	中古韻	上古聲母	上古韻部
034	晋	昨鹽切	從	鹽（開口三等）	從	侵
	琰	以冉切	餘	琰（開口三等）	餘	談

上博二《容成氏》38："𧺺（起）帀（師）吕（以）伐昏（湣）山是（氏），取（娶）亓（其）兩女晋（琰）、刜（婉）。"晋，《竹書紀年》作"琰"。

頁碼	通假字	反切	中古聲母	中古韻	上古聲母	上古韻部
049	砧	知林切	知	侵（開口三等）	端	侵
	玷	多忝切	端	忝（開口四等）	端	談

郭店簡《緇衣》35："白珪（圭）之石〈砧〉，尚可替（磨）也。此言之砧（玷），不可爲也。"砧，上博藏一《緇衣》18同，今本作"玷"。

頁碼	通假字	反切	中古聲母	中古韻	上古聲母	上古韻部
053	甈	苦感切	溪	感（開口一等）	溪	侵
	陷	户韽切	匣	陷（開口二等）	匣	談
	窞	徒感切	定	感（開口一等）	定	談

九店簡 56—16："甈於申。"19："甈於亥。"14 下："凡甈日，不秎（利）㠯（以）□□，不秎（利）㠯（以）爲張罔（網）。"甈，《日書》日值名，睡虎地秦簡《日書》734 作"陷"，900 作"窞"。

2. 侵—蒸

侵部與蒸部共通假 6 組，已在第一章第三節"蒸—侵"中列舉。

3. 侵—耕

侵部與耕部共通假 5 組，已在第六章第三節"耕—侵"中列舉。

4. 侵—元

侵部與元部共通假 2 組，已在第七章第三節"元—侵"中列舉。

5. 侵—冬

侵部與冬部共通假 2 組，已在第二章第三節"冬—侵"中列舉。

6. 侵—文

侵部與文部共通假 2 組，已在第九章第三節"文—侵"中列舉。

7. 侵—陽

侵部與陽部共通假 1 組，已在第五章第三節"陽—侵"中列舉。

第十一章　葉、談兩部通假關係研究

第一節　葉部

在本書的研究範圍內，葉部通假共 63 組，其中同部通假 25 組，異部通假 38 組。在異部通假中，葉部與陰聲韻共通假 4 組，與入聲韻共通假 26 組，與陽聲韻通假 8 組。

11.1　葉部通假情況匯總表

通假類型			通假數量		
同部通假		葉—葉	25		
異部通假	陰聲韻	葉—幽	1	4	63
		葉—之	1		
		葉—歌	1		
		葉—魚	1		
	入聲韻	葉—月	18	26	38
		葉—緝	6		
		葉—鐸	1		
		葉—屋	1		
	陽聲韻	葉—元	4	8	
		葉—真	1		

— 358 —

第十一章 葉、談兩部通假關係研究

續表

通假類型			通假數量		
異部通假	陽聲韻	葉—東	1	8	38	63
		葉—陽	1			
		葉—談	1			

一 葉部的同部通假

葉部同部通假 25 組。

箑箑　箑篓　箑篓　枼攝　枼欇　欇攝　業業　鼠獵　蠟獵　盍盍　灋法
笘匣　夾袂　夾頰　胛甲　聶攝　鼠惈　臘脅　盍蓋　盍蓋　甲盍　夾陝
陝頰　夾挾　聶枼

二 葉部的異部通假

葉部異部通假 38 組。

（一）葉部和陰聲韻通假

11.2 葉部和陰聲韻通假數量表

	幽部	之部	歌部	魚部	合計
葉部	1	1	1	1	4

1. 葉—幽

葉部與幽部共通假 1 組，已在第二章第一節 "幽—葉" 中列舉。

2. 葉—之

葉部與之部共通假 1 組，已在第一章第一節 "之—葉" 中列舉。

3. 葉—歌

葉部與歌部共通假 1 組，已在第七章第一節 "歌—葉" 中列舉。

4. 葉—魚

葉部與魚部共通假 1 組，已在第五章第一節 "魚—葉" 中列舉。

（二）葉部和其他入聲韻通假

11.3　葉部和其他入聲韻通假數量表

	月部	緝部	鐸部	屋部	合計
葉部	18	6	1	1	26

1. 葉—月

葉部與月部共通假 18 組，已在第七章第二節"月—葉"中列舉。

2. 葉—緝

葉部與緝部共通假 6 組，已在第十章第一節"緝—葉"中列舉。

3. 葉—鐸

葉部與鐸部共通假 1 組，已在第五章第二節"鐸—葉"中列舉。

4. 葉—屋

葉部與屋部共通假 1 組，已在第四章第二節"屋—葉"中列舉。

（三）葉部和陽聲韻通假

11.4　葉部和陽聲韻通假數量表

	元部	真部	東部	陽部	談部	合計
葉部	4	1	1	1	1	8

1. 葉—元

葉部與元部共通假 4 組，已在第七章第三節"元—葉"中列舉。

2. 葉—真

葉部與真部共通假 1 組，已在第八章第三節"真—葉"中列舉。

3. 葉—東

葉部與東部共通假 1 組，已在第四章第三節"東—葉"中列舉。

4. 葉—陽

葉部與陽部共通假 1 組，已在第五章第三節"陽—葉"中列舉。

5. 葉—談

葉部與談部共通假 1 組。

第十一章　葉、談兩部通假關係研究

通假字	反切	中古聲母	中古韻	上古聲母	上古韻部
菨	即葉切	精	葉（開口三等）	精	葉
芟	所銜切	山	銜（開口二等）	山	談

上博藏二《容成氏》14："舜于是乎始免笠、肩桯，菨（芟）而芇坐之子。"①

第二節　談部

在本書的研究範圍內，談部通假共 102 組，其中同部通假 72 組，異部通假 30 組。在異部通假中，談部與入聲韻共通假 8 組，與陽聲韻通假 22 組。

11.5　談部通假情況匯總表

通假類型			通假數量		
同部通假		談—談	72		102
異部通假	入聲韻	談—鐸	4	8	
		談—緝	2		
		談—錫	1		
		談—葉	1		30
	陽聲韻	談—元	9	22	
		談—侵	8		
		談—東	4		
		談—冬	1		

---

① 郭永秉《讀〈六德〉、〈子羔〉、〈容成氏〉劄記三則》認爲"'菨'，葉部精母；'芟'，談部審母二等。從'妾'得聲的'翣'、'嗟'、'唼'都是審母二等，與'芟'字相同，談葉二部陽入對轉，因此'菨''芟'二字在音理上可以相通。"本書按此定"菨"與"芟"通假。

◆◇◆　戰國楚簡帛韻部親疏關係研究

一　談部的同部通假

談部同部通假 72 組。

淡憺　嗛謙　會僉　斂歛　隯險　猒厭　弇宅　掩捈　郔奄　郔郅　奄郅
詹贍　詹瞻　贍瞻　儋擔　菾澹　貽瞻　迫陷　監鑑　監鑒　鑑鑒　盧鹽
軌範　軌范　範范　軌犯　犯範　猒猒　猒厭　厭戻　厭屵　戻屵　嚴儼
嚴厴　蘁嚴　斬斬　漸漸　監銜　監惀　濫鑑　甘酣　敢嚴　敢儼　陷窞
漸斬　銛恬　窞坎　兼廉　兼鎌　嗛兼　嗛溓　謙嗛　謙溓　兼溓　會僉
僉憸　會斂　會劍　斂僉　斂憸　隯憸　險憸　險嚴　占佔　詀猒　詀厭
坎鈂　坎餤　檐儋　檐擔　菾詹　澹詹

二　談部的異部通假

談部異部通假 30 組。

（一）談部和入聲韻通假

11.6　談部和入聲韻通假數量表

	鐸部	緝部	錫部	葉部	合計
談部	4	2	1	1	8

1. 談—鐸

談部與鐸部共通假 4 組，已在第五章第二節"鐸—談"中列舉。

2. 談—緝

談部與緝部共通假 2 組，已在第十章第一節"緝—談"中列舉。

3. 談—錫

談部與錫部共通假 1 組，已在第六章第二節"錫—耕"中列舉。

4. 談—葉

談部與葉部共通假 1 組，已在第十一章第一節"葉—談"中列舉。

（二）談部和其他陽聲韻通假

11.7　談部和其他陽聲韻通假數量表

	元部	侵部	東部	冬部	合計
談部	9	8	4	1	22

1. 談—元

談部與元部共通假 9 組，已在第七章第三節"元—談"中列舉。

2. 談—侵

談部與侵部共通假 8 組，已在第十章第二節"侵—談"中列舉。

3. 談—東

談部與東部共通假 4 組，已在第四章第三節"東—談"中列舉。

4. 談—冬

談部與冬部共通假 1 組，已在第二章第三節"冬—談"中列舉。

結　語

在本書考察範圍內，有關上古十一類三十韻部的古音通假共計 5100 組，其中同部通假共有 3917 組，異部通假共有 1183 組。

一　韻部間的對轉關係分析

韻部對轉關係指的是主要元音相同的陰聲韻、入聲韻、陽聲韻之間的相互轉化。在本書考察範圍內，陰聲韻與入聲韻共通假 371 組，陰聲韻與陽聲韻共通假 153 組，入聲韻與陽聲韻共通假 131 組。具體如下：

1　陰聲韻—入聲韻通假數量表

		入聲韻									
		職	覺	藥	屋	鐸	錫	月	質	物	緝	葉
陰聲韻	之	**23**	1			3	4	8	3	8	2	1
	幽	6	**29**	2	2			9	4	11	1	1
	宵		10	**25**		1		7			1	
	侯		1		**3**	3			1	1		
	魚	1	4		1	**48**	2	5		3	1	
	支			1		1	**19**	3	4			
	歌	1	5	1	4	3	5	**10**	5	2	1	1
	脂	6					1	2	8	**18**	3	
	微				2			6	1	**18**	2	

— 364 —

結　語

　　從陰聲韻與入聲韻的通假情況可以看出，之職、幽覺、宵藥、魚鐸、支錫、歌月、脂質、微物的通假數量明顯多於其他韻部，因此這幾組的對轉關係可以確定。表格中和侯通假數最多的是屋和鐸，但鐸和魚對轉關係明顯，因此侯和屋關係密切；和屋通假數最多的是歌，其次是侯，但是歌與月存在對轉關係，因此屋和侯關係密切，即存在對轉關係。

2　陰聲韻—陽聲韻通假數量表

		陽聲韻									
		蒸	冬	—	東	陽	耕	元	真	文	侵	談
陰聲韻	之	3	1		1	2	5	6	2	7		
	幽				3			3		8		
	宵					2	3					
	侯		2		1			10				
	魚		2		3	11	2	6			1	
	支						1	3	1			
	歌	1						13	1		1	
	脂				2	2	1	5	4	4	2	
	微	1			4		1	6	3	12	1	

　　在陰聲韻與陽聲韻的通假上，魚陽、歌元、微文的通假數量明顯多於其他組合，可以確定其對轉關係。脂部與真部通假數量雖不是最多的，但歌元、微文關係已經確定，所以脂部與真部的對轉關係也可以確定。需要討論的是：幽冬沒有通假關係，無法顯示對轉關係；之蒸、侯東、支耕通假數量較少，對轉關係不明顯。爲此我們選擇白於藍《簡牘帛書通假字字典》的資料作爲參考。謝婉玉[①]已對該字典通假字的聲、韻、調進行過詳細的分析，這爲本書的研究提供了很大便利。本書將謝婉玉論文的通假資料進行了重新整理和分析，從而研究韻部的親疏關係。

―――――――――――――――――――

① 謝婉玉：《〈簡牘帛書通假字字典〉音韻研究》，碩士學位論文，首都師範大學，2012年。

3 《簡牘帛書通假字字典》陰聲韻—陽聲韻 通假數量表

		陽聲韻									
		蒸	冬	—	東	陽	耕	元	真	文	侵	談
陰聲韻	之	3	1		2		3		1		2	
	幽				1					1		
	宵						1					1
	侯				3						1	
	魚					4						1
	支						2	2		2		
	歌							5		1		1
	脂						4		1	1		
	微								2	3	1	

　　在《簡牘帛書通假字字典》中，陰聲韻與陽聲韻共通假 50 組，其中，侯部和東部通假 3 組，佔侯部和其他陽聲韻通假總數的 75%，佔東部和其他陰聲韻通假總數的 50%，二者關係密切，可作爲二者存在對轉關係的證明。而該字典中幽冬、支耕的通假數量依舊沒有或較少，需要進一步分析。幽部和冬部依舊沒有找到通假例證，是由於冬部本身通假數量少，從而導致冬部對轉關係的難以確定，支部和耕部的對轉關係在本表中不明顯，但是綜合考察《楚簡帛通假彙釋》和《簡牘帛書通假字字典》中陰聲韻、入聲韻、陽聲韻相互通假的情況可以看出，支部和錫部對轉關係十分明顯，耕部和錫部的對轉關係同樣明確，因而可以推出支部和耕部存在對轉關係。之部與蒸部通假 3 組，與耕部通假 3 組，支部與耕部關係既已確定，則之部與蒸部的對轉關係便可確定。

4 入聲韻—陽聲韻通假數量表

		陽聲韻									
		蒸	冬	一	東	陽	耕	元	真	文	侵	談
入聲韻	職	1			1	2		1		1	2	1
	覺				2	2						
	藥							2				
	屋				3	1			1	1		
	鐸	1						2	3	1		4
	錫				1	2	5	1			1	1
	月				1	4	2	33	4	10		
	質					2	4	2	1			
	物	1			3	2		2		2		
	緝				2	1		2				2
	葉				1	1		4				1

從入聲韻和陽聲韻的通假情況可以看出，屋東、錫耕、月元的關係密切，其餘韻部的親疏關係還需討論。

5 《簡牘帛書通假字字典》入聲韻—陽聲韻通假數量表

		陽聲韻									
		蒸	冬	東	陽	耕	元	真	文	侵	談
入聲韻	職	1								2	
	覺				1						
	藥										
	屋										
	鐸						1				
	錫				3						
	月						14	1	2		
	質					1	3	3			
	物					2		1	3		

— 367 —

續表

		陽聲韻								
		蒸	冬	東	陽	耕	元	真	文	侵	談
入聲韻	緝									1	
	葉	2									1

參考《簡牘帛書通假字字典》中的通假資料，質部和真部通假 3 組，佔質部與其他陽聲韻通假總數的 43%，佔真部與其他入聲韻通假總數的 50%，二者的對轉關係十分明顯；物部和文部通假 3 組，佔物部與其他陽聲韻通假總數的 50%，佔文部與其他入聲韻通假總數的 60%，二者的對轉關係十分明顯。但覺冬、鐸陽、緝侵、葉談的對轉關係資料所示並不明顯，覺冬對轉關係缺少例證，是由於冬部本身不活躍所致。王力在《楚辭韻讀》中之所以把冬部從東部分出來，是因爲在楚辭中冬部獨用的特別多，與東部界限分明。恰恰由於其獨立性太強，鮮有與同小類的韻部通韻者，故在通假系統中，很難找到冬部與幽部、覺部通假的例證，但是根據系統性原則，且幽覺後面還給冬部留有位置，如同化學上的元素周期表一樣，冬部也只能在此位置與幽覺相配，因此本書將幽覺冬歸爲一類。鐸陽的通假數量較少，但是魚鐸、魚陽的通假數量很多，關係十分密切，魚鐸陽三者的對轉關係可以確定。緝侵、葉談對轉關係在楚簡帛中數量較少，但這兩個韻部本身就不活躍，且存在通假關係。從江永的侵談分部，到王念孫從侵部分出緝部、從談部分出葉部，説明緝與侵、葉與談同出一源，它們之間主要元音相同，但韻尾有異，對轉關係明晰。

綜上，陰聲韻、入聲韻、陽聲韻之間都存在着對轉關係。通過分析得出，"之職蒸、幽覺冬、宵藥、侯屋東、魚鐸陽、支錫耕、歌月元、脂質真、微物文"的對轉關係較爲明顯，王力將《楚辭》韻部分爲陰、入、陽相配的十一小類是合理的。

二　韻部間的旁轉關係分析

韻部旁轉關係指的是同一類的陰聲韻與陰聲韻、入聲韻與入聲韻、陽聲韻與陽聲韻之間的相互轉化。在本書考察範圍內，陰聲韻之間的相互通假共 204 組，入聲韻之間的相互通假共 129 組，陽聲韻之間的相互通假共 195 組。具體如下：

6　陰聲韻之間通假數量表

		陰聲韻								
		之	幽	宵	侯	魚	支	歌	脂	微
陰聲韻	之		10		12	7	2	3	12	6
	幽			18	4	9		2		
	宵					1	3		2	1
	侯					23		5	1	
	魚							16	9	3
	支							14	3	5
	歌									15
	脂									18
	微									

7　入聲韻之間通假數量表

		入聲韻									
		職	覺	藥	屋	鐸	錫	月	質	物	緝	葉
入聲韻	職		1			1		4	9		4	
	覺				1			1	1	3		
	藥					1	1	2				
	屋					1		3		3		1
	鐸						11	1	1			1
	錫							1	4	1		
	月								17	19	7	18
	質									3	1	
	物										1	
	緝											6
	葉											

8 陽聲韻之間通假數量表

		陽聲韻								
		蒸	冬	東	陽	耕	元	真	文	侵	談
陽聲韻	蒸			3	1	8	2		2	6	
	冬			10		2	1	3	5	2	1
	東						1	4	2		4
	陽					1	5	1	4	1	
	耕						12	10	5	5	
	元							11	26	2	9
	真								36		
	文									2	
	侵										8
	談										

　　以上資料表明，陰聲韻與陰聲韻、入聲韻與入聲韻、陽聲韻與陽聲韻之間都有一定的通假關係，但是與對轉關係的分析相比，該資料表現出來的旁轉關係不甚明確，因此我們需要以類爲單位進行通假數量的計算研究，進而明確上古韻部之間的旁轉關係。通過對對轉關係的分析，我們把上古三十韻部分爲"之職蒸""幽覺冬""宵藥""侯屋東""魚鐸陽""支錫耕""歌月元""脂質真""微物文""緝侵""葉談"十一類，按類爲單位進行統計，就需要算出各類所包含的韻部間相互通假的數量之和，即本書《楚簡帛通假彙釋》的3個對轉、3個旁轉表格中反映的旁轉、旁對轉、通轉數據之和。例如，幽類與宵類之間的通假數量是：

幽宵	幽藥	覺宵	覺藥	冬宵	冬藥	總數
18	2	10	0	0	0	30

　　由此類推各類韻部間相互通假情況如下：

結　語

之類 173	脂類	微類	歌類	幽類	支類	魚類	侯類	侵類	談類	
	33	27	26	19	19	18	17	13	1	
幽類 154	宵類	微類	侯類	歌類	之類	魚類	脂類	侵類	談類	支類
	30	27	25	21	19	17	8	3	2	2
宵類 59	幽類	歌類	魚類	支類	侯類	脂類	侵類			
	30	14	7	5	1	1	1			
侯類 135	魚類	幽類	歌類	之類	微類	脂類	談類	侵類	支類	宵類
	32	25	24	17	16	11	6	2	1	1
魚類 180	歌類	侯類	脂類	支類	之類	幽類	微類	宵類	談類	侵類
	42	32	21	19	18	17	13	7	7	4
支類 131	歌類	脂類	魚類	之類	微類	侵類	宵類	幽類	侯類	談類
	41	25	19	19	12	6	5	2	1	1
歌類 352	微類	脂類	魚類	支類	談類	之類	侯類	幽類	宵類	侵類
	86	53	42	41	32	26	24	21	14	13
脂類 225	微類	歌類	之類	支類	魚類	侯類	幽類	侵類	談類	宵類
	68	53	33	25	21	11	8	4	1	1
微類 255	歌類	脂類	幽類	之類	侯類	魚類	支類	侵類		
	86	68	27	27	16	13	12	6		
侵類 68	談類	之類	歌類	支類	微類	脂類	魚類	幽類	侯類	宵類
	16	13	13	6	4	4	3	2	1	
談類 66	歌類	侵類	魚類	侯類	幽類	脂類	之類	支類		
	32	16	7	6	2	1	1	1		

　　通過觀察各類韻部間的相互通假情況，我們可以看出，就[-ŋ]類（之幽宵侯魚支）、[-n]類（歌脂微）、[-m]類（侵談）三大類的通假數量而言，依然是本類之間通假數量多，符合前人的劃分。

　　就[-ŋ]類（之幽宵侯魚支）自身來看。在這六類韻部之間，宵類韻部活動最少，共有59組通假，其中與幽類關係最爲密切，通假30組，佔50.8%，與歌類通假14組，佔23.7%，但歌類活動頻繁，共通假352組，歌宵兩類

— 371 —

通假的14組只佔4%,可以忽略,故宵類只有啟下而無承上,只能放在頂端。幽類上與宵類通假數量最多,關係密切;下與侯類通假數量最多,合計25組;而宵類與侯類通假只有1組,關係疏遠,即幽類在第二位,侯類在第三位。與侯類通假數量最多的爲魚類,合計32組;支類與魚類通假頻繁,合計19組;而支類與侯類通假只有1組,關係疏遠,即魚類在第四位,支類在第五位。之類與另外五類韻部相比,與[-n]類(歌脂微)關係更爲親密,因此排在[-ŋ]類最末一位。由此得出[-ŋ]類韻部排序爲:宵藥—幽覺冬—侯屋東—魚鐸陽—支錫耕—之職蒸。

就[-n]類自身而言,歌類與微類通假86組,歌類與脂類通假53組,脂類與微類通假68組,所以微類應置於歌類和脂類中間。

就[-ŋ]類(之幽宵侯魚支)與[-n]類(歌脂微)通假關係來看,把宵幽侯三類、魚支之三類和[-n]類的通假數量相比較發現,魚支之與歌脂微通假更爲頻繁,關係更爲密切。其中魚類與歌類通假數量最多,合計42組。之類與脂類通假數量最多,合計33組,以之類與其他類的通假總量爲基數,計算得出之類與脂類的通假數量佔總量的19.1%,與微類的通假數量佔總量的15.6%;以支類與其他類的通假總量爲基數,計算得出支類與脂類的通假數量佔總量的19.1%,與微類的通假數量佔總量的9.2%,支、脂兩類的密切程度同於之、脂兩類,但之類與微類的密切程度相較於支類與微類更勝一籌。因此魚之支三類可以分別對應歌微脂三類,存在通轉關係。

就[-ŋ]類(之幽宵侯魚支)與[-m]類(侵談)通假關係來看,魚類與談類共通假7組,關係較親密;之類與侵類通假數量較多,關係較親密,因此魚類與談類、之類與侵類存在通轉關係。

就[-n]類與[-m]類的關係而言,談類與歌類的關係近於侵類與歌類的關係,侵類雖與微、脂兩類的關係皆近,但從[-ŋ]類與[-m]類的關係中能發現侵類與之類的關係較近、談類與魚類的關係較近,所以侵類與微類、談類與歌類存在通轉關係。

綜上,我們可以將韻部通轉關係分爲三類,即:"魚類—歌類—談類"

"之類—微類—侵類""支類—脂類"。就以上三組通轉關係而言：爲便於給以上三組韻部排序，本書考察了這三組韻部之間的通假頻次，"魚類—歌類—談類"與"之類—微類—侵類"通假 177 組，"魚類—歌類—談類"與"支類—脂類"通假 136 組，因此"魚類—歌類—談類"與"之類—微類—侵類"關係緊密，與"支類—脂類"關係疏遠。侯類排在這三組之前，侯類與"魚類—歌類—談類"通假 62 組，與"之類—微類—侵類"通假 35 組，與"支類—脂類"通假 12 組，因此侯類之後是"魚類—歌類—談類"。由此可見，反映通轉關係的三組韻部的次序應當是："魚類—歌類—談類""之類—微類—侵類""支類—脂類"。

綜上所述，最終得出上古三十韻部次序表：

9　楚音系上古三十韻部次序表

	[-ŋ]類				[-n]類				[-m]類		
	陰	入	陽		陰	入	陽		陰	入	陽
第一類	宵	藥									
第二類	幽	覺	冬								
第三類	侯	屋	東								
第四類	魚	鐸	陽	第七類	歌	月	元	第十類		葉	談
第五類	之	職	蒸	第八類	微	物	文	第十一類		緝	侵
第六類	支	錫	耕	第九類	脂	質	真				

該表格共列舉三大類、十一小類不同韻部。

通過對三類不同韻尾的韻部進行分列排佈，可以更加明確不同韻部之間的親疏關係，直觀地反映出不同的音轉類型：

1. 對轉：同一類中的橫行，如幽覺對轉、魚陽對轉。
2. 旁轉：同一類中的豎行，如幽侯旁轉、支之旁轉。
3. 旁對轉：同一類中先旁轉再對轉，如侯鐸旁對轉、宵覺旁對轉。
4. 通轉：不同類中的橫行，如之脂通轉。

參考文獻

一　著作類

陳第：《毛詩古音考》，中華書局 1988 年版。

戴震：《戴震文集》，中華書局 1980 年版。

董同龢：《漢語音韻學》，中華書局 2001 年版。

段玉裁：《說文解字注》，中華書局 2013 年版。

高本漢：《中國音韻學研究》，商務印書館 1940 年版。

耿振生：《20 世紀漢語音韻學方法論》，北京大學出版社 2004 年版。

顧炎武：《音學五書》，中華書局 1982 年版。

郭錫良：《古代漢語》，商務印書館 1999 年版。

洪颺：《古文字考釋通假關係研究》，福建人民出版社 2008 年版。

黃侃：《黃侃國學文集》，中華書局 2006 年版。

江永：《古韻標準》，中華書局 1982 年版。

江有誥：《音學十書》，中華書局 1993 年版。

孔廣森：《詩聲類》，中華書局 1983 年版。

李方桂：《上古音研究》，商務印書館 1980 年版。

李玉：《秦漢簡牘帛書音韻研究》，當代中國出版社 1994 年版。

劉曉南：《漢語音韻研究教程》，北京大學出版社 2007 年版。

羅常培、周祖謨：《漢魏晉南北朝韻部演變研究（第一分冊）》，科學出版社 1958 年版。

錢大昕：《十駕齋養新錄》，江蘇古籍出版社 2000 年版。

史存直：《漢語語音史綱要》，商務印書館 1981 年版。

唐作藩：《音韻學教程（第五版）》，北京大學出版社 2016 年版。

王力：《漢語音韻學》，中華書局 1956 年版。

王力：《漢語史稿》，科學出版社 1957 年版。

王力：《漢語音韻》，中華書局 1963 年版。

王力：《楚辭韻讀》，上海古籍出版社 1980 年版。

王力：《漢語語音史》，中國社會科學出版社 1985 年版。

王力：《清代古音學》，中華書局 2013 年版。

王力：《古代漢語》，中華書局 2018 年版。

王引之：《經義述聞》，江蘇古籍出版社 2000 年版。

王兆鵬：《上古出土文獻韻部親疏關係》，中華書局 2021 年版。

向熹：《簡明漢語史》，商務印書館 2010 年版。

楊建忠：《秦漢楚方言聲韻研究》，中華書局 2011 年版。

章太炎：《國故論衡》，商務印書館 2010 年版。

趙彤：《戰國楚方言音系》，中國戲劇出版社 2006 年版。

鄭張尚芳：《上古音系》，上海教育出版社 2003 年版。

朱駿聲：《説文通訓定聲》，中華書局 1984 年版。

二　工具書

陳彭年：《宋本廣韻》，中國書店 1982 年版。

丁度：《集韻》，上海古籍出版社 1985 年版。

郭錫良：《漢字古音手册（增訂本）》，商務印書館 2010 年版。

郭錫良：《漢字古音表稿》，中華書局 2020 年版。

劉信芳：《楚簡帛通假彙釋》，高等教育出版社 2011 年版。

唐作藩：《上古音手册（增訂本）》，中華書局 2013 年版。

三 期刊文章

邊田鋼:《戰國、秦、西漢時期齊魯、楚方言之職蒸與魚鐸陽通轉的音系背景和語音機制》,《中文學術前沿(第七輯)》,浙江大學出版社2014年版。

邊田鋼、黃笑山:《上古後期支、脂、之三部關係方言地理類型研究》,《浙江大學學報》(人文社會科學版)2018年第4期。

曹祝兵:《二十一世紀以來利用出土文獻研究上古音的新進展》,《敦煌學輯刊》2011年第1期。

董同龢:《與高本漢先生商榷自由押韻説兼論上古楚方音特色》,《國立中央研究院歷史語言研究所集刊》1938年第4期。

黃綺:《論古韻分部及支、脂、之是否應分爲三》,《河北大學學報》(哲學社會科學版)1980年第2期。

李均明、陳民鎮:《簡牘學研究70年》,《中國文化研究》2019年第3期。

李開:《孔廣森古韻冬部獨立與〈郭店楚簡〉韻例評析》,《古漢語研究》2007年第2期。

李新魁:《上古音"之"部及其發展》,《廣東社會科學》1991年第3期。

劉寶俊:《〈秦漢帛書音系〉概述》,《中南民族學院學報》(社會科學版)1986年第1期。

劉寶俊:《冬部歸向的時代和地域特點與上古楚方音》,《中南民族學院學報》1990年第5期。

劉鴻雁:《從郭店楚簡通假字看上古楚音的聲母特點——兼論方音特點的判定標準》,《紹興文理學院學報》(哲學社會科學版)2013年第33卷第2期。

劉釗、葉玉英:《利用古文字資料的上古音分期分域研究述評》,《古漢語研究》2008年第2期。

羅江文:《從金文看上古鄰近韻的分立》,《古漢語研究》1996年第3期。

羅江文:《談兩周金文合韻的性質——兼及上古"楚音"》,《楚雄師專學報》

1999 年第 4 期。

申紅義:《近年出土楚簡和典籍中的通假異文與上古聲母研究》,《四川大學學報》(哲學社會科學版) 2005 年第 5 期。

史存直:《古韻"之""幽"兩部之間的交涉》,《音韻學研究(第一輯)》,中華書局 1984 年版。

孫強、雷瑭洵:《漢語古音學的當代論爭及未來走向》,《社會科學戰線》2019 年第 7 期。

王國維:《最近二三十年中中國新發現之學問》,《學衡》1925 年第 45 期。

王兆鵬:《基於出土文獻通假字的上古喻三研究》,《漢字文化》2019 年第 1 期。

王兆鵬:《上古端、知、章三組聲母關係初探——以出土文獻通假字爲依據》,《漢語史研究集刊(第二十七輯)》,巴蜀書社 2019 年版。

王兆鵬:《上古韻部小類次序研究——以出土古文字通假例爲依據》,《古漢語研究》2021 年第 1 期。

王兆鵬:《基於合韻理論的古韻排序及音值構擬相關問題》,《漢語史學報(第二十四輯)》,上海教育出版社 2021 年版。

謝麗娟:《從同源字看"古人多舌音"》,《漢字文化》2021 年第 1 期。

楊建忠:《利用古文字資料研究上古音的反思》,《古漢語研究》2014 年第 2 期。

虞萬里:《從古方音看歌支的關係及其演變》,《音韻學研究(第三輯)》,中華書局 1994 年版。

喻遂生:《〈老子〉用韻研究》,《西南師範大學學報》(哲學社會科學版) 1995 年第 1 期。

喻遂生:《兩周金文韻文和先秦"楚音"》,《西南師範大學學報》(人文社會科學版) 1993 年第 2 期。

周長楫:《〈詩經〉通韻合韻說疑釋》,《廈門大學學報》(哲學社會科學版) 1995 年第 3 期。

周長楫：《通假字"音同"原則淺說》，《古漢語研究》1998 年第 1 期。
周祖謨：《漢代竹書與帛書中的通假字與古音的考訂》，《音韻學研究（第一輯）》，中華書局 1984 年版。

四　學位論文

馮靚芸：《通假的發展演變及其在漢字發展史中的地位和作用》，碩士學位論文，陝西師範大學，2002 年。

國一姝：《基於通假字的上古聲母研究》，博士學位論文，首都師範大學，2007 年。

韓麗亞：《楚簡文書音韻研究——以通假字爲研究對象》，碩士學位論文，西南大學，2007 年。

胡傑：《先秦楚系簡帛語音研究》，博士學位論文，華中科技大學，2009 年。

胡森：《上古[-ŋ]類十七韻部親疏關係研究——以〈古文字通假字典〉爲例》，碩士學位論文，山東師範大學，2019 年。

李國：《〈說文通訓定聲〉通假字的聲母（脣、牙喉音）研究》，碩士學位論文，首都師範大學，2009 年。

劉琨：《上古韻部專題研究》，博士學位論文，陝西師範大學，2009 年。

欒利偉：《戰國楚簡帛[-ŋ]類十七韻部關係研究》，碩士學位論文，山東師範大學，2020 年。

馬莉麗：《〈說文通訓定聲〉通假字入聲韻部研究》，碩士學位論文，首都師範大學，2009 年。

申倩：《上古[-n][-m]類十三韻部親疏關係研究——以〈古文字通假字典〉爲例》，碩士學位論文，山東師範大學，2019 年。

王琛：《戰國楚簡帛[-n][-m]類十三韻部關係研究》，碩士學位論文，山東師範大學，2020 年。

謝麗娟：《基於傳世文獻通假字的上古[-ŋ]類韻部親疏關係研究》，碩士學位論文，山東師範大學，2021 年。

謝婉玉：《〈簡牘帛書通假字字典〉音韻研究》，碩士學位論文，首都師範大學，2012年。

楊麗琨：《基於傳世文獻通假字的上古[-n][-m]類韻部親疏關係研究》，碩士學位論文，山東師範大學，2021年。

趙雲霞：《〈説文通訓定聲〉通假字的聲母（舌齒音）研究》，碩士學位論文，首都師範大學，2009年。

後　　記

　　1985年，我考取了陝西師範大學中文系漢語史專業的研究生，師從高元白先生，主攻音韻學。研一階段，高先生讓我們認真研讀音韻學的相關著作，尤其是要通讀當代語言學大師王力先生的專著。於是我便陸續閱讀了《漢語音韻學》《漢語史稿》《古代漢語》《漢語音韻》《清代古音學》《詩經韻讀》《楚辭韻讀》《漢語語音史》《同源字典》《漢語詩律學》等。在讀書的過程中，有一個問題始終令我備感疑惑，那就是王先生對上古韻部的名稱、排列次序和音值構擬常有改動，或小異，或大變，而改動的原因及研究思路卻並未在這些著作中言明。1986年初，我向高先生提及此疑惑，高先生則答應有機會帶我去北京當面向王先生請教。誰知天有不測風雲，1986年5月3日，王力先生遽歸道山，中國失去了一位偉大的語言學家，我也失去了問道於大師的機會。

　　碩士畢業後，我來到山東師範大學中文系古代漢語教研室，從事古代漢語的教學與研究工作。由於本人天生愚笨，加之忙於俗務，年齒徒增，學無長進。夜深人靜，憶及恩師高元白先生的殷殷囑咐，不覺汗流浹背，久久難眠，深感愧對恩師！成爲研究生導師後，我在帶領學生研究唐代詩賦用韻、唐五代至宋代詞律的同時，也沒有忘記當初讀研時的困惑，始終探尋着開啓上古韻部親疏關係之門的鑰匙。綜合來看，王力先生的古韻研究主要依據了四種材料，即：先秦韻文、諧聲系統、《切韻》音系、同源字。通過對《詩經》《楚辭》中韻腳字的系聯和歸納，王先生考訂《詩經》時代爲二十九部，《楚辭》時代爲三十

後　記

部。這一結論也被學界普遍接受，成爲 20 世紀上古韻部研究的重要成果。進一步講，韻部間的親疏遠近通常是依據合韻而定，只是先秦韻文的數量本就十分有限，能夠反映對轉、旁轉關係的異部通押就更少了。據統計，《詩經》涉及的異部通押有 210 次，《楚辭》有 99 次，用這樣少的通押材料考察三十韻部間的親疏關係，顯然力不從心。況且，這些異部通押的分佈也極不平衡。如《楚辭》中的魚鐸通押有 14 次之多，而剩下的二十九部中，每部與其他韻部的平均通押次數不足 3 次，且這種通押還不是一對一的關係，有的韻部排列次序雖近，但從上古韻文的異部通押來看很難找到令人信服的證據。王力先生晚年着眼於同源詞的研究，有鑒於古韻流轉的多樣化關係，他在 1982 年出版的《同源字典》中摒棄了線型韻部序列，首次以二維平面直觀展示三大類間的多重關係。儘管對小類順序的排列仍有可商榷之處，但他積極尋求新材料，運用新方法的探索精神給了我極大的啟示。清儒錢大昕在《古無輕唇音》《舌音類隔之説不可信》兩篇文章裡列舉了五種材料，力證上古漢語中只有重唇"幫滂並明"，沒有輕唇音"非敷奉微"；只有舌頭音"端透定泥"，沒有舌上音"知徹澄娘"。而他對於"通假異文"的運用，讓我看到了解決這一問題的曙光。既然錢大昕能用通假異文證明上古聲母之間的關係，那我們也可以用它來探索上古韻部之間的親疏關係。只是通假異文本身較爲零散，錢大昕運用的通假材料也是舉例性的，這種方式並不足以用來證明上古三十韻部的遠近親疏關係。首都師範大學馮蒸教授曾指導他的研究生利用近些年出版的通假字典研究上古的聲母、韻部，取得了可喜的成果。馮教授高足的研究重點是上古韻部的擬音及複輔音聲母問題，並未涉及上古韻部的親疏關係和排序問題，我們的研究正好可以填補這一方面的空白。於是，我們選取了幾部學術水平較高、學界反映良好的通假字字典，力求涵蓋出土文獻和傳世文獻兩個方面，以此作爲研究上古韻部親疏關係的主要依據。

2017 年，我讓我的研究生胡森、申倩以《古文字通假字典》爲依據，探求上古韻部的親疏關係，兩位學生的畢業論文受到匿名評審專家的高度評價。在此基礎上，我又讓研究生欒利偉、王琛、謝麗娟、楊麗琨、趙琪、張琳分別以劉信芳《楚簡帛通假彙釋》、高亨《古字通假會典》、白於藍《簡帛古書通假字大系》爲依據研究上古韻部間的親疏關係。我們本着從點到面、從出土文獻到傳世文獻的系統性原則，進一步檢驗和補充了各韻部在各通假字典中的對轉、旁轉、旁對轉、通轉數據，由此取得了一系列的研究成果。2020年，我以前幾年的研究爲依托，以《基於通假字的上古韻部親疏關係與排序研究》爲題申報國家社科基金項目，當年成功立項（項目號：20BYY125）。

本書以劉信芳先生《楚簡帛通假彙釋》的考證爲依據，分析楚簡帛通假字的韻部親疏關係。劉信芳先生是我國著名的歷史學家、古文字學家、安徽大學歷史文獻學博士生導師。他追蹤簡帛文字以及綜合研究幾十年。除《楚簡帛通假彙釋》外，還出版了《包山楚簡解詁》《子彈庫楚墓出土文獻研究》《孔子詩論述學》等多部專著，在學界享有很高的贊譽。劉信芳先生關於楚簡帛通假字的考證，給我們的研究提供了極大的便利。在此，我謹向劉信芳先生致以崇高的敬意！

中國社會科學出版社的編輯郭曉鴻女士，學養深厚，對工作認真負責。她長於審閱，從字、詞、句、段的雕琢，到表格、篇章的設計，傾注了大量心血，給我們很多精準的建議，使拙著日臻完善。在此，我向郭曉鴻女士表示衷心的感謝！

以孫書文院長爲代表的山東師範大學文學院學術委員會，經過認真審核書稿，同意使用山東師範大學中國語言文學山東省一流學科經費資助本書的出版。在此，我向文學院領導及全體同事表示衷心的感謝！

研究生胡淼、申倩、欒利偉、王琛、謝麗娟、楊麗琨、趙琪、張琳、王莉、王雪寧，2017級漢語言班的王昕蕾、張子昊、楊茗越、蘇芳芸、劉雲、邢澳偉、李夢格、亓蓉萱以及2019級文綜本的30名同學，幫我一遍遍的核對材料，在校稿過程中做了大量的工作。謝謝同學們！

王兆鵬
二〇二一年六月於山東師範大學